高等职业教育交通土建类专业新形态教材

路基施工技术

主　编　袁　凤　刘　志
副主编　文贤洲
参　编　郭天惠　李　飞

北京理工大学出版社
BEIJING INSTITUTE OF TECHNOLOGY PRESS

内 容 提 要

本书以培养学生路基施工职业能力为导向，以路基施工项目为主线，将路基施工工作任务分解为路基工程认知，路基施工准备，一般路基施工，路基排水工程施工，路基防护与支挡工程施工，特殊路基施工，冬期、雨期路基施工，路基施工安全与环境保护，路基整修与交工验收等九个学习情境。

本书可作为高等院校交通土建类相关专业的教学用书，也可作为公路工程相关技术及管理人员参考用书。

版权专有　侵权必究

图书在版编目（CIP）数据

路基施工技术 / 袁凤，刘志主编. —北京：北京理工大学出版社，2020.11（2021.1重印）
ISBN 978-7-5682-9296-2

Ⅰ.①路… Ⅱ.①袁… ②刘… Ⅲ.①公路路基—工程施工 Ⅳ.①U416.104

中国版本图书馆CIP数据核字（2020）第240601号

出版发行 / 北京理工大学出版社有限责任公司
社　　址 / 北京市海淀区中关村南大街5号
邮　　编 / 100081
电　　话 /（010）68914775（总编室）
　　　　　（010）82562903（教材售后服务热线）
　　　　　（010）68948351（其他图书服务热线）
网　　址 / http://www.bitpress.com.cn
经　　销 / 全国各地新华书店
印　　刷 / 天津久佳雅创印刷有限公司
开　　本 / 787毫米 × 1092毫米　1/16
印　　张 / 14.5　　　　　　　　　　　　　　　责任编辑 / 多海鹏
字　　数 / 385千字　　　　　　　　　　　　　文案编辑 / 多海鹏
版　　次 / 2020年11月第1版　2021年1月第2次印刷　责任校对 / 周瑞红
定　　价 / 42.00元　　　　　　　　　　　　　责任印制 / 边心超

图书出现印装质量问题，请拨打售后服务热线，本社负责调换

前 言

"路基施工技术"是高等院校交通土建类相关专业的核心课程。通过本课程的学习，学生能够在掌握路基工程施工基本知识与实践技能的基础上，具备路基施工和组织能力，以及灵活运用现行国家施工规范、规程和标准的能力。

本书在编写过程中与公路工程施工企业合作，以企业调研为基础，确定路基施工的工作任务，明确培养路基施工能力的学习目标。

本书基于路基施工过程的系统化设计原则，以培养路基施工能力为导向，以路基施工项目为主线，将路基施工工作任务分解为路基工程认知，路基施工准备，一般路基施工，路基排水工程施工，路基防护与支挡工程施工，特殊路基施工，冬期、雨期路基施工，路基施工安全与环境保护，路基整修与交工验收等九个学习情境。

本书由贵州交通职业技术学院袁凤、刘志担任主编，由文贤洲担任副主编，郭天惠、李飞参与编写。具体编写分工如下：学习情境一、三、八由袁凤编写，学习情境二、七由刘志编写，学习情境五、六由文贤洲编写，学习情境四由郭天惠编写，学习情境九由李飞编写。另外，林林参与了部分课程的视频录制工作。

本书在编写过程中，参考和引用了大量的相关文献资料，在此，对文献的作者表示衷心感谢。

由于时间仓促，编者水平有限，书中难免存在缺漏和错误，欢迎读者提出宝贵意见。

编 者

目 录

学习情境一　路基工程认知 …… 1

任务一　初识路基工程 …… 1
　　一、路基的基本要求 …… 1
　　二、路基的结构形式 …… 2
　　三、路基的基本构造 …… 6

任务二　划分路基干湿类型 …… 9
　　一、公路自然区划 …… 10
　　二、路基干湿类型的判定 …… 12

任务三　路基土的工程性质 …… 19
　　一、路基土的分类 …… 19
　　二、各类公路用土的主要工程性质 …… 20

任务四　路基附属设施及功能 …… 21
　　一、取土坑与弃土堆 …… 21
　　二、护坡道与碎落台 …… 23
　　三、堆料坪 …… 23
　　四、错车道 …… 24

任务五　路基的破坏形式及防治措施 …… 24
　　一、路基的受力及强度指标 …… 25
　　二、路基的变形、破坏及其原因 …… 27

学习情境二　路基施工准备 …… 31

任务一　组织准备 …… 31
　　一、项目经理部人员设置的原则 …… 32
　　二、项目经理部组成及分工 …… 32

任务二　物质准备 …… 33
　　一、驻地建设 …… 33
　　二、路基施工机械设备 …… 34
　　三、试验设备 …… 35

任务三　技术准备 …… 36
　　一、熟悉设计文件及技术交底 …… 37
　　二、施工调查 …… 37

任务四　现场准备 …… 38
　　一、路基土石方施工前的复测 …… 38
　　二、路基放样 …… 39
　　三、清理场地 …… 40

任务五　路基工程施工组织设计 …… 40
　　一、编制依据 …… 41
　　二、编制原则 …… 41
　　三、原始资料的调查分析 …… 41
　　四、编制内容 …… 42
　　五、施工进度计划的编制 …… 42

任务六　路基试验段的选择与实施 …… 43
　　一、试验段的实施目的 …… 43
　　二、试验段的选择 …… 43
　　三、试验段的实施步骤 …… 44

四、试验路段施工总结的编写 ………… 44

学习情境三　一般路基施工 ………46
任务一　填方路基施工 ………46
　　一、土质路堤施工 ………………… 46
　　二、填石路堤施工 ………………… 54
　　三、土石路堤施工 ………………… 56
　　四、高填方路堤施工 ……………… 57
　　五、桥、涵及构筑物台背的回填 …… 58
任务二　路基压实施工 ………59
　　一、土质路基的压实 ……………… 59
　　二、填石路堤、土石混填路堤及高填方
　　　　路堤的压实 …………………… 64
任务三　挖方路基施工 ………65
　　一、土质路堑施工 ………………… 66
　　二、石质路堑施工 ………………… 69
任务四　轻质填料路基施工 …74
　　一、粉煤灰路堤施工 ……………… 74
　　二、土工塑料泡沫路堤施工 ……… 77
　　三、泡沫轻质土路堤施工 ………… 78
任务五　路基拓宽改建施工 …80
　　一、路基拓宽改建方案 …………… 80
　　二、路基拓宽施工 ………………… 81
　　三、新旧路基衔接处治措施 ……… 82

学习情境四　路基排水工程施工 …86
任务一　地表排水 ………86
　　一、地表排水设施 ………………… 87
　　二、地表排水设施施工方法 ……… 88
任务二　地下排水 ………90

　　一、排水垫层和隔离层的设计要求 …… 90
　　二、暗沟 …………………………… 91
　　三、渗沟 …………………………… 91
　　四、渗井 …………………………… 92
　　五、地下排水设施质量控制点 …… 92
任务三　涵洞排水 ………92
　　一、盖板涵施工程序 ……………… 93
　　二、盖板涵施工方法 ……………… 93

学习情境五　路基防护与支挡工程
　　　　　　　施工 …………… 100
任务一　路基坡面植物及工程防护 … 101
　　一、植物防护 ……………………… 102
　　二、骨架植物防护 ………………… 107
　　三、工程防护 ……………………… 108
任务二　沿河路基防护 …… 116
　　一、直接防护 ……………………… 118
　　二、间接防护 ……………………… 122
任务三　边坡锚固防护 …… 123
　　一、预应力锚索防护 ……………… 124
　　二、预应力土层锚杆防护 ………… 127
　　三、锚杆混凝土框架植草防护 …… 129
任务四　边坡支挡防护 …… 131
　　一、抗滑桩 ………………………… 132
　　二、挡土墙 ………………………… 137

学习情境六　特殊路基施工 ……… 153
任务一　软土地区路基施工 ……… 153
　　一、换填土法及砂砾碎石垫层施工 … 155
　　二、抛石挤淤法施工 ……………… 158

三、其他施工方法 ………………… 159
四、软土地区路堤施工注意事项 …… 160

任务二　膨胀土地区路基施工　160
一、膨胀土的工程性质 …………… 161
二、膨胀土地区路基施工 ………… 161

任务三　黄土地区路基施工　163
一、黄土的工程特性 ……………… 164
二、黄土地区路基施工 …………… 165
三、湿陷性黄土地区路基施工 …… 166

任务四　盐渍土地区路基施工　168
一、盐渍土的分布 ………………… 169
二、盐渍土的分类 ………………… 169
三、盐渍土路基的主要病害 ……… 170
四、盐渍土地区路基施工 ………… 170

任务五　多年冻土及季节性冻融地区路基施工　173
一、多年冻土地区路基施工 ……… 174
二、季节性冻融地区路基施工 …… 179

任务六　其他类型的特殊路基施工 … 181
一、滑坡地段路基施工 …………… 182
二、岩溶地区路基施工 …………… 183
三、红黏土与高液限土路基施工 …… 185

学习情境七　冬期、雨期路基施工 … 192

任务一　冬期路基施工　192
一、冬期路基施工一般规定 ……… 192
二、冬期填筑路堤施工 …………… 193
三、冬期挖方路堑施工 …………… 193

任务二　雨期路基施工 … 194
一、雨期路基施工一般规定 ……… 195

二、雨期填方路堤施工 …………… 196
三、雨期挖方路堑施工 …………… 196

学习情境八　路基施工安全与环境保护 …… 198

任务一　路基施工安全 …… 198
一、路基施工安全的一般规定 …… 198
二、路基土方安全施工要点 ……… 199
三、路基石方安全施工要点 ……… 200

任务二　路基施工环境保护 …… 201
一、路基施工环境保护的一般规定 … 202
二、土地资源利用与水土保持措施 … 203
三、生态保护与生态恢复措施 …… 203
四、水资源保护与废弃物污染控制措施 …… 204
五、空气污染控制措施 …………… 204
六、噪声和振动控制措施 ………… 205
七、文物保护措施 ………………… 205

学习情境九　路基整修与交工验收 … 208

任务一　路基整修 …… 208
一、路基顶面表层整修 …………… 209
二、路基边坡整修 ………………… 209
三、排水系统及其他整修 ………… 209

任务二　交工验收 …… 209
一、交工验收的作用与各单位职责 … 210
二、交工验收的条件 ……………… 210
三、交工验收的基本程序 ………… 211
四、工程质量的政府监督 ………… 211
五、路基的检查与验收 …………… 214
六、土方路基施工质量验收标准 … 214

七、填石路基施工质量验收标准 …… 215

八、浆砌水沟验收标准 …… 216

九、砌体、片石混凝土挡土墙质量验收标准 …… 217

十、悬臂式和扶壁式挡土墙质量验收标准 …… 218

十一、墙背填土质量验收标准 …… 219

十二、边坡锚固防护验收标准 …… 220

十三、导流工程验收标准 …… 221

十四、石笼防护验收标准 …… 222

参考文献 …… 224

学习情境一 路基工程认知

任务一 初识路基工程

学习目标

(1)明确路基的概念及对路基的基本要求。
(2)能够掌握路基的结构形式及各自特点。
(3)熟知路基几何要素的相关规定。
(4)能够看懂路基横断面图并复核工程量。

任务描述

利用××在建公路的施工图文件、公路路基设计规范、路基施工图片、多媒体教学资源和教师的讲解,学生能够识读路基施工图,为路基施工放样和工程量计算打好基础。

学习引导

本工作任务沿以下脉络进行学习:

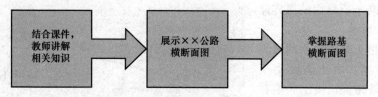

相关知识

路基是公路的主要工程结构物。路基是按照路线位置和一定技术要求修筑的带状构造物,是支撑路面结构的基础,它与路面共同承受行车荷载的作用,同时承受气候变化和各种自然灾害的侵蚀和影响。路基工程具有工程数量大、耗费劳动力多、涉及面广、投资高等特点。

一、路基的基本要求

路基是在天然地面上填筑或开挖而成。它的稳定性受地形、地质、水文和气候等自然因素的影响极大,如果设计和施工不当,会产生各种病害,导致路基路面遭受破坏,严重影响交通和行车安全。因此,路基的稳定与否,对路面工程质量影响甚大,关系到公路能否正常投入使用。为了保证公路的使用质量,对路基的基本要求有以下几个方面。

微课:路基的定义和性能要求

1. 符合规范要求

路基的横断面形式和尺寸应符合现行国家行业标准《公路工程技术标准》(JTG B01—2014)的有关规定。

2. 足够的承载能力

路基应具有足够的强度和刚度。行车荷载及路基路面的自重同时对路基下层及地基形成一定的压力,这些压力可使路基产生一定的变形,直接影响路面结构的使用性能。因此,为保证路基在外力及自重作用下不致产生过大的变形,要求路基具有足够的承载能力。

3. 整体稳定性

路基的整体稳定性是指路基在车辆及自然因素的作用下,不致产生过大的变形和破坏的性能。在地面上修筑路基,必然产生填筑或开挖,原地面的天然平衡状态将会被改变,从而导致路基发生种种破坏。因此,为了保证路基的安全与稳定,必须采取有效的路基排水、工程防护与加固等措施来保证路基的整体稳定性。

4. 水温稳定性

路基的水温稳定性是指路基在水和温度的作用下保持其强度的能力,包括水稳定性和温度稳定性。路基在地面水和地下水的作用下,其强度会显著降低,特别是在季节性冰冻地区,水温状况发生变化,路基将会发生周期性冻融,导致冻胀和翻浆,使其强度急剧下降。因此,路基不仅要有足够的强度和刚度,而且要在最不利的水温状况下,保证其结构承载力不会显著降低,这就要求路基具有足够的水温稳定性。

二、路基的结构形式

路基设计高程高于天然地面时,需要进行填筑;路基设计高程低于原地面时,需要进行开挖。按路基填挖情况,路基的结构形式有路堤、路堑和半填半挖路基三种。

1. 路堤

路堤是指高于原地面的填方路基,如图 1-1-1 所示。

路堤按其填土高度的不同可划分为不同的类型,填土高度小于 1.5 m 的属于矮路堤;填土高度在 1.5~20 m 范围内的属于一般路堤;填土高度大于 20 m 的属于高路堤。

路堤按其所处的条件和加固类型的不同,还可分为浸水路堤、护脚路堤及挖渠填筑路堤等。

微课:路基分类及结构形式的介绍

图 1-1-1 路堤

常见的路堤横断面形式,如图 1-1-2 所示。

矮路堤常在平坦地区取土困难时选用。平坦地区地势低,水文条件较差,易受地表水和地下水的影响,设计时应注意满足最小填土高度的要求,力求不低于规定的临界高度,使路基处于干燥或中湿状态。路基两侧均应设边沟,如图 1-1-2(a)所示。

地面横坡较陡时,为防止路堤沿山坡向下滑动,应将天然地面挖成台阶,或设置石砌护脚,如图 1-1-2(d)所示。路堤填方不大($h=2~3$ m)时,填方数量较少,全部或部分填方可以在路基两侧设置取土坑,使之与排水沟渠结合。为保护路堤坡脚不受流水侵害,保证边坡稳定,可在坡脚与沟渠之间预留 1~2 m 甚至大于 4 m 宽度的护坡道,如图 1-1-2(e)所示。

微课:路基断面形式的简介

高路堤的填方数量大、占地多，为使路基稳定和横断面经济合理，须进行个别设计。高路堤边坡可采用上陡下缓的折线形式或台阶形式，可在边坡中部设置护坡道。

2. 路堑

路堑是指低于原地面的挖方路基，如图1-1-3所示。常见的路堑横断面形式有全挖式路基、台口式路基和半山洞式路基，如图1-1-4所示。路堑开挖后破坏了原地层的天然平衡状态，其稳定性主要取决于地质与水文条件，以及边坡深度和边坡坡度。

最典型的路堑为全挖式路堑，挖方边坡的坡脚处设置边沟，以汇集和排除路基范围内的地表径流。路堑的上方应设置截水沟，以拦截和排除路堑坡顶上方山坡流向路基的地表径流，如图1-1-4(a)所示。当土质挖方边坡高度大于20 m或岩石挖方边坡高度大于30 m时，称为深路堑。

陡峭山坡上的半路堑，路中线宜向内侧移动，以山体自然坡面为下边坡，岩土全部开挖形成台口式路堑，避免路基外侧的少量填方，如图1-1-4(b)所示。遇有整体性的坚硬岩层，为减少石方工程，有时可采用半山洞式路堑，如图1-1-4(c)所示。

对于路堑开挖后形成的路基及地基，要求压实至规定的压实度，必要时应翻开重新分层填筑和分层碾压。当路堑挖方处土质或水文状况不良时，应进行地基加固和设置必要的排水设施。

路堑边坡形式及坡率应根据工程地质与水文地质条件、边坡高度、排水措施、施工方法，并结合自然稳定山坡和人工边坡的调查及力学分析综合确定，必要时可采用稳定性分析方法予以验算。

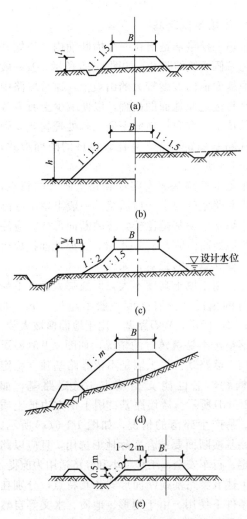

图1-1-2 路堤的几种横断面形式
(a)矮路堤；(b)一般路堤；(c)浸水路堤；
(d)护脚路堤；(e)挖渠填筑路堤

图1-1-3 路堑

3. 半填半挖路基

半填半挖路基是指在一个横断面内，一侧开挖，另一侧填筑的路基，如图1-1-5所示。其一般位于原地面横向坡度较大的山坡上，通常取路中心的高程接近原地面的高程，以便减少土石方数量，保持土石方数量横向平衡。若处理得当，则该形式路基稳定可靠，是比较经济的断面形式，如图1-1-6所示。

半填半挖路基兼有路堤和路堑两者的特点，对路堤和路堑的要求均应满足。一般半填半挖路基：半填半挖路基是比较经济的断面形式，应注意，当原地面横坡大于1：5时，将原地面挖成台阶，以保证填土的稳定，如图1-1-6(a)所示。护肩路基：用于填土高度不大，但坡脚太远、不易填筑时的情况，护肩高度一般不超过2 m，如图1-1-6(b)所示。砌石路基：用于地面横坡太陡，坡脚落空，不易填筑时的情况，如图1-1-6(c)所示。挡土墙路基：挡土墙是不依靠路基独立稳定的结构物，它也能支挡填方、稳定路基，如图1-1-6(d)所示。矮墙路基：用于挖方边坡土质松散、易产生碎落的情况，如图1-1-6(e)所示。各种路基横断面要结合实际地形选用，且应以路基稳定、行车安全、工程量小和经济适用为前提。

上述五类路基横断面形式各具特点，分别在一定条件下使用。由于地形、地质、水文等自然条件差异性很大，且路基位置、横断面尺寸及要求等应服从路线、路面及沿线结构物的要求，所以路基横断面类型的选择必须因地制宜，综合设计。

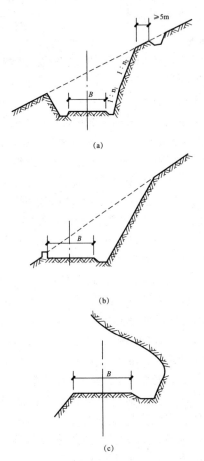

图 1-1-4　路堑常见的几种横断面形式
(a)全挖式路堑；(b)台口式路堑；(c)半山洞式路堑

图 1-1-5　半填半挖路基

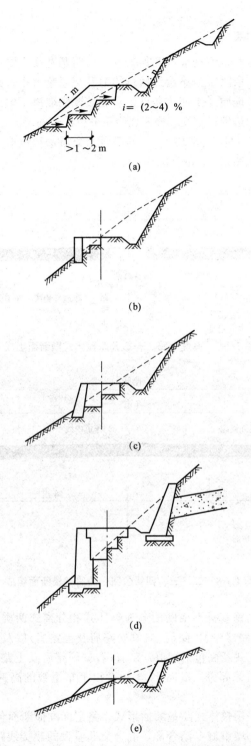

图 1-1-6　半填半挖路基的几种横断面形式
(a)一般半填半挖路基；(b)护肩路基；(c)砌石路基；(d)挡土墙路基；(e)矮墙路基

三、路基的基本构造

路基的基本构造主要是指几何构造或几何要素,由路基宽度、路基高度和边坡坡度构成。路基宽度取决于公路设计通行能力及交通量大小;路基高度取决于纵坡设计、地形、地质及水文等条件;边坡坡度则取决于地质、水文条件和填料性质等,并由边坡稳定性和横断面经济分析比较确定。

微课:路基的几何要素

公路路基横断面形式应根据公路功能、技术等级、交通量和地形等条件确定。各级公路的横断面如图1-1-7和图1-1-8所示。

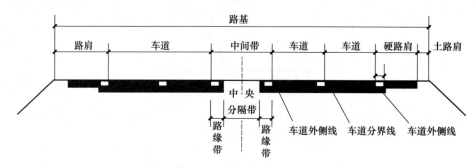

图1-1-7 高速公路、一级公路整体式横断面组成

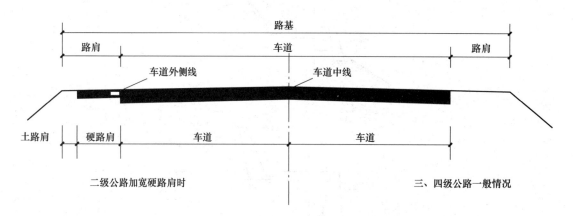

图1-1-8 二、三、四级公路一般路基横断面组成

高速公路、一级公路的路基标准横断面分为整体式和分离式两类。整体式断面包括车道、中间带(中央分隔带及左侧路缘带)、路肩(右侧硬路肩及土路肩)以及紧急停车带、爬坡车道、加(减)速车道等部分;分离式断面包括车道、路肩(右侧硬路肩及土路肩)以及紧急停车带、爬坡道、车道、加(减)速车道等部分。双向10车道及以上车道数的高速公路可采用复合式断面形式。

二、三、四级公路应采用整体式路基断面形式,路基标准横断面包括车道、路肩以及错车道等。二级公路位于中、小城市城乡结合部,混合交通量大的连接线路段,实行快、慢车道分开行驶时,可根据当地经验设置车道或加宽右侧硬路肩。

1. 路基宽度

路基宽度为车道宽度与路肩宽度之和。当设有中央分隔带、变速车道、爬坡车道、紧急停车带、错车道、超车道等时,这些部分的宽度均应包括在路基宽度范围内。路基各组成部分的宽度应根据其功能、公路技术等级、交通量与交通组成,按《公路工程技术标准》(JTG B01—

2014)的规定综合考虑确定。

车道宽度应符合表 1-1-1 的规定。

表 1-1-1 车道宽度

设计速度/(km·h^{-1})	120	100	80	60	40	30	20
车道宽度/m	3.75	3.75	3.75	3.5	3.5	3.25	3.00

各级公路的车道数应符合表 1-1-2 的规定。

表 1-1-2 各级公路的车道数

公路等级	高速公路、一级公路	二级公路	三级公路	四级公路
车道数/条	≥4	2	2	2(1)

高速公路、一级公路以及二级公路在连续上坡路段设置爬坡车道时，其宽度不应小于 3.5 m，且不大于 4.0 m。六车道及六车道以上的高速公路、一级公路可不设爬坡车道。

加(减)速车道一般设置在高速公路、一级公路的互通式立体交叉处、服务区、停车区、客运汽车停靠站、管理及养护设施、观景台等与主线衔接处，其宽度为 3.5 m。

中间带由两条路缘带和中央分隔带组成。中间带的宽度根据行车道以外的侧向余宽，以防止驶入对向行车带护栏、防眩网、交叉公路的桥墩等所需的设置带宽度而定。最小中间带宽度随公路等级、地形条件在 2.50~4.50 m 范围内变化，特殊情况下可减至 2.00 m。

各级公路右侧路肩宽度应符合规范的规定。

2. 路基高度

路基高度是指路堤的填筑高度和路堑的开挖深度，是路基设计高程与中桩地面高程之差，新建公路的路基设计高程对于高速公路和一级公路宜采用中央分隔带的外侧边缘高程；二、三、四级公路宜采用路基边缘高程，设置超高、加宽路段时为设置超高、加宽前该处路基边缘高程。改建公路的路基设计高程宜按新建公路的规定执行，也可视具体情况采用中央分隔带中线或行车道中线高程。

由于原地面沿横断面方向往往是倾斜的，在路基宽度范围内两侧的高差常有差别。因此，路基高度有中心高度和边坡高度之分。中心高度是指路基中心线处的设计高程与原地面高程之差；边坡高度是指填方坡脚或挖方坡顶高程与路基边缘高程之差。若原地面平坦，则路基两侧边坡的高度相等；若地面横坡度较大，则两者不相等。

路基的填挖高度是在路线纵断面设计时，综合考虑路线纵坡要求、路基稳定性和工程经济等因素后确定的。从路基的强度和稳定性要求出发，路基的上部土层应处于干燥或中湿状态，路基高度应根据临界高度，并结合公路沿线具体条件和排水及防护措施，确定路堤的最小填土高度的要求。沿河及受水浸淹的路基边缘高程，应高出表 1-1-3 规定的路基设计洪水频率的计算水位加壅水高、波浪侵袭高和 0.5 m 安全高度。

表 1-1-3 路基设计洪水频率

公路等级	高速公路	一级公路	二级公路	三级公路	四级公路
设计洪水频率	1/100	1/100	1/50	1/25	按具体情况确定

从路基的强度和稳定性要求出发，在满足上述条件的情况下，应尽量满足"浅挖、低填、缓边坡"的要求，对于高路堤和深路堑，由于土石方数量大、占地多、施工困难、边坡稳定性差，对行车不利，因此应尽量避免使用。对低路堤和浸水路堤，还要考虑排水和设计洪水频率要求。

3. 路基边坡坡度

路基边坡的正确确定对路基稳定十分重要。路基的边坡,是指路肩的外缘与坡脚(路堑则为边沟外侧沟底与坡顶)所构成的坡面,是支撑路基主体的重要组成部分。边坡形状可分为直线形、折线形和台阶形三种,可根据边坡高度、地质条件、水文条件等合理选择。公路路基边坡的坡度可用边坡高度 H 与边坡宽度 b 的比值表示,并取 $H=1$,通常用 $1:m$ 的形式表示其比率,称为边坡坡率,如图 1-1-9 所示。

《公路路基设计规范》(JTG D30—2015)对路堤和路堑边坡坡度做了明确规定。

路基边坡坡度的确定,主要取决于边坡的土质、岩石的性质及水文地质条件等自然因素和边坡的高度。在陡坡或填挖较大的路段,边坡稳定不仅影响土石方工程量的大小,也涉及工程施工的难易程度,而且是路基整体稳定性的关键。一般路基的边坡坡度可根据多年工程实践经验和设计规范中推荐的数值确定。

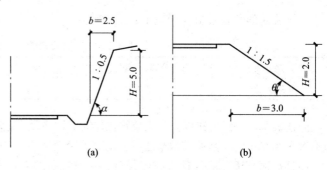

图 1-1-9 路基边坡坡度
(a)路堑边坡;(b)路堤边坡

(1)路堤边坡。路堤边坡的形式和坡率应根据填料的物理力学性质、边坡高度和工程地质条件确定。当地质条件良好、边坡高度不大于 20 m 时,其边坡坡率不宜陡于表 1-1-4 的规定值。对边坡高度大于 20 m 的路堤,属于高路堤,边坡形式宜采用阶梯形,边坡坡率由稳定性分析计算确定。浸水路堤在设计水位以下的边坡坡率不宜陡于 1:1.75。

表 1-1-4 路堤边坡坡度

填料种类	边坡坡率	
	上部高度($H\leqslant 8$ m)	下部高度($H\leqslant 20$ m)
细粒土	1:1.5	1:1.75
粗粒土	1:1.5	1:1.75
巨粒土	1:1.3	1:1.5

(2)路堑边坡。路堑边坡的形式和坡率应根据工程地质与水文地质条件、边坡高度、排水防护措施、施工方法等,并结合自然稳定边坡和人工边坡的调查综合确定。

土质路堑边坡高度不大于 20 m 时,边坡坡率不宜陡于表 1-1-5 的规定值。当岩质路堑边坡高度不大于 30 m 时,边坡坡率不宜陡于表 1-1-6 的规定值。当土质路堑边坡高度大于 20 m 或岩质路堑边坡高度大于 30 m 时,其边坡形式及坡率需进行设计与稳定性验算。

表 1-1-5 土质路堑边坡坡率

土的类别		边坡坡率
黏土、粉质黏土、塑性指数大于 3 的粉土		1:1
中等以上的中砂、粗砂、砾砂		1:1.5
卵石土、碎石土、圆砾土、角砾土	胶结和密实	1:0.75
	中密	1:1
注:黄土、红黏土、高液限土、膨胀土等特殊土质挖方边坡形式及坡度应按规范规定确定。		

表 1-1-6　岩质路堑边坡坡率

边坡岩体类型	风化程度	边坡坡率	
		$H \leqslant 15$ m	15 m$<H \leqslant$30 m
Ⅰ类	未风化、微风化	1∶0.1～1∶0.3	1∶0.1～1∶0.3
	弱风化	1∶0.1～1∶0.3	1∶0.3～1∶0.5
Ⅱ类	未风化、微风化	1∶0.1～1∶0.3	1∶0.3～1∶0.5
	弱风化	1∶0.3～1∶0.5	1∶0.5～1∶0.75
Ⅲ类	未风化、微风化	1∶0.3～1∶0.5	—
	弱风化	1∶0.5～1∶0.75	—
Ⅳ类	弱风化	1∶0.5～1∶1	—
	强风化	1∶075～1∶1	—

注：1. 有可靠资料和经验时，可不受本表限制。
　　2. Ⅳ类强风化包括各类风化程度的极软岩。

任务二　划分路基干湿类型

学习目标

(1)知道公路自然区划的划分和各分区的施工特点。
(2)明确路基土的干湿类型及其划分方法。
(3)熟悉平均稠度与临界高度的概念和计算方法及应用。

微课：路基干湿
类型的判断

任务描述

利用××在建公路的施工图文件、工程案例、多媒体教学资源和教师的讲解，学生能够依据路基施工调查、试验数据判断新建公路和改建公路的干湿类型，为路基施工打下良好基础。

学习引导

本工作任务沿以下脉络进行学习：

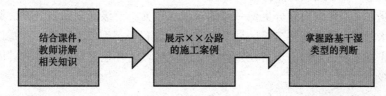

相关知识

公路自然区划根据公路工程的地理、气候差异特点，按其重要性和规模性的大小分为三个等级，其中，7个一级自然区划又分为33个二级区划和19个副区，共52个二级自然区划。

路基干湿类型表示路基土在最不利季节的干湿状态，可分为干燥、中湿、潮湿和过湿四类。路基的强度和稳定性与路基土的干湿状态有着密切的关系，并在很大程度上影响着路面的使用性能。原有公路路基土的干湿类型，根据路基土的分界相对含水率或分界稠度划分；新建公路路基土的干湿类型可用路基的临界高度来判断。为了保证路基路面结构的稳定性，一般要求路基处于干燥或中湿状态。潮湿、过湿状态的路基必须经过处理后才可铺筑路面。

一、公路自然区划

我国地域辽阔，各地气候、地形、地貌、水文、地质等自然条件相差很大，而这些自然条件与公路建设密切相关。为区分不同地理区域自然条件对公路工程影响的差异性，并在路基路面的设计、施工和养护中采取适当的技术措施和采用合适的设计参数，以体现各地公路设计与施工的特点，我国的公路部门制定了公路自然区划标准。

1. 公路自然区划的制定原则

(1)道路工程特征相似的原则。在同一区划内、同样的自然因素下铺筑路面具有相似性。如北方不利季节主要是春融时期，路基有翻浆病害；南方不利季节是雨季，路基有冲刷、水毁等病害。

(2)地表气候区划差异性的原则。地表气候是地带性差异与非地带性差异的综合结果。通常，地表气候随着当地纬度而变化，称为地带性差异，如在北半球，北方寒冷，南方温暖。除此以外，还与高程的变化有关，即沿垂直方向的变化，称为非地带性差异，如青藏高原地区，由于海拔高，与纬度相同的其他地区相比，气候会更加寒冷。

(3)自然气候因素既有综合又有主导作用的原则。自然气候的变化是各种因素综合作用的结果，其中又由某种因素起着主导作用，如道路冻害是水和热综合作用的结果。但是在南方，只是水而没有寒冷气候的影响，不会有冻害，说明温度起主要作用；西北干旱区与东北潮湿区，同样都有负温度，但前者冻害轻于后者，说明水起主导作用。

2. 公路自然区划的等级

根据公路工程的地理、气候差异特点，公路自然区划按其重要性和规模性的大小分为三个等级。一、二级区划的具体位置与界限详见《公路自然区划标准》(JTJ 003—1986)所附"中华人民共和国公路自然区划图"。

一级区划首先将全国划分为多年冻土、季节冻土和全年不冻三大地带，再根据水热平衡和地理位置，划分为冻土、湿润、干湿过渡、湿热、潮暖、干旱和高寒7个大区。

二级区划是在一级区划的基础上以气候和地形为主导因素，以潮湿系数 K(潮湿系数 K 值为年降水量 R 与年蒸发量 Z 之比)为主进一步划分。在7个一级自然区划内又分为33个二级区划和19个副区，共52个二级自然区划，见表1-2-1。

三级区划是在二级区划内划分更低一级的区域或单元。三级区划的划分方法有两种：一种是按照地貌、水温和土质类型将二级区划进一步划分为若干类型单元；另一种是以水热、地理和地貌等为标志将二级区划进一步划分为若干更低级区域。各地可根据当地的具体情况选用公路自然区划等级。

表1-2-1　公路自然区划名称

代号	一级区划	二级区划(包括副区)	工程特点
Ⅰ	北部多年冻土区	$Ⅰ_1$连续多年冻土区 $Ⅰ_2$岛状多年冻土区	该区道路设计原则是保温，不可轻易挖去覆盖层，使路堤下保持冻结状态

续表

代号	一级区划	二级区划(包括副区)	工程特点
II	东部温润季冻区	II$_1$ 东北东部山地湿润冻区 II$_{1a}$ 三江平原副区 II$_2$ 东北中部山前平原重冻区 II$_{2a}$ 辽河平原冻融交替副区 II$_3$ 东北西部润干冻区 II$_4$ 海滦中冻区 II$_{4a}$ 冀北山地副区 II$_{4b}$ 旅大丘陵副区 II$_5$ 鲁豫轻冻区 II$_{5a}$ 山东丘陵副区	该区路面结构突出的问题是翻浆和冻胀；翻浆的轻重程度取决于路基的潮湿状态，可根据不同的路基潮湿状态采取措施处理
III	黄土高原干湿过渡区	III$_1$ 山西山地、盆地中冻区 III$_{1a}$ 雁北张宜副区 III$_2$ 陕北典型黄土高原中冻区 III$_{2a}$ 榆林副区 III$_3$ 甘东黄土山地区 III$_4$ 黄渭间山地、盆地轻冻区	黄土对水分非常敏感，干燥土基强度高，稳定性好；在河谷盆地的潮湿路段以及灌溉耕地，土基稳定性差，强度高，必须采取措施处理
IV	东南湿热区	IV$_1$ 长江下游平原润湿区 IV$_{1a}$ 盐城副区 IV$_2$ 江淮丘陵、山地润湿区 IV$_3$ 长江中游平原中湿区 IV$_4$ 浙闽沿海山地中湿区 IV$_5$ 江南丘陵过湿区 IV$_6$ 武夷岭南山地过湿区 IV$_{6a}$ 武夷副区 IV$_7$ 华南沿海台风区 IV$_{7a}$ 台湾山地副区 IV$_{7b}$ 海南岛西部润干副区 IV$_{7c}$ 南海诸岛副区	该区雨量充沛集中，雨量季节性强，台风、暴风雨多，水毁、冲刷、滑坡是道路的主要病害，应结合排水系统进行路基结构设计。IV区水稻田多，土基湿软，强度低，要注意路基病害的防治
V	西南潮湿区	V$_1$ 秦巴山地润湿区 V$_2$ 四川盆地中湿区 V$_{2a}$ 雅安、乐山过湿副区 V$_3$ 山西、贵州山地过湿区 V$_{3a}$ 滇南、桂西润湿副区 V$_4$ 川、滇、黔高原干湿交替区 V$_5$ 滇西横断山地区 V$_{5a}$ 大理副区	该区山多，筑路材料丰富，应充分利用当地材料筑路。对于水文不良路段，必须采取措施稳定路基
VI	西北干旱区	VI$_1$ 内蒙古草原中干区 VI$_{1a}$ 河套副区 VI$_2$ 绿洲-荒漠区 VI$_3$ 阿尔泰山地冻土区 VI$_4$ 天山-界山山地区 VI$_{4a}$ 塔城副区 VI$_{4b}$ 伊犁河谷副区	该区大部分地下水位很低，虽然冻深多在100 cm以上甚至在150 cm以上，但一般道路冻害较轻。个别地区，如河套灌区、内蒙古草原洼地，地下水位高，翻浆严重

续表

代号	一级区划	二级区划(包括副区)	工程特点
VII	青藏高寒区	VII$_1$ 祁连-昆仑山地区 VII$_2$ 柴达木荒漠区 VII$_3$ 河源山原草甸区 VII$_4$ 羌塘高原冻土区 VII$_5$ 川藏高山峡谷区 VII$_6$ 藏南高山台地区 VII$_{6a}$ 拉萨副区	该区地处高原,气候寒冷,昼夜气温相差大,日照时间长,沥青老化很快,加之年平均气温相对偏低,因此路面易因冬季雪水渗入而遭破坏。此外,该区局部路段有多年冻土,须按保温原则设计

二、路基干湿类型的判定

1. 路基干湿类型及湿度来源

土质路基(包括地基)干湿类型可分为干燥、中湿、潮湿和过湿四种。这四种类型表示路基工作区内,即从路基表面向下一定范围内,路基(包括地基)土所处的含水状态。

路基的干湿类型会影响其强度与稳定性。正确区分路基的干湿类型,是进行路基设计的前提。路基土所处的状态是由土体的含水率或用稠度指标反映的。含水率取决于湿度的来源及作用的持续时间。导致路基湿度变化的水源可分为以下几种:

(1)大气降水。大气降水直接通过路面、路肩和边坡渗入路基。

(2)地面水。路基旁边较高水位的地表积水、排水不良的边沟积水,以毛细水的形式渗入路基。

(3)地下水。靠近地面的地下水,借助毛细作用或温差作用上升到路基内部。

(4)凝聚水。在土颗粒空隙中流动的水蒸气,遇冷凝结为水。

2. 路基干湿类型的判定方法

(1)平均稠度判定法。根据平均稠度判定法适用于原有公路拓宽改造时某断面的路基干湿类型判定。

1)稠度。路基土的横断面上某点的稠度 w_c 是指土的液限含水率 w_L 与土的含水率 w 之差和土的液限含水率 w_L 与塑限含水率土的液限 w_p 之差的比值,见式(1-2-1)。

$$w_c = \frac{w_L - w}{w_L - w_p} \tag{1-2-1}$$

土的稠度较准确地表示了土的各种形态与湿度的关系,稠度指标综合了土的塑性特性,包括液限与塑限,全面直观地反映了土的软硬程度,物理概念明确。

①$w_c = 1.0$,即 $w = w_p$,为半固体与硬塑状的分界值。

②$w_c = 0$,即 $w = w_L$,为流塑与流动状的分界值。

③$1.0 > w_c > 0$,即 $w_L > w > w_p$ 时,土体处于可塑状态。

2)平均稠度。对于原有公路,根据实测不利季节路床表面(路槽底面)以下 80 cm 深度内的平均稠度确定。在路槽底面以下 80 cm 深度内,每 10 cm 取土样测定其天然含水率、塑限和液限,用式(1-2-2)和式(1-2-3)计算。

$$w_{ci} = \frac{w_{Li} - w_i}{w_{Li} - w_{pi}} \tag{1-2-2}$$

$$\overline{w_c} = \frac{\sum_{i=1}^{8} w_{ci}}{8} \tag{1-2-3}$$

式中　w_i——第 i 层土的天然含水率；
　　　w_{Li}——第 i 层土的液限；
　　　w_{pi}——第 i 层土的塑限；
　　　w_{ci}——第 i 层土的稠度；
　　　$\overline{w_c}$——路槽底面以下 80 cm 深度内土的算术平均稠度。

3）干湿类型的判断。判断路基的干湿类型，要按照道路所在的自然区划和路基土的类型，查表 1-2-2 中土基干湿类型的稠度的建议值确定。

表 1-2-2　土基干湿类型的稠度的建议值

干湿类型 土的类别	干燥状态 $w_c \geqslant w_{c1}$	中湿状态 $w_{c1} > w_c \geqslant w_{c2}$	潮湿状态 $w_{c2} > w_c \geqslant w_{c3}$	过湿状态 $w_c < w_{c3}$
土质砂	$\overline{w_c} \geqslant 1.20$	$1.20 > \overline{w_c} \geqslant 1.00$	$1.00 > \overline{w_c} \geqslant 0.85$	$\overline{w_c} < 0.85$
黏质土	$\overline{w_c} \geqslant 1.10$	$1.10 > \overline{w_c} \geqslant 0.95$	$0.95 > \overline{w_c} \geqslant 0.80$	$\overline{w_c} < 0.80$
粉质土	$\overline{w_c} \geqslant 1.05$	$1.05 > \overline{w_c} \geqslant 0.90$	$0.90 > \overline{w_c} \geqslant 0.75$	$\overline{w_c} < 0.75$

注：表中 w_{c1}、w_{c2}、w_{c3} 分别为干燥和中湿、中湿和潮湿、潮湿和过湿状态路基土的分界稠度，$\overline{w_c}$ 为路槽底面以下 80 cm 深度内土的算术平均稠度。

(2) 临界高度判定法。对于新建道路，路基尚未建成，无法按上述方法现场勘察路基土的湿度状况，可以用路基临界高度作为判定标准。在路基的地下水或地表积水水位一定的情况下，路基的湿度由下而上减小，如图 1-2-1 所示。路槽底距地下水或长期地表积水水位的最小高度称为路基临界高度 H。其中，H_1 对应于 w_{c1} 为干燥和中湿状态的分界标准；H_2 对应于 w_{c2} 为中湿和潮湿状态的分界标准；H_3 对应于 w_{c3} 为潮湿和过湿状态的分界标准。

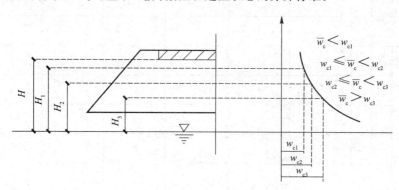

图 1-2-1　路基临界高度与路基干湿类型

地下水或地表长期积水水位，可通过道路勘察设计野外调查获得。路基高度可从路线纵断面图或路基设计表查得，扣除预估的路面厚度，即可得路床表面距地下水水位或地表长期积水水位的高度。在设计新建道路时，确定路基临界高度值，并以此作为判定标准与路基设计高度做比较，即可确定路基的干湿类型。不同土质和自然区划的路基临界高度参考值见表 1-2-3。

为了保证路基的强度和稳定性不受地下水或地表积水的影响，在设计路基时，要求路基保持干燥或中湿状态，路槽底距地下水或地表积水的距离需要大于或等于干燥、中湿状态所对应的临界高度。

当路基的高度发生变化时，平均含水率及土的平均稠度将随之改变，路基的干湿状态也会发生相应的变化。路基的最小填土高度是指保证路基稳定所规定的路肩边缘距原地面的最小高度，须确保路基最小填土高度使路基处于干燥或中湿状态，以满足设计要求。

表 1-2-3　不同土质和自然区划的路基临界高度参考值　　　m

自然区划	砂性土 地下水			砂性土 地表长期积水			砂性土 地表临时积水			黏性土 地下水			黏性土 地表长期积水			黏性土 地表临时积水			粉性土 地下水			粉性土 地表长期积水			粉性土 地表临时积水		
	H_1	H_2	H_3	H_1	H_2	H_3	H_1	H_2	H_3	H_1	H_2	H_3	H_1	H_2	H_3	H_1	H_2	H_3	H_1	H_2	H_3	H_1	H_2	H_3	H_1	H_2	H_3
II₁	1.9~2.2	1.3~1.6								2.9	2.2								3.8	3.0	2.2						
II₂										2.7	2.0								3.4	2.6	1.9						
II₃										2.5	1.8								3.0	2.2	1.6						
II₄	1.1~1.5	0.7~1.1								2.4~2.6	1.9~2.1	1.2~1.4							2.6~2.8	2.1~2.3	1.4~1.6						
II₅										2.1~2.5	1.6~2.0								2.4~2.9	1.8~2.3							
III₁																			2.4~3.0	1.7~2.4							
III₂	1.3~1.6	1.1~1.3	0.9~1.1	1.1~1.3	0.9~1.1	0.6~0.9	0.9~1.1	0.6~0.9	0.4~0.6	2.2~2.75	1.7~2.2	1.3~1.7	1.75~2.2	1.3~1.7	0.9~1.3	1.3~1.75	0.9~1.3	0.45~0.9	2.4~2.85	1.9~2.4	1.4~1.9	1.9~2.4	1.0~1.4	1.0~1.4	1.4~1.9	1.0~1.4	0.5~1.0
III₃	1.3~1.6	1.1~1.3	0.9~1.1	1.1~1.3	0.9~1.1	0.6~0.9	0.9~1.1	0.6~0.9	0.4~0.6	2.1~2.5	1.6~2.1	1.2~1.6	1.6~2.1	1.2~1.6	0.9~1.2	1.2~1.6	0.9~1.2	0.55~0.9	2.3~2.75	1.8~2.3	1.4~1.8	1.8~2.3	1.4~1.8	1.4~1.8	1.4~1.8	1.0~1.4	0.55~1.0

续表

自然区划	砂性土 地下水			砂性土 地表长期积水			砂性土 地表临时积水			黏性土 地下水			黏性土 地表长期积水			黏性土 地表临时积水			粉性土 地下水			粉性土 地表长期积水			粉性土 地表临时积水		
	H_1	H_2	H_3	H_1	H_2	H_3	H_1	H_2	H_3	H_1	H_2	H_3	H_1	H_2	H_3	H_1	H_2	H_3	H_1	H_2	H_3	H_1	H_2	H_3	H_1	H_2	H_3
III$_4$																			2.4~3.0	1.7~2.4							
III$_{1a}$																			2.4~3.0	1.7~2.4							
III$_{2a}$	1.4~1.7	1.1~1.3																	2.4~3.0	1.7~2.4							
IV$_1$、IV$_{1a}$										1.7~1.9	1.2~1.3	0.8~0.9							1.9~2.1	1.3~1.4	0.9~1.0						
IV$_2$										1.6~1.7	1.1~1.2	0.8~0.9							1.7~1.9	1.2~1.3	0.8~0.9						
IV$_3$										1.5~1.7	1.1~1.2	0.8~0.9	0.8~0.9	0.5~0.6	0.3~0.4				1.7~1.9	1.2~1.3	0.8~0.9	0.9~1.0	0.6~0.7	0.3~0.4			
IV$_4$	1.0~1.4	0.7~0.8								1.7~1.8	1.0~1.2	0.8~1.0															

续表

自然区划	砂性土 地下水			砂性土 地表长期积水			砂性土 地表临时积水			黏性土 地下水			黏性土 地表长期积水			黏性土 地表临时积水			粉性土 地下水			粉性土 地表长期积水			粉性土 地表临时积水		
	H_1	H_2	H_3	H_1	H_2	H_3	H_1	H_2	H_3	H_1	H_2	H_3	H_1	H_2	H_3	H_1	H_2	H_3	H_1	H_2	H_3	H_1	H_2	H_3	H_1	H_2	H_3
$Ⅳ_5$	1.0~1.1	0.7~0.8								1.7~1.9	1.3~1.4	0.9~1.0	1.0~1.1	0.6~0.7	0.3~0.4				1.79~2.1	1.3~1.5	0.9~1.1						
$Ⅳ_6$										1.8~2.0	1.3~1.5	1.0~1.2	0.9~1.0	0.5~0.6	0.3~0.4				2.0~2.2	1.5~1.6	1.0~1.1						
$Ⅳ_{6a}$				0.9~1.0	0.7~0.8	0.6~0.7				1.6~1.7	1.1~1.2	0.7~0.8							1.8~2.0	1.3~1.4	0.9~1.1						
$Ⅳ_7$	1.3~1.6	1.1~1.3	0.9~1.1	1.1~1.3	0.9~1.1	0.6~0.9	0.9~1.1	0.6~0.9	0.4~0.6	1.7~1.8	1.4~1.5	1.1~1.2	1.0~1.1	0.7~0.8	0.4~0.5												
$Ⅴ_1$										2.0~2.4	1.6~2.0	1.2~1.6	1.6~2.0	1.2~1.6	0.8~1.2	1.2~1.6	0.8~1.2	0.45~0.8	2.2~2.65	1.7~2.2	1.3~1.7	1.7~2.2	1.3~1.7	0.9~1.3	1.3~1.7	0.9~1.3	0.55~0.9
$Ⅴ_2$、$Ⅴ_{2a}$（紫色土）										2.0~2.2	0.9~1.1	0.4~0.6							2.3~2.5	1.4~1.6	0.5~0.7						
$Ⅴ_3$										1.7~1.9	0.8~1.0	0.4~0.6							1.9~2.1	1.3~1.5	0.5~0.7						

续表

自然区划	砂性土 地下水 H₁	H₂	H₃	砂性土 地表长期积水 H₁	H₂	H₃	砂性土 地表临时积水 H₁	H₂	H₃	黏性土 地下水 H₁	H₂	H₃	黏性土 地表长期积水 H₁	H₂	H₃	黏性土 地表临时积水 H₁	H₂	H₃	粉性土 地下水 H₁	H₂	H₃	粉性土 地表长期积水 H₁	H₂	H₃	粉性土 地表临时积水 H₁	H₂	H₃
V₃										1.7~1.9	0.7~0.9	0.3~0.5							2.3~2.5	1.4~1.6	0.5~0.7						
V₃ₐ (黄壤土、现代冲积土)										1.7~1.9	0.9~1.1	0.4~0.6							2.2~2.5	1.4~1.6	0.5~0.7						
V₄、V₅、V₆																											
Ⅵ₁	(2.1)	(1.7)	(1.3)	(1.8)	(1.4)	(1.0)	(1.0)	(0.7)	(0.3)	(2.3)	(1.9)	(1.6)	(2.1)	(1.7)	(1.3)	0.9	(0.5)		(2.5)	(2.0)	(1.6)	(2.3)	(1.8)	(1.3)	(1.2)	(0.7)	0.1
Ⅵ₁ₐ	(2.0)	(1.6)	(1.2)	(1.7)	(1.3)	(1.0)	(1.0)	(0.5)		(2.2)	(1.8)	(1.5)	(2.0)	(1.6)	(1.2)	(0.9)	(0.5)		(2.5)	(2.0)	(1.5)	(2.2)	(1.7)	(1.2)	0.6		
Ⅵ₂	1.4~1.7	0.9~1.1	0.6~0.9	1.1~1.4	0.9~1.1	0.6~0.9	0.9~1.1	0.76~0.9	0.4~0.6	2.2~2.75	1.65~2.2	1.2~1.65	1.65~2.2	1.2~1.65	0.75~1.2	1.2~1.65	0.75~1.2	0.45~0.7	2.3~2.65	1.85~2.3	1.4~1.85	1.85~2.3	1.4~1.85	0.9~1.4	1.4~1.85	0.9~1.4	0.5~0.9
Ⅵ₃	(2.2)	(1.8)	(1.3)	(1.9)	(1.5)	(1.1)	(1.1)	(0.9)	(0.6)	(2.4)	(2.0)	(1.6)	(2.1)	(1.7)	(1.4)	(0.8)	(0.6)		(2.6)	(2.2)	(1.7)	(2.4)	(1.9)	(1.4)	(1.3)	(0.7)	
Ⅵ₄	(2.2)	(1.9)	(1.4)	(1.9)	(1.5)	(1.2)	0.8			2.4	2.0	1.6	(2.2)	(1.7)	(1.4)	1.0	0.6		(2.4)	(2.1)	(1.7)	(1.9)	(1.4)	(1.1)	1.3	0.8	
Ⅵ₄ₐ	(1.9)	(1.5)	(1.1)	(1.6)	(1.2)	(0.9)	(0.5)			(2.2)	(1.7)	(1.4)	(1.9)	(1.4)	(1.1)	0.7			(2.4)	(1.9)	(1.4)	(2.1)	(1.6)	(1.2)	1.0	0.5	
Ⅵ₄ᵦ	(2.0)	(1.6)	(1.2)	(1.7)	(1.3)	(1.0)	(0.8)			(2.3)	(1.8)	(1.4)	(2.0)	(1.6)	(1.2)	0.8			(2.5)	(2.0)	(1.4)	(2.2)	(1.7)	(1.2)	1.0	0.5	
Ⅶ₁	(2.2)	(1.9)	(1.6)	(2.1)	(1.6)	(1.3)	(0.8)	(0.5)		2.2	1.9	1.5	(2.1)	(1.6)	(1.2)	(0.9)	(0.5)		(2.5)	(2.0)	(1.5)	(2.2)	(1.7)	(1.3)	1.1	0.6	
Ⅶ₂										2.2	1.9	1.6	1.8	1.4	1.1	0.8	0.4		(2.5)	(2.1)	(1.6)	(2.2)	(1.6)	(1.1)	0.9	0.4	

续表

自然区划	砂性土 地下水 H₁	H₂	H₃	地表长期积水 H₁	H₂	H₃	地表临时积水 H₁	H₂	H₃	黏性土 地下水 H₁	H₂	H₃	地表长期积水 H₁	H₂	H₃	地表临时积水 H₁	H₂	H₃	粉性土 地下水 H₁	H₂	H₃	地表长期积水 H₁	H₂	H₃	地表临时积水 H₁	H₂	H₃
VII₃	1.5~1.8	1.2~1.5	0.9~1.2	1.2~1.5	0.9~1.2	0.6~0.9	0.9~1.2	0.7~0.9	0.4~0.6	2.3~2.85	1.75~2.3	1.3~1.75	1.75~2.3	1.3~1.75	0.75~1.3	1.3~1.75	0.75~1.3	0.45~0.75	2.4~3.1	2.0~2.4	1.6~2.0	2.0~2.4	1.6~2.0	1.0~1.6	1.6~2.0	1.0~1.6	0.55~1.0
VII₄	(2.1)	(1.6)	1.3	(1.8)	(1.4)	(1.0)	(1.5)	(1.1)	(0.9)	(2.1)	(1.6)	(1.3)	(1.8)	(1.4)	(1.1)	(1.5)	(1.1)	(0.7)	(2.3)	(1.8)	(1.3)	(2.1)	(1.6)	(1.1)	(1.6)	(1.3)	
VII₅	(3.0)	(2.4)	(1.9)	(2.4)	(2.0)	1.6	(1.5)	(1.1)		(3.3)	(2.6)	(2.1)	(2.4)	(2.0)	(1.6)	(1.5)	(1.1)	(0.5)	(3.8)	(2.2)	(1.5)	(2.9)	(2.2)	(1.5)	(1.3)		
VII₅ₐ										(2.8)	2.4	1.9	2.5	2.0	1.6	1.4	(0.8)		(2.9)	(2.5)	1.8	(2.7)	2.1	1.5	1.6	1.1	

注：1. 表中 H_1 为干燥和中湿状态的分界线者，表示实测资料较少；有括号者表示没有实测资料，是根据规律推算得出的。
2. VI、VII区有横线者，表示实测资料较少；有括号者表示没有实测资料，是根据规律推算得出的。
3. 新增III₂、III₃、VI₁、VI₂、VII₃为甘肃省1984年所提建议值，其他地区供参考。
4. 缺少资料的二级区可暂先论证地参考相邻二级区数值，并应积极调研积累本地区的资料。

任务三 路基土的工程性质

学习目标

(1) 了解路基土的分类。
(2) 掌握路基用土的工程性质。
(3) 能够在野外鉴别常见的路基用土,并在现场组织施工。

任务描述

利用××在建公路的施工图文件、工程案例、多媒体教学资源和教师的讲解,学生通过路基设计图纸和路基施工图片,能够鉴别路基用土,为路基施工组织打基础。

学习引导

本工作任务沿以下脉络进行学习:

相关知识

不同粒径组成的土,其工程性质也不同,如用来修筑路基,不仅使用效果不同,而且对路基的强度和稳定性影响很大。

一、路基土的分类

按照《公路土工试验规程》(JTG E40—2007)中土的工程分类方法,将土分为巨粒土、粗粒土、细粒土和特殊土四大类,并进一步细分为12类土,如图1-3-1所示。

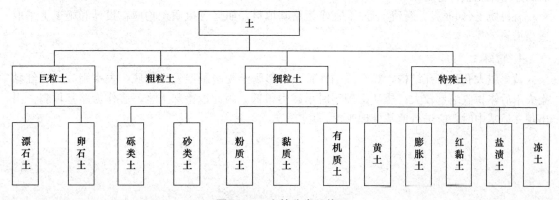

图1-3-1 土的分类总体系

二、各类公路用土的主要工程性质

各类公路用土具有不同的工程性质,在选择路基填筑材料以及修筑稳定土路面结构层时,应根据不同的土类分别采取不同的工程技术措施。

1. 巨粒土

巨粒土有很高的强度及稳定性,是很好的填筑路基材料,但大块填料摆放和压实困难。对于漂石土,在码砌边坡时,应正确选用边坡值,以保证路基稳定。对于卵石土,填筑时应保证有足够的密实度。

2. 粗粒土

粗粒土的可压实性、强度、压缩性和渗透性等均与土的级配有关。

砾类土由于粒径较大,内摩擦力较大,因此强度和稳定性均能满足要求。级配良好的砾类土混合料,密实程度好。对于级配不良的砾类土混合料,填筑时应保证密实程度,防止由于空隙大而造成路基积水、不均匀沉降或表面松散等病害。

砂类土又可分为砂、含细粒土砂(或称砂土)和细粒土质砂(或称砂性土)三种。

砂和砂土无塑性,透水性强,毛细水上升高度很小,具有较大的摩擦系数,强度和水稳定性较好。但由于黏性小,易于松散,压实困难,故需用振动法或灌水法才能压实。为了克服这一缺点,可添加一些黏质土,以改善其使用质量。

砂性土既含有一定数量的粗颗粒,使路基具有足够的强度和水稳定性,又含有一定数量的细颗粒,使其具有一定的黏性,不致过分松散;一般遇水干得快,不膨胀,干时有足够的黏结性,扬尘少,容易被压实。因此,砂性土是填筑路基的良好材料。

3. 细粒土

粉质土为最差的筑路材料。它含有较多的粉土粒,干时稍有黏性,但易被压碎,扬尘性大,浸水时很快被湿透,易成稀泥。粉质土的毛细作用强烈,上升速度快,毛细水上升高度一般可达 $0.9\sim1.5$ m,季节性冰冻地区,水分在路基上方大量积聚,造成严重的冬季冻胀,春融期间出现路基翻浆。在路基施工时如遇粉质土,特别是在水文条件不良时,应采取一定的措施,改善其工程性质,待达到规定的要求后方可使用。

黏质土透水性很差,黏聚力大,因而干时较硬,不易挖掘。它具有较大的可塑性、黏聚性和膨胀性,毛细现象也很显著,用来填筑路基比粉质土好。浸水后黏质土会较长时间滞留水分,造成承载力降低。对于黏质土,如在适当的含水率时加以充分压实,并有良好的排水设施,筑成的路基便能获得稳定。

有机质土(如泥炭、腐殖土等)不宜作为路基填料,如遇有机质土均应在设计和施工上采取适当措施。

4. 特殊土

黄土属大孔和多孔结构,具有湿陷性特点;膨胀土受水浸湿发生膨胀,失水则收缩;红黏土失水后体积收缩量较大;盐渍土潮湿时承载力很低。因此,特殊土也不宜作为路基填料。当出现在地基中时,应进行地基处理改善。

任务四　路基附属设施及功能

学习目标

(1)明确路基附属设施设置目的。
(2)知道取土坑与弃土堆设置的有关规定。
(3)知道护坡道与碎落台设置的有关规定。
(4)知道堆料坪设置的有关规定。
(5)知道错车道设置的有关规定。

任务描述

利用××在建公路的施工图文件、工程案例、多媒体教学资源和教师的讲解,学生能够识读路基附属设施施工图,能够对路基附属设施进行放样和组织施工。

学习引导

本工作任务沿以下脉络进行学习:

相关知识

为确保路基的强度、稳定性、经济性和行车安全,路基工程除了其主体工程外,还应包括相关的附属设施,如取土坑、弃土堆、护坡道、碎落台和错车道等。这些附属设施也会影响公路的使用品质,是路基工程不可缺少的组成部分。

一、取土坑与弃土堆

路基土石方的填挖平衡,是公路路线设计的基本原则,但往往难以做到完全平衡。土石方数量经过合理调配后,仍然有部分填方和弃方(又称废方)。在道路沿线挖取土方填筑路基或用于养护所留下的整齐土坑称为取土坑。将开挖路基所废弃的土堆放于道路沿线一定距离的整齐土堆称为弃土堆。取土坑、弃土堆的设置,应根据各路段所需取土或弃土数量,结合路基排水、地形、土质、施工方法、节约土地、环境保护等要求,做出统一规划设计。

1. 取土坑

按照设计规定,填方路基一般要高出原地面约 1.5 m,因此,填方路基需要大量土石方,在公路建设中不可避免地需征用大量土地作为取土坑。取土坑一般面积较大,取土后深度约为 2.5 m,有水注入后就成为水池。但如果公路建设过程中对取土坑管理不善,则会发生安全事故。因此,取土坑的设置应符合以下规定:

(1)合理考虑取土坑与路基之间的距离,避免取土影响路基边坡稳定。

(2)桥头引道两侧不宜设置取土坑。

(3)兼作排水的取土坑,应保证排水系统通畅,其深度不宜超过该地区地下水水位,并应与桥涵进水口高程相衔接,其纵坡不应小于0.2%,平坦地段不应小于0.1%。

(4)应遵循经济合理、水土保持及景观协调的原则。

平原区用土量较小,可以沿路两侧设置取土坑,与路基排水和农田灌溉相结合。如图1-4-1所示,路旁取土坑深度为1.0 m或稍大一些,宽度依据用土数量和用地允许条件而定。为防止坑内积水危害路基,当路基边缘与取土坑底之高差大于2 m时,在路基坡脚与取土坑之间应设置1~2 m的护坡道;对于高速公路、一级公路,应设置宽度不小于3 m的护坡道,并做成1%~2%向外倾斜的横坡。

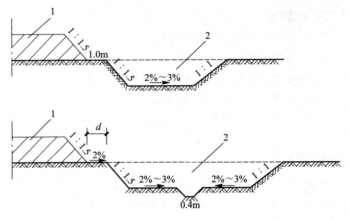

图1-4-1 路旁取土坑(单位:m)

1—路堤;2—取土坑

河水淹没地段及桥头引道两侧,一般不宜设置取土坑,如需设置取土坑,应距桥头引导与河流水位边界至少10 m,并与调治构造物位置相适应。此类取土坑要求水流畅通,不得因长期积水而危及路基或构筑物的稳定。

2. 弃土堆

开挖路堑的废方,应妥善处理,防止因乱弃造成水土流失,危害路基及农田水利,也要注意堵塞河道而带来的严重破坏环境的不良后果。对于弃方,首先要考虑充分利用,如用以加宽、加固路堤,填补坑洞或路旁洼地,可兼顾农田水利或基建等需要,争取做到废有所用、弃而无患。弃土堆设置应符合下列规定:

(1)合理设置弃土堆,不得影响路基稳定及斜坡稳定。

(2)沿河弃土时,应防止加剧下游路基与河岸的冲刷,避免弃土侵占河道,并视需要设置防护支挡工程。

(3)弃土堆应规则堆放,进行适当碾压,保证边坡稳定,避免水土流失。

弃土堆通常设在就近低洼地或路堑的下边坡一侧,当地面横坡小于1:5时,可设在两侧。沿河路基爆破后的弃方,往往难以远运,条件许可时可以部分占用河道,但要注意河道压缩后不致壅水危及下游路基及附近农田等。

路旁弃土堆的设置,要求堆弃整平,顶面具有适当的横坡,并设置三角平台和排水沟,如图1-4-2所示。宽度d与土质有关,一般不小于5.0 m,当路堑边坡较高、土质较差时,d可按路堑深度加5.0 m计算,即$d \geq H+5.0$ m。对弃土堆表面应进行绿化设计,以使其尽快恢复生态。积沙或积雪地区的弃土堆,为有利于

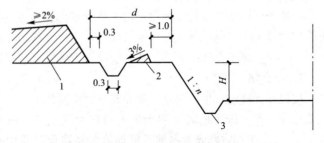

图1-4-2 路旁弃土堆

1—弃土堆;2—三角土块;3—路堑

防沙防雪，一般设在迎风一侧，并距道路具有足够的距离。此外，浅而开阔的路堑两旁不得设置弃土堆。

二、护坡道与碎落台

1. 护坡道

当路堤较高时，为保证边坡稳定，在坡脚或边坡坡面上筑成的有一定宽度的平台，称为护坡道。其目的是加宽边坡横距，减缓边坡平均坡度，如图1-4-3所示。护坡道越宽，越有利于边坡稳定，但工程量也随之增加，因此要兼顾边坡稳定性与经济合理性，护坡道宽度 d 至少为1 m，并随填土高度而增加。

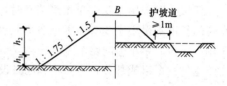

图1-4-3 护坡道示意图

2. 碎落台

碎落台是指在路堑边坡坡脚与边沟外侧边缘之间或边坡上，为防止边坡碎落物落入边沟而设置的有一定宽度的纵向平台，如图1-4-4所示。在砂类土、黄土、易风化碎落的岩石和其他不良的土质路堑中宜设置碎落台，其宽度一般为1.0~1.5 m。

图1-4-4 碎落台示意图

如碎落台兼有护坡道和视距台（弯道）的作用时，可适当放宽。对风化严重的岩石边坡或不良土质边坡，为防止塌方，碎落台可修成矮墙，其顶部宽度应大于0.5 m，墙高应为1~2 m。对于碎落台上的堆积物，养护时应定期清理。当边坡已适当加固或其高度小于2 m时，可不设碎落台。

台阶式边坡中部应设置边坡平台，边坡平台的宽度 d 不宜小于2 m。受雨水冲刷大的边坡平台上应设截水沟。

三、堆料坪

为避免在路肩上堆放路面养护用料，路面养护所用砂石材料可就近选择路旁合适地点堆置备用，也可在路肩外缘设置堆料坪，其面积可结合地形与材料数量而定，例如每隔50~100 m设一个堆料坪，长度为5~8 m，宽度为2 m，如图1-4-5所示。高等级公路采用机械化养护路面的路段，往往集中设置备用料场，此时可以不设堆料坪。

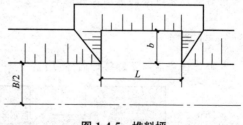

图1-4-5 堆料坪

四、错车道

错车道是指在单车道道路上,为满足双向行车会车和相互避让的需要,在可通视的一定距离内,供车辆交错避让而设置的一段加宽车道,如图 1-4-6 所示。错车道的间距是根据错车时间、视距、交通量等情况而决定的,如果间距过长,错车时间长,通行能力就会下降。

四级公路采用 4.5 m 单车道路基时,一般应每隔 200~500 m 设置一处错车道。按规定,错车道的长度不得小于 30 m,两端各有长度为 10 m 的出入过渡段,中间有长度不小于 10 m 供停车用的路段。单车道的路基宽度为 4.5 m,设置错车道地段的路基宽度为 6.5 m,错车道是单车道路基的一个组成部分,应与路基同时设计与施工。

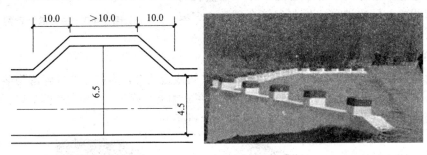

图 1-4-6　错车道示意图

任务五　路基的破坏形式及防治措施

学习目标

(1)了解路基受力状况及路基工作区概念。
(2)明确路基强度指标。
(3)知道路基破坏形式及产生原因。
(4)能够针对路基各种病害采取防治措施。

任务描述

利用××在建公路的施工图文件、工程案例、多媒体教学资源和教师的讲解,学生能够正确分析路基产生破坏的原因,并能采取适当措施进行处理。

学习引导

本工作任务沿以下脉络进行学习:

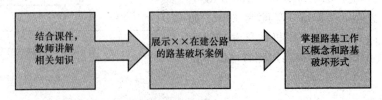

相关知识

路基在自重、行车荷载及各种自然因素的长期作用下,不仅会产生变形沉降,而且其力学性质也会发生较大的变化。当变形超过一定范围时,将会导致路基破坏,危害路基的稳定性。路基的破坏变形是各种各样的,其原因也是错综复杂的。

一、路基的受力及强度指标

1. 路基的受力

路基在工作过程中,同时承受两种荷载:一种是路面和路基自重引起的静力荷载;另一种是车轮荷载引起的动力荷载。在这两种荷载的共同作用下,路基土处于受力状态。理想的设计应使路基受力时只产生弹性变形,车轮驶过以后恢复原状,以确保路基的相对稳定,不致引起路面破坏。

假设车轮荷载为圆形均布垂直荷载,路基为一弹性均质半空间体,则路基土在车轮荷载作用下所引起的垂直应力 σ_1,可用下式计算:

$$\sigma_1 = \frac{P}{1+2.5(Z/D)^2} \tag{1-5-1}$$

式中 P——车轮的单位压力(kPa);
D——圆形均布荷载作用面积的直径(m);
Z——圆形均布荷载中心下应力作用点的深度(m)。

路基土自重在路基内深度 Z 所引起的压应力 σ_2 可用下式计算:

$$\sigma_2 = \gamma Z \tag{1-5-2}$$

式中 γ——路基土的重度(kN/m³);
Z——应力作用深度(m)。

虽然路面结构材料的重度比路基土的重度略大,路面结构区的应力分布、作用也与路基不相同,但在研究荷载作用最大深度时,为了简化计算,近似地将路面材料相当于路基土材料。这样,路基内任一点处所受的垂直应力应是由车辆荷载引起的垂直应力 σ_1 和土基自重引起的垂直应力 σ_2 两者的叠加,如图 1-5-1 所示。

2. 路基工作区

由图 1-5-1 可知,车辆荷载产生的垂直应力 σ_1 随深度的增加而减小,自重应力 σ_2 则随深度的增加而增大。在某一深度 Z_a 处,车轮荷载所产生的应力仅为自重应力的 1/10~1/5,在此深度以下,车轮荷载对土基强度和稳定性影响甚小,可略去不计。因此,可将车辆荷载在土基中产生应力作用较大的 Z_a 范围内的路基称为路基工作区,Z_a 称为路基工作深度。

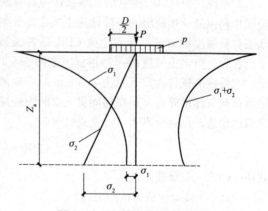

图 1-5-1 土基应力分布示意图

在路基工作区内,土基的强度与稳定性,对于保证路面的强度与稳定、满足行车要求极为重要。因此,对应力作用区内的土质选择、含水率、路基的压实度应提出较高的要求。

当工作区深度大于路基填土高度,即 $Z_a > H$ 时,车轮荷载不仅作用于路堤,而且作用于天然地基的上部土层,此时,天然地基上部土层和路堤应同时满足路基工作区的设计要求。路基填土高度与工作区深度的关系如图 1-5-2 所示。

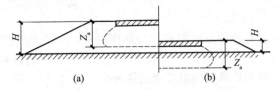

图 1-5-2　路基填土高度与工作区深度的关系

(a)路堤高度大于 Z_a；(b)路堤高度小于 Z_a

3. 路基的强度指标

路基在外力作用下，将产生变形。路基强度是指路基抵抗外力作用的能力，即抵抗变形的能力。土基的变形包括弹性变形和塑性变形两部分。路基作为路面结构的基础，过大的塑性变形是使路面产生变形、不平整和疲劳开裂的原因。经分析研究，用于表征路基强度的参数指标主要有回弹模量和抗剪强度两种。

(1)回弹模量。回弹模量是指路基、路面及筑路材料在荷载作用下产生的应力与其相应的回弹应变的比值。土基回弹模量与土的性质、密实度、含水率、路基所处的干湿类型以及测试方法有着密切的关系。新建公路初步设计时，土基回弹模量的确定方法有查表法、承载板法和承载比值推算法三种。

1)查表法。新建公路路基应处于干燥或中湿状态，受试验条件限制时，可按土组类别查看相应的表格得出回弹模量参考值。

2)承载板法。通过承载板对土基逐级加载、卸载的方法，测出每级荷载下相应的土基回弹变形值，经过计算求得土基回弹模量。

3)承载比值(CBR)推算法。承载比值推算法是美国加利福尼亚州提出的一种评定土基强度及路面基层材料强度的方法。承载比值 CBR 是表征路基土、粒料、稳定土强度的一种指标。如图 1-5-3 所示，它是标准试件在贯入量为 2.5 mm 时所施加的试验荷载与标准碎石材料在相同贯入量时所施加的荷载的比值，以百分率表示，见式(1-5-3)。

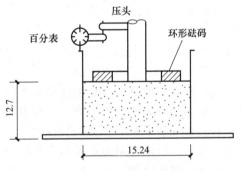

图 1-5-3　CBR 试验装置(单位：m)

$$\mathrm{CBR}=\frac{P}{P_0}\times 100\% \tag{1-5-3}$$

式中　CBR——承载比；

P——试验荷载单位压力(kPa)；

P_0——标准荷载单位压力(kPa)。

(2)抗剪强度。当路基土强度不足以抵抗剪切应力的作用时，其相邻两部分土体将沿某一剪切面(滑动面)产生相对移动，最后导致滑坡或崩塌。这种沿剪切面使土体破坏的现象称为剪切破坏。土体所具有的抵抗剪切破坏的能力称为抗剪强度。土的抗剪强度可按式(1-5-4)计算：

$$\tau=c+\sigma\tan\varphi \tag{1-5-4}$$

式中　τ——土的抗剪强度(kPa)；

σ——作用于剪切面上的法向压应力(kPa)；

c——土的黏聚力(kPa)；

φ——土的内摩擦角(°)。

土体的抗剪强度是由黏聚力 c 及内摩擦力 $\sigma\tan\varphi$ 组成的。黏聚力 c 和内摩擦角 φ 称为抗剪强度指标,是路基稳定性验算和挡土墙设计中必不可少的参数。

二、路基的变形、破坏及其原因

路基在工作过程中,承受着土体的自重、行车荷载和各种自然因素的作用,路基的各个部位将产生变形,引起路基高程、边坡坡度及形状的改变。严重时,危及路基的整体性和稳定性,造成路基各种破坏。

1. 路基变形、破坏的形式

(1)路基沉陷。路基沉陷的特征是路基表面在垂直方向产生较大的沉落。路基的沉陷有两种情况:一是路基本身的压缩沉降,如图 1-5-4(a)所示;二是由于路基下部天然地面承载能力不足,在路基自重的作用下引起的沉陷,如图 1-5-4(b)所示。

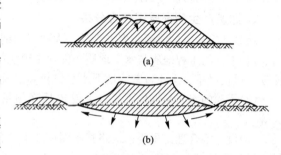

图 1-5-4　路基沉陷
(a)堤身下沉;(b)地基下陷

路基的沉落是因路基填料选择不当、填筑方法不合理、压实不足,在荷载、水和温度综合作用下引起的。地基的沉陷是因原地面为软土、泥沼、流沙或有机质堆积等,路基填筑前未经换土或压实处理,造成承载力不足,从而引起路基下陷。

(2)路基边坡的塌方。按其破坏规模与原因的不同,路基边坡的塌方可分为剥落、碎落、滑塌和崩塌等,如图 1-5-5 所示。

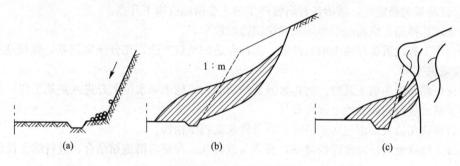

图 1-5-5　路基边坡的塌方
(a)剥落(碎落);(b)滑塌;(c)崩塌

1)剥落是指坡土层或风化岩层表面在大气的干湿或冷热的循环作用下,发生胀缩,使表层土或岩石成片状或带状反复不断地从坡面上剥落下来的现象。

2)碎落是软弱石质土经风化而成的碎块大量沿边坡向下移动。碎落物的堆积可能堵塞边沟和侵占部分路基。其规模与危害程度比剥落更严重,常发生在高而陡(大于45°)的路堑边坡上。

3)滑塌是指路基边坡土体或岩石沿着一定的滑动面整体向下滑动,其规模和危害程度较碎落更为严重,有时滑动体可达数百立方米,可造成严重的堵车现象。

4)崩塌是大的石块或土块脱离母岩而沿边坡倾落下来的现象,使岩石边坡个别地段的稳定性遭到破坏,是比较常见且危害较大的路基病害之一。

路基边坡塌方的主要原因:挖方边坡过陡、覆盖土体比较松散、顺向坡、填筑路堤方法不当、土体过于潮湿、坡脚被水冲刷掏空、岩石破碎和风化严重等。

(3)路基沿山坡滑动。在较陡的山坡上填筑路基，如果原有地面被水浸湿，形成滑动面，坡脚又未进行必要的支撑，在路基自重和行车荷载作用下，路基整体或局部沿倾斜的原地面向下滑动，路基会整体失去稳定，如图1-5-6所示。

(4)不良地质水文条件造成的路基破坏。

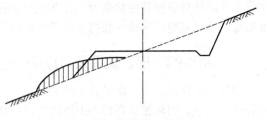

图1-5-6　路基沿山坡滑动

当公路通过不良地质水文地区，或遭受较大的自然灾害作用，如巨型滑坡、泥石流、地震及特大暴雨等时，均可能导致路基的大规模破坏。

2. 路基产生病害原因综合分析

路基产生病害的原因是多方面的，大致可归纳为以下几个方面：

(1)不良的工程地质与水文地质条件，主要包括地质构造复杂、岩层走向及倾角不利、岩性松软、风化严重、土质较差、地下水水位较高以及其他不良地质灾害等。

(2)不利的水文与气候因素，主要包括降雨量大、猛烈洪水、干旱、冰冻、积雪或温差较大等。

(3)设计不合理，主要包括路基断面尺寸不符合要求，填挖布置不合理，路基防护、加固和排水设计不足等。

(4)施工不符合规范规定，主要包括填筑顺序不当、土基压实不足以及不按设计要求和操作规程进行施工、工程质量不符合标准。

上述原因中，地质和水文条件是影响路基工程质量和产生病害的主要原因。

3. 防治路基病害的措施

为保证路基的稳定性，防治各种病害产生的主要措施有以下几点：

(1)合理选择路基横断面形式，正确确定边坡坡率。

(2)选用工程性质良好的土填筑路基，选择合适的填筑方法，充分压实路基，保证达到规定的压实度或密实度。

(3)保证路基最小填土高度，防止水分从侧面渗入或地下水水位上升进入路基工作区范围。

(4)正确地进行地面和地下排水设计。

(5)合理选用边坡加固与防护措施，以及修筑支挡结构物。

(6)对于特殊地质环境地段的路基，必须与该特殊工程整治措施相结合，进行综合设计。

思考与练习

一、填空题

1. 我国公路用土依据土的颗粒组成、塑性指标和有机质存在情况，可分为_____、_____、_____和_____四类。
2. 路基的结构形式有_____、_____和_____。
3. 公路路基用土按粒径划分为_____组、_____组和细粒组。
4. 公路要求路基具有的基本性能包括_____、_____、_____、_____。
5. 路基宽度为_____和_____之和。
6. 公路自然区划分是按_____、_____和_____三个原则制定的。
7. 路基的干湿类型分为_____、_____、_____和_____四种。

8. 路基的干湿类型以_____和_____来划分。对于原有公路,按不利季节_____来确定;对于新建公路,可以用_____作为判定标准。

二、单项选择题

1. ( )是在天然地面按照道路的线形位置和横断面几何尺寸的要求开挖或堆填而成的带状构造物。
   A. 路基　　　　　B. 路面　　　　　C. 路肩　　　　　D. 基础
2. ( )是在路基顶面的行车部分用各种混合料铺筑而成的层状结构物。
   A. 路基　　　　　B. 路面　　　　　C. 路肩　　　　　D. 基础
3. 填土高度为( )m的路堤称为一般路堤。
   A. <0.8　　　　　B. 0.8~1.5　　　　C. 1.5~20　　　　D. >20
4. 矮路堤是指路堤填土高度小于( )m的路堤。
   A. 0.4　　　　　B. 1.0　　　　　C. 1.5　　　　　2.0
5. 路面结构层以下( )m范围内的路基部分称为路床。
   A. 0.3　　　　　B. 0.5　　　　　C. 0.8　　　　　D. 1.2
6. ( )是指路堤的填筑高度和路堑的开挖深度,是路基设计高程和地面高程之差。
   A. 路基高度　　　B. 路堤高度　　　C. 路面高度　　　D. 地基高度
7. 判断新建公路路基干湿类型宜采用的指标是( )。
   A. 分界相对含水率　B. 分界稠度　　　C. 路基临界高度　D. 路基土干密度
8. 路基边坡土体沿一定的滑动面整体向下滑动的现象称为( )。
   A. 剥落　　　　　B. 碎落　　　　　C. 滑塌　　　　　D. 崩塌
9. 用以下几类土作为填筑路堤材料时,其工程性质由好到差的正确排列是( )。
   A. 砂性土—粉性土—黏性土　　　　B. 砂性土—黏性土—粉性土
   C. 粉性土—黏性土—砂性土　　　　D. 黏性土—砂性土—粉性土
10. 在路基常见的病害中,因地基压实不足、基底软弱处理不当而引起的病害是( )。
    A. 路堤的沉陷　　B. 路堤沿山坡滑动　C. 路堤边坡滑移　D. 不良地质破坏
11. 对于已建公路,常采用( )作为划分土质路基干湿类型的指标。
    A. 分界相对含水率　B. 稠度　　　　　C. 临界高度　　　D. 路基土干密度

三、多项选择题

1. 路基的基本要求包括( )。
   A. 整体稳定性　　B. 结构承载力　　C. 水温稳定性　　D. 耐久性
2. 高速公路的路基土应处于( )状态。
   A. 干燥　　　　　B. 中湿　　　　　C. 潮湿　　　　　D. 过湿
3. 为保证路基稳定,路基两侧应做成具有一定坡度的坡面,边坡形状可分为( )几种。
   A. 直线形　　　　B. 折线形　　　　C. 台阶形　　　　D. 曲线形
4. 按路基填挖的情况,其结构形式可分为( )。
   A. 路堤　　　　　B. 路堑　　　　　C. 半填半挖　　　D. 零填零挖
5. 下列属于路基附属设施的是( )。
   A. 取土坑　　　　B. 弃土堆　　　　C. 错车道　　　　D. 路床
6. 关于路堤的划分,下列说法正确的是( )。
   A. 填方高度为1.2~1.5 m的土质路堤属于矮路堤
   B. 填方高度为1.2~1.5 m的石质路堤属于矮路堤
   C. 填方高度超过18 m的土质路堤属于高路堤

D. 填方高度超过 30 m 的石质路堤属于高路堤
E. 填方高度超过 20 m 的土质路堤属于高路堤

四、简答题

1. 路基的干湿类型对路基有何影响？可划分为哪几类？
2. 路基的附属设施主要包括哪些？各有什么作用？
3. 我国公路自然区划分为哪几个一级区？简述各分区工程特点。
4. 对路基有哪些基本要求？
5. 表征路基强度的指标有哪些？
6. 影响路基稳定性的因素主要有哪些？
7. 路基土分为哪几类？有多少种？各类土又有什么工程性质？
8. 路基湿度的来源主要有哪几个方面？一般路基要求工作在何种状态？
9. 什么叫作平均稠度？什么叫作临界高度？
10. 常见的路基横断面形式有哪些？并绘出简图。

学习情境二 路基施工准备

路基施工需要消耗大量的人力、物资、机械和时间等资源,是一项历时长、技术要求高的工作。因此路基施工前,必须根据工程的实际情况做好准备工作。施工单位接受施工任务后,即可着手进行施工前的准备工作。在工程开工前,必须有合理的施工准备期,而且施工准备工作应有计划、有步骤、分阶段地贯穿于整个工程项目的施工过程。随着工程的进展,在各分部、分项、工序工程施工之前,都要做好施工准备工作。

路基施工准备工作的内容主要包括组织准备、物质准备、技术准备和现场准备四个方面,如图 2-0-1 所示。此外,还应进行路基工程施工组织设计及试验段的选择与实施。

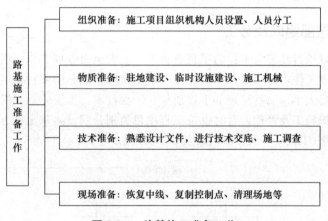

图 2-0-1 路基施工准备工作

任务一 组织准备

学习目标

(1)熟悉组织准备的内容。
(2)知道项目经理部的功能。
(3)了解项目经理部的机构设置。

任务描述

利用××在建公路路基施工组织准备文件、多媒体教学资源,通过教师讲解,学生能够掌握施工组织准备的内容。

学习引导

本工作任务沿以下脉络进行学习:

相关知识

在整个工程项目施工之前,首先要建立一个能完成施工管理任务,使项目经理指挥灵活、运转自如的高效项目组织机构——项目经理部。一个好的组织机构,可以有效地完成施工项目管理目标。

一、项目经理部人员设置的原则

施工项目组织机构的人员设置,以能实现施工项目所要求的工作任务为原则,尽量简化机构,做到高效精干。人员配置要严格控制二、三线人员,力求一专多能、一人多职,同时还要增加项目班子管理人员的知识含量,着眼于使用和学习锻炼相结合,以提高人员素质。

二、项目经理部组成及分工

工程项目一般以项目经理为工程的项目负责人,负责全面管理工作;项目总工程师负责工程的质量与技术管理工作,为项目技术负责人;根据实际情况,设项目副经理,协助项目经理开展工作。根据项目大小,项目经理部下设质检、工程技术、工程计划、机料、安全生产等管理部门。为便于组织施工及管理,有时也按工程项目类别分别设路基土石方、排水及涵洞、防护工程等专业作业组(工区)。项目经理部组织结构如图2-1-1所示。

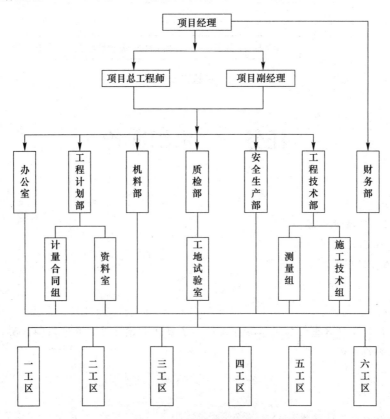

图 2-1-1　项目经理部组织结构

项目经理部的人数视工程规模的大小、工程难易程度而定，路桥专业技术人员一般公路按平均每人管理3～5 km，高速、一级公路平均每人管理1 km配置。

任务二　物质准备

学习目标

(1)熟悉物质准备的内容。
(2)了解驻地建设的内容。
(3)了解路基施工机械设备。
(4)了解路基施工的试验项目和检测项目。

任务描述

利用××在建公路路基施工物质准备文件、多媒体教学资源，通过教师讲解，学生能够掌握施工物质准备的内容。

学习引导

本工作任务沿以下脉络进行学习：

相关知识

物质准备主要包括驻地建设、路基施工机械设备及试验设备准备，具体内容如图2-2-1所示。

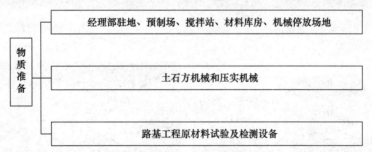

图 2-2-1　物质准备内容

一、驻地建设

(1)驻地应设有职工宿舍、会议室、试验及测量用房、项目经理部各机构办公室、食堂等。
(2)根据工程规模可设置一个或多个预制场、搅拌站(图2-2-2)和材料库房等。
(3)驻地建设，应满足消防安全的要求，并做好消防培训工作。

图 2-2-2 搅拌站

二、路基施工机械设备

路基施工机械包括土石方机械和压实机械，主要是指挖掘机、自卸汽车、压路机、装载机、推土机、平地机，如图 2-2-3～图 2-2-8 所示。在路基土石方施工时，施工机械的合理配置是工程能否按时完成及经济效益的保障。

图 2-2-3 挖掘机

图 2-2-4 自卸汽车

图 2-2-5 压路机

图 2-2-6 装载机

图 2-2-7 推土机

图 2-2-8 平地机

路基土石方机械担负着开挖、铲装、运输、整平、压实的任务。石质路堑施工机械还包括各种型号的松土器、凿岩机等。路基土石方机械设备配置是根据土质、工程数量、工期和运距等因素来确定的。

常用土石方机械及适用性见表 2-2-1。

表 2-2-1 常用土石方机械及适用性

序号	机械名称	适用性
1	挖掘机	软石以下硬度的各类土、石
2	装载机	挖普通土、装料
3	推土机	推软石以下硬度的各类土、石，100 m 范围内的推、运土
4	平地机	平整土石方

三、试验设备

工地试验室为施工现场提供试验和检测服务，配合路基施工，检测工地所用的各种原材料、加工材料及结构性材料的物理力学性能，以及施工结构物的几何尺寸。图 2-2-9 所示为路基现场检测图。

图 2-2-9 现场弯沉检测

路基工程工地试验室进行的试验和检测项目,见表2-2-2和表2-2-3。

表2-2-2　路基土石方工程主要材料试验项目

序号	试验项目	序号	试验项目
1	土的筛分试验	4	击实试验
2	含水率试验	5	回弹模量试验
3	塑液限试验	6	CBR试验

表2-2-3　路基工程主要检测项目

序号	检测项目	序号	检测项目
1	压实度检测	3	平整度检测
2	弯沉检测	4	外形尺寸、坡度、高程等检测

工地试验室所购置的各种重要试验、检测设备,应通过计量部门标定、交通质量监督部门认证合格后才能投入使用。工地试验室认证工作应在接到中标通知书后立即开始申办,在工程开工前办理完毕各种证件。

任务三　技术准备

学习目标

(1)熟悉路基工程技术准备的内容。
(2)掌握路基工程技术交底的内容。
(3)了解路基工程施工调查的内容。

任务描述

利用××在建公路路基施工技术准备文件、多媒体教学资源,通过教师讲解,学生能够掌握技术准备的内容。

学习引导

本工作任务沿以下脉络进行学习:

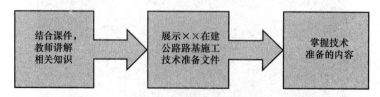

相关知识

技术准备工作的主要内容包括熟悉设计文件、进行技术交底和实施施工调查。

一、熟悉设计文件及技术交底

设计文件是组织施工的主要依据，熟悉、审核施工图纸是领会设计意图、明确工程内容、掌握工程特点的重要环节。施工单位在接到施工设计文件后，应立即组织有关技术人员对施工设计文件进行审核，充分领会设计意图，核对地形和地质测量资料。图纸会审着重解决以下几个问题：

(1)核对设计文件是否符合施工条件；
(2)设计文件中提出的工程材料、工艺要求，施工单位能否实现和解决；
(3)设计文件能否满足工程质量及安全要求，是否符合国家有关规范和标准；
(4)设计图纸及说明是否齐全；
(5)设计图纸上的尺寸、高程、工程数量的计算有无差、错、漏、碰现象。

在施工人员熟悉设计文件和充分准备的基础上，参加由业主召集，由设计、监理、施工单位参加的设计交底和图纸会审。设计人员应向施工单位讲清设计意图和对施工的主要要求，施工人员应对图纸和有关问题提出质询，并由设计单位进行逐条答复，对合理化建议按程序进行变更设计或补充设计。某高速公路图纸审核及答复意见见表 2-3-1。

表 2-3-1 某高速公路图纸审核及答复意见

某高速公路 T14 合同段设计图纸答复意见 设计单位：某交通规划勘察设计研究院			
序号	详细说明	所在图册	答复意见
1	现场清理合计数量与各段落计算总和不符	第1册	经核查，设计数量无误
2	无详细主动防护网设计图	第2册	本次施工图补充设计已做补充
3	路肩墙工程数量与S3-2-30中护肩墙工程数量表不符，且护肩墙参数不详	第2册	本次施工图补充设计已做修订
4	路肩墙顶防撞护栏每延米工程数量有误，每延米C30混凝土数量经计算为 0.63 m³，钢筋数量和计算混凝土数量与路基防护工程数量表不符，防撞墙宽度50 cm与标准断面所标注的 75 cm 冲突	第2册	本次施工图补充设计已做修订

设计图纸是施工的依据。施工单位和全体施工人员必须按图施工，未经业主和监理工程师同意，施工单位和施工人员无权修改设计图纸，更不能没有设计图纸就擅自施工。

技术交底通常包括施工图纸交底、施工技术交底以及安全技术交底等。这项交底工作分别由高一级技术负责人、单位工程负责人、施工队长和作业班组逐级组织进行。

二、施工调查

路基施工准备阶段的施工调查，其目的是为做好土石方调配和施工组织设计做准备，主要内容见表 2-3-2。

表 2-3-2 路基施工调查内容

序号	调查内容	序号	调查内容
1	施工现场供水、供电、施工便道的调查	4	路基周边既有的排水设施调查
2	既有管线、建筑物的调查	5	工区划分、队伍部署、驻地选择
3	取土、弃土的调查		

任务四 现场准备

学习目标

(1)熟悉路基工程现场准备的内容。
(2)掌握路基土石方施工前复测的项目。
(3)掌握路基工程放样的内容。
(4)了解场地清理的工作内容。

任务描述

利用××在建公路路基施工现场准备文件、多媒体教学资源,通过教师讲解,学生能够掌握现场准备的内容。

学习引导

本工作任务沿以下脉络进行学习:

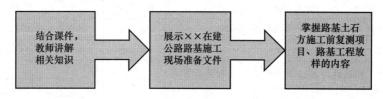

相关知识

路基施工的现场准备工作包括土石方施工前的复测、路基放样和清理场地。

一、路基土石方施工前的复测

路基土石方施工前的复测主要任务是复核设计文件所提供资料的准确性,尤其是工程量的误差百分比。

(1)路基复测的项目有导线点复测、水准点复测与加密、路线中桩位置(坐标)及高程复测、横断面地面线的复测,如图 2-4-1 所示。

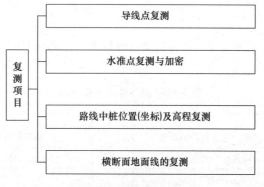

图 2-4-1 路基复测项目

(2)路基复测的步骤如图 2-4-2 所示。

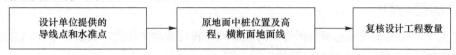

图 2-4-2 路基复测的步骤

(3)路基复测结果的处理。路基复测结果与设计文件相差超过允许误差时,应及时向业主和监理报告,提出相应的处理措施。测量精度应满足公路测量规范的要求,当土石方数量相差10%以上时,应向业主提出变更要求。

有关导线点、水准点、路线中桩位置(坐标)及高程、横断面地面线的测量方法及规定,在相关书籍中已有详细论述,在此不再赘述。路基施工技术人员应特别注意表 2-4-1~表 2-4-3 所述的问题。

表 2-4-1 导线复测

导线复测	1. 应采用全站仪或其他满足测量精度的仪器
	2. 导线起讫点与设计单位测定结果相比较,测量精度应满足设计要求
	3. 必须和相邻施工段的导线点闭合
	4. 对有碍施工的导线点,应设护桩加以固定

表 2-4-2 水准点复测与加密

水准点复测与加密	1. 水准点复测结果与设计单位测定结果相比较,测量精度应满足设计要求
	2. 必须和相邻施工段的水准点闭合
	3. 在人工结构物附近(如桥涵、隧道等)、高填深挖地段,宜增设临时水准点
	4. 当发现个别水准点受施工影响时,应将其移出影响范围之外

表 2-4-3 中线复测

中线复测	1. 高等级公路应采用坐标恢复中桩
	2. 应与独立施工的桥梁、隧道及相邻施工段的中线闭合
	3. 如发现原设计中线长度丈量错误,或需要局部改线时,应做断链处理

(4)其他。
1)对高速公路和一级公路,要熟悉和掌握"逐桩坐标表""导线成果表",因为它们是恢复中线的依据。
2)所有测量成果应按合同规定提交监理工程师检核认可。

二、路基放样

路基施工前,应根据路基横断面设计图和路基设计表进行放样工作。路基放样的目的是在原地面上标示出路基的轮廓,作为施工的依据,其主要工作内容见表 2-4-4。

表 2-4-4 路基放样工作内容

序号	工作内容
1	在路中线各桩位处标定填挖高度
2	确定横断面方向
3	按设计图纸在地面上定出横断面上各主要点的位置,如路堤坡脚、路堑坡顶等

三、清理场地

施工前应清除施工现场范围内所有阻碍或影响工程质量的障碍物,其具体工作内容如下:

(1)用地划界及房屋和其他建筑物的拆除。

1)公路用地的划界工作一般由建设单位(业主)完成。个别地段尚未划定的,施工单位应立即报告监理工程师,并会同建设单位尽快解决。

2)施工单位在施工前应对路基范围内既有的垃圾堆、有机杂质、淤泥、软土、草丛、各类溶穴和池塘妥善处理。路基施工范围内的既有房屋、道路、河沟、通信电力设施及其他建筑物,均应会同有关部门事先拆迁或改移。

(2)清除树木和灌木丛。在路基施工范围内,对妨碍视线和影响行车的树木和灌木丛,均应在施工前进行砍伐或移栽。砍伐后的树木应堆放在不妨碍施工的地方。

高速公路、一级公路和路基填土高度小于1 m的其他等级公路,应将路基范围内的树根全部挖除,并将坑穴填平夯实。采用机械化施工的路堑,均应将树根全部挖除。在填方和取土的地段应进行表面清理,清理的深度应根据种植土的厚度决定,清除的种植土应集中堆放。填方地段在清理完地表后,应整平压实到规定的要求,然后方可进行填方作业。

(3)施工场地排水。施工场地排水是指疏干、排除场地上所积的地面水,保持施工场地干燥,为施工提供正常的条件。通常采用设置纵、横排水沟,形成排水系统,将水引至附近沟渠、低洼处予以排出。

任务五　路基工程施工组织设计

学习目标

熟悉路基工程施工组织设计的内容。

任务描述

利用××在建公路路基工程施工组织文件、多媒体教学资源,通过教师讲解,学生能够掌握路基工程施工组织的内容。

学习引导

本工作任务沿以下脉络进行学习:

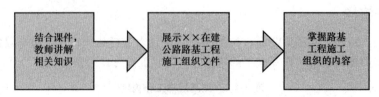

相关知识

施工组织设计的详细内容在《公路工程管理》中已有叙述,这里仅就施工阶段路基工程施工组织设计应注意的问题做简单介绍。

一、编制依据

(1)设计文件及与业主签订的合同、招标文件、投标文件；
(2)施工合同规定的工期、开工日期及竣工日期；
(3)施工技术规范、规程及有关规定；
(4)主要设备和材料的采购合同及供应计划；
(5)施工现场调查资料；
(6)拟采用的新技术、新材料、新工艺和新设备等方案；
(7)已施工过的同类工程的施工进度及经济指标等。

二、编制原则

施工单位在编制路基施工组织设计过程中，应结合路基施工特点，遵循以下原则：

(1)严格执行工程建设程序和施工程序。施工组织设计属于施工前准备工作的一项重要内容。要严格遵守合同签订的施工期限，按照基建程序和施工程序的要求，保质、保量、按时地完成施工任务。

(2)保证重点、统筹兼顾。要对工程项目的所有内容分清轻重缓急，集中力量对在整个工程中起关键和控制作用的作业项目进行施工，避免拉长战线，分散资源，拖延工期。同时还要有全局观念，以保证工程全线按期完成，迅速发挥投资效益，为后续施工创造良好条件。

(3)遵循工程的客观规律，科学合理地安排施工季节、程序和施工顺序。按照路基工程施工的客观规律安排施工顺序，可将整个项目划分为几个阶段，如施工准备、土石方工程、排水工程和防护工程等。各施工阶段合理搭接，在保证质量的基础上，根据当地的气候、季节特点，合理安排施工进度计划，充分利用施工时间并保持均衡施工，尽可能缩短工期、加快施工进度。所以，必须处理好以下关系：

1)施工准备与正式施工的关系。施工准备之所以重要，是因为它是后续施工能按时开始的重要条件。

2)全场性工程与单位工程的关系。在正式施工时，应首先进行全场性工程的施工，然后按照工程的排序，逐个进行单位工程的施工。

3)地下与地上的关系。在处理地下工程与地上工程时，应遵循先地下后地上的原则。

4)空间顺序与工种顺序的关系。在安排施工顺序时，既要考虑施工组织的空间顺序，又要考虑施工工艺的工种顺序。空间顺序要以工种顺序为基础，工种顺序尽可能为空间顺序提供有利的施工条件。

(4)应用科学的计划方法制定最合理的施工组织方案。根据工程特点和工期要求，尽可能采用平行流水作业施工方法，组织连续、均衡且有节奏的施工，保证人力、物力充分发挥作用。对于复杂工程，应用网络计划技术找出最佳的施工组织方案。

(5)采用先进的施工技术和设备，加强科学管理。在选择施工机械过程中，要进行技术经济比较，充分利用现有的机械设备，使大型机械与中、小型机械结合起来，使机械化与半机械化结合起来，尽量扩大机械化施工范围，提高机械化程度。

(6)确保工程质量和施工安全。贯彻施工技术规范、操作规程，提出确保工程质量的技术措施和施工安全措施。

三、原始资料的调查分析

编制实施性施工组织设计前，应全面收集原始资料，做好调查工作。原始资料调查内容见

表 2-5-1。

表 2-5-1 原始资料调查内容

调查项目	调查内容
1. 自然条件的调查	合同段内的地形、地貌、地质、水文、气候等条件
2. 施工资源的调查	筑路材料、运输条件、当地劳动力、电力、供水等
3. 承包人能力的调查	员工数量、类别、素质、施工机械装备等
4. 社会调查	管线、文物古迹等

四、编制内容

一般来说,施工组织设计分为施工组织总设计和分部、分项工程施工组织设计。其具体内容如下:

(1)施工组织总设计内容。施工组织总设计是以整个路基工程为对象,根据设计图纸和施工现场条件编制的,用以指导施工全过程各项施工活动的综合性文件,其主要内容见表 2-5-2。

表 2-5-2 施工组织总设计内容

序号	施工组织总设计内容	序号	施工组织总设计内容
1	工程概况	4	施工总进度计划
2	施工部署及主要构造物的施工方案	5	各项资源需要量计划
3	施工准备工作计划	6	施工总平面图

(2)分部、分项工程施工组织设计内容。这部分内容主要由项目总工程师负责编制。每个分部、分项工程的开工申请是呈送监理工程师报批材料中不可缺少的内容,其主要内容见表 2-5-3。

表 2-5-3 分部、分项工程施工组织设计内容

序号	分部、分项工程施工组织设计内容	序号	分部、分项工程施工组织设计内容
1	分部、分项工程概况	5	人工、材料、机械计划
2	施工方法及施工机械的选择	6	施工平面图
3	施工进度计划	7	质量保证、安全、环保、文明施工等措施
4	施工安全计划		

五、施工进度计划的编制

施工进度计划是施工组织设计的主要内容。总进度计划应根据施工合同工期、施工组织、施工部署及施工顺序对所有的施工项目做出开工、竣工的时间安排,每项工程开工前应有充分的施工准备时间,其编制步骤如图 2-5-1 所示。

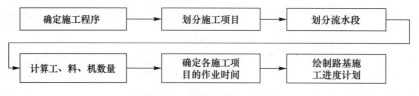

图 2-5-1 进度计划编制步骤

编制施工进度计划常用的方法有横道图法和网络图法。这两种方法的原理见《公路工程管理》。

任务六 路基试验段的选择与实施

学习目标

(1) 了解路基试验段的实施目的。
(2) 掌握路基试验段的选择方法。
(3) 掌握路基试验段的实施步骤。

任务描述

利用××在建公路路基试验段施工组织文件、多媒体教学资源，通过教师讲解，学生能够掌握路基试验段的选择与实施。

学习引导

本工作任务沿以下脉络进行学习：

相关知识

二级及二级以上公路路堤、填石路堤、土石路堤、特殊填料路堤、特殊路基，拟采用新技术、新工艺、新材料、新设备的路基等情况在施工前，应采用不同的施工方案做试验路段，从中选出最佳的施工方案指导全线施工。

必须在开工前编制施工组织设计，制定详细的施工方案。在整个试验段施工中，应加强对有关指标的检测，完工后及时写出试验报告，上报监理工程师审批。

一、试验段的实施目的

试验段的实施目的是取得施工经验，检验施工机械组合，根据压实机械情况及施工技术规范允许情况下的压实厚度、松铺系数，确定松铺厚度、土的最佳含水率和碾压遍数等。将以上资料整理上报，经监理工程师批准后，作为以后施工的经验资料，以指导路基的填方施工。

二、试验段的选择

以路基填方为例，试验段的位置应选在地质条件、断面形式及工程要求均具有代表性的地段，长度不宜小于200 m。试验场地应尽量选在主线且施工方便的地方。试验段的选择原则见表2-6-1。

表2-6-1 试验段的选择原则

序号	原则
1	距驻地近、地势平坦、交通方便、施工条件好的地段

续表

序号	原则
2	工程量集中、施工时间较长的地段
3	土质较好且对今后施工具有广泛指导意义的地段

三、试验段的实施步骤

以路基填方试验为例,介绍其施工方案。

试验段的实施步骤如图 2-6-1 所示。

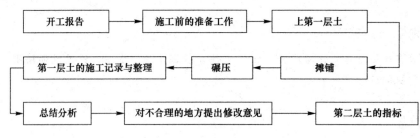

图 2-6-1　试验段的实施步骤

当第二层填土完成后,按第一层的方法进行总结分析,以确定第三层填土的各项指标。一般情况下,进行两次调整后就不需要再调整。当填土的摊铺厚度、含水率、碾压遍数等指标稳定后,试验路段的目的就已达到,即可写出试验报告。

四、试验路段施工总结的编写

试验路段施工总结宜包括:填料试验、检测报告等;压实工艺主要参数:机械组合、压实机械规格、松铺厚度、碾压遍数、碾压速度、最佳含水率及碾压时含水率范围等;过程工艺控制方法;质量控制标准;施工组织方案及工艺的优化;原始记录、过程记录;对施工图的修改建议等;安全保证措施;环保措施。

思考与练习

一、填空题

1. 路基施工准备工作的内容主要包括_____、_____、_____和_____四个方面。
2. 工程的项目负责人一般是_____。
3. 路基工程主要检测项目主要有_____、_____、_____和_____等。
4. 技术准备工作的主要内容有_____、_____和_____等。

二、单项选择题

1. 设计交底和图纸会审由(　　)组织召集。
   A. 施工单位　　　B. 设计单位　　　C. 业主单位　　　D. 监理单位
2. 施工组织设计由(　　)编制。
   A. 施工单位　　　B. 设计单位　　　C. 业主单位　　　D. 监理单位

3. 高速公路、一级公路和填方高度小于( )m的其他等级公路，应将路基范围内的树根全部挖除并将坑穴填平夯实。
   A. 1.0　　　　　　B. 1.8　　　　　　C. 2.5　　　　　　D. 3.0

三、多项选择题
1. 路基的基本类型有( )。
   A. 挖方路基　　　　B. 填方路基　　　　C. 半填半挖路基　　D. 不填不挖路基
   E. 填石路基
2. 施工测量包括( )。
   A. 导线复测　　　　B. 中线复测　　　　C. 水准点复测　　　D. 横断面检查与补测
   E. 增加水准点

四、简答题
1. 项目部设置的主要原则包括哪些内容？并作简要说明。
2. 施工时，如何进行路基放样？
3. 施工现场需做的准备工作包含哪些内容？
4. 试验路段的实施目的是什么？

学习情境三 一般路基施工

路基是支撑路面的土工构筑物。在挖方地段,路基是开挖天然地层形成的路堑;在填方地段,路基则是用压实的土石填筑而成的路堤。由于路基在使用过程中要承受由路面传递而来的行车荷载的作用,并要抵御各种环境因素的影响,因此要求路基必须具备足够的强度和刚度、良好的水温稳定性和耐久性。所谓路基施工,就是以设计文件和施工规范为依据,以工程质量为中心,有组织、有计划地将设计图纸转化为工程实体的建筑活动。

任务一 填方路基施工

学习目标

(1)了解路基填料的来源及正确选择路堤填料。
(2)能根据基底状况采取适当措施。
(3)熟悉各种路堤填筑的施工程序和施工要点。
(4)能根据技术要求控制施工质量。

任务描述

利用××在建公路的路基施工案例、施工录像、多媒体教学资源等,通过教师讲解,学生能够掌握土质、石质、土石混填等路基的填筑,并能够编写路堤施工方案,在施工现场会组织施工和进行施工质量控制。

学习引导

本工作任务沿以下脉络进行学习:

结合课件,教师讲解相关知识 → 展示××在建公路路基填筑的施工案例 → 掌握土质、石质、土石混填等各种路基的填筑施工

相关知识

路堤是利用土石在原地面填筑而成,填筑前的填料选择、基底状况、填筑方式等因素均影响路堤质量,因此,路基施工中必须对这些问题给予足够的重视。

一、土质路堤施工

1. 土质路堤对填料的要求

土质路堤宜选用级配较好的砾类土、砂类土等粗粒土作为填料,路堤填料的最大粒径应小于 150 mm,路床填料最大粒径应小于 100 mm。

微课:填料的选择

路基在填筑前,应对照设计文件,现场调查填料的来源(图3-1-1)、类型、可供开采的数量、上路桩号,并对填料进行试验,以判断填料的可用性。据此还可确定路基采用填土、填石还是土石混填,以及填料所用于的压实区域和填筑的厚度。直接利用挖方如图3-1-2所示。

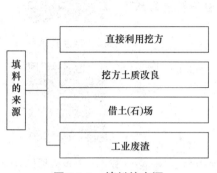

图 3-1-1　填料的来源　　　　　　　图 3-1-2　直接利用挖方

路基填料的选择应符合《公路路基设计规范》(JTG D30—2015)及《公路路基施工技术规范》(JTG/T 3610—2019)中对路基用土的规定。

(1)含草皮、生活垃圾、树根、腐殖质的土严禁作为填料。

(2)泥炭土、淤泥、冻土、强膨胀土、有机质土及易溶盐超过允许含量的土等,不得直接用于填筑路堤;确需使用时,应采用技术措施进行处理,经检验满足要求后方可使用。

(3)季节性冻土地区的路床及浸水部分的路堤不得直接采用粉质土,粉质土也不宜直接用于填筑二级及二级以上公路的路床。

(4)高速公路、一级公路路床填料宜采用砂砾、碎石等水稳性好的粗粒料,也可采用级配好的碎石土、砾石土等;粗粒料缺乏时,可采用无机结合料改良细粒土。

(5)路基填料最小承载比和最大粒径应符合表3-1-1的规定。

表 3-1-1　路基填料最小承载比和最大粒径要求

路堤部位		路面底面以下深度/m	填料最小承载比(CBR)/%			填料最大粒径/mm
			高速公路、一级公路	二级公路	三、四级公路	
上路床		0~0.30	8	6	5	100
下路床	轻、中及重交通	0.30~0.80	5	4	3	100
	特重、极重交通	0.30~1.20				
上路堤	轻、中及重交通	0.8~1.5	4	3	3	150
	特重、极重交通	1.2~1.9				
下路堤	轻、中及重交通	>1.5	3	2	2	150
	特重、极重交通	>1.9				

注:1. 表列承载比是根据路基不同填筑部位压实标准的要求,按现行《公路土工试验规程》(JTG E40—2007)对试样浸水96 h测定的CBR。
　　2. 三、四级公路铺筑沥青混凝土和水泥混凝土路面时,应采用二级公路的规定。
　　3. 表中上、下路堤填料最大粒径150 mm的规定不适用于填石路堤和土石路堤。

2. 基底处理

基底是指路堤填料与原地面接触的部分。为使两者结合紧密，避免路堤沿基底发生滑动和防止因草皮、树根腐烂而引起路堤沉陷，保证路堤具有足够的强度和稳定性，必须视基底和填筑高度等情况，认真清除地表植被、杂物、淤泥和表土，处理坑塘，并对基底进行认真处理和压实，达到设计要求的压实度。

微课：基底处理（一）

(1)伐树、挖根及表土处理的施工要点。路堤填筑时，如果不清除结合面的草木残株等有害于路堤稳定的杂物，路堤成型后，一旦杂物腐烂变质，地基将发生松软和不均匀沉降等现象，因此，必须在填筑之前做好伐树、挖根及表土处理工作。特别是当填筑高度小于 1 m 时，应注意将路基范围内的树根、草丛等全部挖除。

微课：基底处理（二）

如基底的表土为腐殖土，则需将其表土清除换填。换填厚度视具体情况而定，一般不小于 30 cm，并予以分层压实，压实度应符合要求。伐树、挖根及表土处理工序如图 3-1-3 所示。

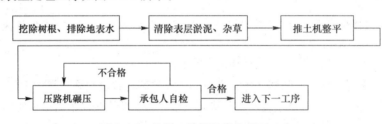

图 3-1-3　伐树、挖根及表土处理工序

(2)路堤基底处理的施工要点。

1)在稳定的斜坡上，基底的处理应符合下列要求：

①地面横坡缓于 1∶5 时，清除地表的草皮、腐殖土(图 3-1-4)后可直接在天然地面上修筑路堤。

②地面横坡为 1∶5～1∶1.25 时，在清除草皮杂物后，还应将原地面挖成台阶(图 3-1-5)，台阶宽度不小于 2 m，高度为 0.2～0.3 m，台阶顶面做成向内倾斜 3%～5%的斜坡。当基岩面上的覆盖层较薄时，宜先清除覆盖层再挖台阶；当覆盖层较厚且稳定时，可予以保留。

图 3-1-4　清除表土层植被

图 3-1-5　原地面挖成台阶

③当地面横坡为 1.25 时，外坡脚应进行特殊处理，如修筑护脚或挡墙。

2)路堤基底为耕地或松土时，应先清除有机土、种植土，平整后按规定要求压实。在深耕地段，必要时应将松土翻挖、土块打碎，然后回填、整平、压实。

3)地基表层碾压处理压实度控制标准：二级及二级以上公路一般土质应不小于 90%；三、

四级公路应不小于85%。低路堤应对地基表层土进行超挖，分层回填压实，其处理深度应不小于路床厚度。

4）原地面坑、洞、穴等，应在清除沉积物后，用合格填料分层填入，分层压实，压实度符合第3）条的规定。对可能存在空洞隐患的，应结合具体情况采取相应的处置措施。

5）对于有泉眼或露头地下水的路段，应按设计要求采取有效导排措施，将地下水引离后方可填筑路堤。

6）水稻田、湖塘、软土、过湿土地段，应视具体情况，采取排水、清淤、晾晒、换填、掺灰及其他加固措施进行处理。

7）地下水水位较高时，应按设计要求进行处理。

8）陡坡地段、土石混填地段、填挖结合部、高填方地段等都应按设计要求进行处理。

9）特殊地段路基应先核对地勘资料，确定设计资料与实际的符合性、处理方法的适用性，必要时重新补勘地质、水文资料，根据结果重新确定处理方案。

微课：土质
路堤填筑施工

3. 土质路堤填筑施工程序

路堤施工是一种以工序管理为中心，以工序质量保工程质量、以工作质量保工序质量的全面质量管理行为。

一般来说，路基填筑施工工艺应划分为三阶段、四区段、八流程，具体内容见表3-1-2。

表3-1-2　土质路堤施工程序

三阶段	施工准备阶段、施工阶段、整修验收阶段
四区段	填筑区、平整区、碾压区、检测区
八流程	施工准备阶段、基底处理、分层填筑、摊铺整平、洒水晾晒、碾压夯实、检验签证、路基整修

各区段或各流程只允许进行该段和该流程的作业，不允许几种作业交叉进行。每个区段的作业长度应根据机械的能力和数量来确定。为保证机械有足够的作业场地，每个区段长度均不得少于40 m。

路基填筑施工工艺流程如图3-1-6所示。

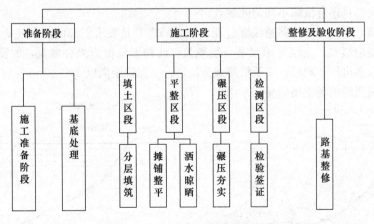

图3-1-6　路基填筑施工工艺流程

(1)施工准备阶段。土质路堤填筑包括测量放线，熟悉设计文件，组织技术人员学习施工技术规范，编制施工组织设计，做有关土工试验，准备检测设备。

(2)基底处理。基底处理应根据施工时的实际条件,按照设计文件和适当处理方法进行处理。

(3)分层填筑。

1)填筑方法。土质路堤的填筑常按照以下方法进行:

①水平分层填筑。填筑时按照横断面全宽分成水平层次,逐层向上填筑,如图3-1-7所示。当原地面高低不平时,应先从最低处分层填筑。为保证全断面的压实一致,确保边坡质量,边坡两侧应各超宽填筑0.30～0.5m,竣工时刷坡整平。此方法施工操作方便、安全,压实质量容易保证,是最常用的一种填筑方式。

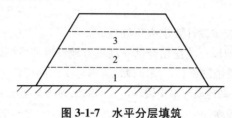

图3-1-7 水平分层填筑

②纵向分层填筑。依纵坡方向分层,逐层推土填筑。原地面纵坡小于20°的地段可用此方法施工。该方法适用于推土机或铲运机从路堑取土填筑较短的路堤。如图3-1-8所示,施工时可依次将路堑挖方1、3、5各分层的土逐层按顺序填筑于路堤需要填方(图中箭头下方1、3、5)处。

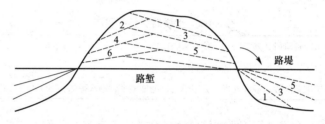

图3-1-8 纵向分层填筑

③横向填筑。从路基一端或两端按横断面全高逐步推进填筑,该方法仅用于机械无法进场,无法自下而上填筑深谷、陡坡、断岩、泥沼等处的路堤,如图3-1-9所示。该方法由于填土过厚,故不易压实,且还有沉陷不均匀的缺点。

④混合填筑。当高等级公路路线穿过深谷陡坡,尤其是要求上部的压实度标准较高时,施工时下层采用横向填筑,上层采用水平分层填筑,此种方法称为混合填筑,如图3-1-10所示。混合填筑单机或多机作业均可,一般沿路线分段进行,每段距离以20～40m为宜,多在地势平坦或两侧有可利用的山地土场的场合采用。

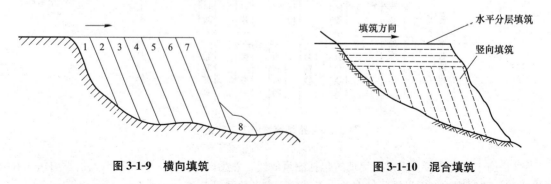

图3-1-9 横向填筑　　　　　　图3-1-10 混合填筑

2)打网格上料。其是根据自卸车容量和堆土间距,将路堤划分为若干网格(图3-1-11),再根据松铺厚度和网格面积，计算上料数量，将土按梅花形均匀堆放在网格中(图 3-1-12)。注意用不同填料填筑路堤时，各种填料不得混杂填筑。

图 3-1-11　卸料网格

图 3-1-12　运输填料

(4)摊铺整平。填筑区段完成一层卸土后，先用推土机进行初平，再用平地机进行终平，做到填铺面在纵向和横向平顺、均匀，控制层面无显著的凹凸，如图 3-1-13 所示。

图 3-1-13　路基整平作业

(5)洒水晾晒。碾压前，由工地试验人员测定土的含水率，控制土的含水率为最佳含水率 ±2%，以便碾压成型。当填料含水率较低时，应及时采取洒水措施，使其含水率接近最佳含水率；当填料含水率过大时，应将填料运至路堤上进行翻挖晾晒，使其含水率接近最佳含水率。

(6)碾压夯实(图 3-1-14)。

1)碾压前,应向有关人员进行技术交底,其内容包括碾压范围、碾压遍数、碾压速度等。实践经验证明,土基压实时,在机具类型、碾压遍数、填筑厚度已经选定的条件下,操作时宜先轻后重、先慢后快、先边缘后中间(对超高路段,则先内侧后外侧,先低后高),前后两次的轮迹应重合1/3,保持压实均匀、不漏压,对于压不到的边角,应辅以小型机具夯实。

图 3-1-14 路基碾压

2)用压路机械对土基进行碾压时,以慢速效果最好,除羊足碾和凸块碾外,其他压实机械的压实速度以 2~4 km/h 最为适宜。

3)当纵向分段压实后进行第二段压实时,在纵向接头处宜重叠 1~2 m,以确保接头处平顺过渡。

4)碾压完成一段后,宜采用纵向退行的方式进行第二遍碾压,不宜采用掉头的方式,以免机械掉头时搓挤填土,使压实的填土被翻松。因此,压路机始终要以纵向进退的方式进行压实作业。

(7)检验签证。路基填土的检测应遵循分层填筑、分层压实、分层检测的原则,在压实度、填筑厚度、平整度、宽度、横坡达到规定要求后,予以签证,方能进行下一层填筑。每一压实层完成后,经自检合格,报监理工程师检验,验收合格后填筑下一层,直至路床顶面高程;若验收不合格,则应重新压实,直至合格方可。这里仅介绍压实度检测的要点。

1)用灌砂法检测压实度时,取土样的底面位置为每一压实层底部,如图 3-1-15 所示;用环刀法试验时,环刀中部处于压实层厚的1/2深度,如图 3-1-16 所示;用核子仪试验时,应根据其类型,按说明书操作,检测应符合现行《公路路基路面现场测试规程》(JTG 3450—2019)的有关规定。

图 3-1-15 灌砂法检测压实度

图 3-1-16 环刀法检测压实度

2)施工过程中,每一压实层均应检测压实度,检测频率为 1 000 m² 至少检测 2 点,必要时可根据需要增加检测点。土质路基压实度应符合表 3-1-1 所列的规定。

(8)路堤整修。

1)路堤按设计高程填筑完成后,应进行测量和整平,恢复中桩和边桩(图 3-1-17),进行纵断高程测量,修筑路拱。

2)依据边桩,结合设计坡率将路堤超填部分边坡刷去,进行整修拍实,整修后的边坡应达到平直、顺适(图 3-1-18)。

图 3-1-17　恢复中桩和边桩

图 3-1-18　边坡整修

4. 土质路堤填筑施工要点

土质路堤填筑的施工要点见表 3-1-3。

表 3-1-3　土质路堤填筑施工要点

项目	施工要点内容
施工方法	1. 分层填筑、分层碾压、分层检测 2. 同一水平层路基的全宽,应采用同一种填料,不得混合填筑 3. 每种填料的填筑层压实后的连续厚度不宜小于 500 mm 4. 潮湿或冻融敏感性较小的填料应填筑在上层,强度较小的填料应填筑在下层。在有地下水的路段或临水路基地段,宜填筑透水性好的填料 5. 在透水性不好的压实层上填筑透水性好的填料前,应在其表面设 2%~4% 的双向横坡,并采取相应的防水措施
松铺厚度	每种填料的松铺厚度应通过试验段确定。高速公路、一级公路的分层最大松铺厚度一般不宜超过 30 cm
几何尺寸	每一填筑层压实后的宽度不得小于设计宽度
接头处理	填方分几个作业段施工时,接头部位如不能交替填筑,则先填路段应按 1∶1 分层留台阶;如能交替填筑,则应分层相互交替搭接,搭接长度不小于 2 m

5. 土质路堤施工质量标准

路堤填筑至设计高程并整修完成后,其施工质量应符合表 3-1-4 所示质量标准。弯沉检测如图 3-1-19 所示,路基平整度检测如图 3-1-20。

表 3-1-4　土质路堤施工质量标准

项次	检查项目	规定值或偏差		
		高速、一级公路	二级公路	三、四级公路
1	压实度	符合表 1-1-3 规定	符合表 1-1-3 规定	符合表 1-1-3 规定
2	弯沉/0.01 mm	满足设计要求		
3	纵断高程/mm	+10,-15	+10,-20	+10,-20

续表

项次	检查项目	规定值或偏差		
		高速、一级公路	二级公路	三、四级公路
4	中线偏位/mm	50	100	100
5	宽度	不小于设计值		
6	平整度/mm	≤15	≤20	
7	横坡/%	±0.3	±0.5	
8	边坡坡度	满足设计要求		

图 3-1-19　弯沉检测　　　　　　　图 3-1-20　平整度检测

二、填石路堤施工

微课：填石
路堤施工

1. 填石路堤的填料要求

填石路堤是指用粒径大于 40 mm，且含量超过总质量 70% 的石料填筑的路堤。

(1) 填石路堤的石料强度不应小于 15 MPa（用于护坡的不应小于 20 MPa）。

(2) 硬质岩石、中硬岩石可用于路堤和路床填筑；软质岩石可用于路堤填筑，不得用于路床填筑；膨胀岩石、易溶性岩石和盐化岩石不得用于路基填筑。

(3) 路堤填料粒径应不大于 500 mm，并不宜超过层厚的 2/3。路床底面以下 400 mm 以内，填料最大粒径不得大于 150 mm，其中小于 5 mm 的细料含量应不小于 30%。

(4) 路基的浸水部位，应采用稳定性好、不易膨胀崩解的石料填筑。

2. 填石路堤的基底处理

(1) 除满足土质路堤基底处理的相关内容外，还应满足承载力的要求。

(2) 在非岩石地基上填筑填石路堤前，应按设计要求设置过渡层。

3. 填石路堤的施工程序及施工要点

填石路堤是利用开采的石料填筑路堤，它与填土路堤不同，主要是石料粒径大、强度高，故填筑和压实都有特殊要求。

(1) 施工程序。填石路堤施工工艺流程如图 3-1-21 所示。

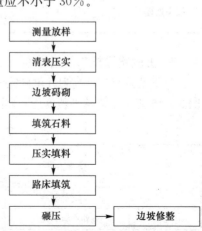

图 3-1-21　填石路堤施工工艺流程

1)施工准备。首先进行测量放样,恢复中桩和边桩。清除填方范围内的草皮、树根、淤泥,并整平压实,压实度不低于85%。

2)边坡码砌。在填石路堤填筑前,要进行边坡码砌(图3-1-22)。码砌的石料粒径应大于30 cm,且石质坚硬。石料尽量规则,石料之间应尽量紧贴、密实,无明显空洞、松动现象。

3)运料与摊铺。在石质填料装运时,尽量使填料均匀,避免大粒径填料过分集中。卸料按水平分层、先低后高、先两侧后中间的原则进行。填石路堤的堆料和摊铺同时进行,由大功率的推土机向前摊铺。对大粒径的石块,要进行人工摆平,石块应贴紧底面,且大面朝下。同一位置,大粒径的石块不能重叠堆放。对细料明显少的段落,应撒铺石屑料,石屑料应占粗集料的15%~20%,要保证石屑料填满石块间的缝隙。

4)碾压。对于填石路堤,由于粒料间没有黏聚力,主要靠粒料之间相互嵌锁、紧密咬合。所以,填石路堤要采用大吨位的振动式压路机。在施工中宜选用18 t以上的振动式压路机(图3-1-23)。其操作要求是:先静压一遍,再振压6~8遍,最后再静压一遍。碾压的顺序为先压两侧、后压中间,前后轮迹重合1/3。对于有明显空洞、孔隙的地方,应补充细料后再碾压。

图 3-1-22 边坡码砌

图 3-1-23 填石路堤碾压

5)路床填筑。填石路堤在距路床顶面50 cm范围内,应按设计铺筑碎石过渡层,然后再进行路床的填筑。

(2)施工要点。填石路堤的施工要点见表3-1-5。

表3-1-5 填石路堤施工要点

项目	施工要点
施工方法	1. 分层填筑、分层碾压、分层检测 2. 岩性相差大的填料,应分层或分段填筑 3. 严禁将软质石料与硬质石料混合填筑 4. 边坡码砌宜与路基填筑同步进行 5. 应使用重型压路机分层压实,压实时不断使用小石块、石屑填缝,直到压实层顶面稳定、不再下沉且无轮迹、石块紧密、表面平整为止
松铺厚度	每种填料的松铺厚度,应通过试验段确定。高速公路、一级公路的分层最大松铺厚度一般不宜超过50 cm,其他公路不宜大于1.0 m
几何尺寸	每一填筑层压实后的宽度不得小于设计宽度

4. 填石路堤的施工质量控制标准

填石路堤的压实质量标准见表3-1-6。

表 3-1-6 填石路堤的压实质量标准

分区	路面底面以下深度 /m	硬质石料		中硬石料		软质石料	
		摊铺厚度/mm	孔隙率/%	摊铺厚度/mm	孔隙率/%	摊铺厚度/mm	孔隙率/%
上路堤	0.8～1.5 (1.20～1.90)	≤400	≤23	≤400	≤22	≤300	≤20
下路堤	>1.5 (71.90)	≤600	≤25	≤500	≤24	≤400	≤22

注:"路面底面以下深度"档,括号中数值分别为特重、极重交通的上路堤、下路堤的深度范围。

对于填石路堤施工过程中的每一个压实层,可用试验路段确定的工艺流程和工艺参数控制压实过程,用试验路段确定的沉降差指标检测压实质量。施工过程中,每填高 3 m 宜检测路基中线和宽度。

填石路堤填筑至设计高程并整修完成后,其施工质量应符合表 3-1-7 的规定。

表 3-1-7 填石路堤的施工质量

项次	检测项目		规定值或允许偏差	
			高速公路、一级公路	其他公路
1	压实度		孔隙率满足设计要求	
			沉降差≤试验路段确定的沉降差	
2	弯沉值		不大于设计值	
3	纵断高程/mm		+10,−20	+10,−30
4	中线偏位/mm		≤50	≤100
5	宽度/mm		满足设计要求	
6	平整度/mm		≤20	≤30
7	横坡/%		±0.3	±0.5
8	边坡	坡度	满足设计要求	
		平顺度	满足设计要求	

三、土石路堤施工

1. 土石路堤填料要求

土石路堤是指石料含量占总质量 30%～70% 的土石混合材料填筑的路堤。

(1)膨胀岩石、易溶性岩石等不宜直接用于路堤填筑,崩解性岩石和盐化岩石等不得直接用于路堤填筑。

(2)天然土石混合填料中,中硬、硬质石料的最大粒径不得超过压实层厚度的 2/3,超过的要清除;当所含石料为强风化石料或软质石料时,其 CBR 值应符合表 3-1-1 的规定,石料最大粒径不得大于压实层厚,超过的应将其打碎。

微课:土石混填,桥、涵及构筑物的回填及高填方路堤施工

2. 土石路堤基底处理

(1)应满足"清理原地面"的相关规定。

(2)在陡、斜坡地段,土石路堤靠山一侧应按设计要求,做好排水和防渗处理。

3. 土石路堤施工要点

(1)在土石混合料填筑时,不得采用倾填方法施工,应分层填筑、分层压实,松铺厚度宜为30～40 cm或由经验确定(注意应根据压实机具类型和规格来考虑决定)。

(2)压实后渗水性差异较大的土石混合料,应分层或分段填筑,不宜纵向分幅填筑,如确需纵向分幅填筑,应将压实后渗水良好的土石混合料填筑于路堤两侧。

(3)当土石混合料来自不同料场,其岩性或土石比例相差较大时,宜分层或分段填筑。

(4)填料由土石混合材料变成其他填料时,土石混合材料最后一层压实厚度应小于30 cm,该层填料的最大粒径宜小于150 mm,压实后,该层表面应无孔洞。

(5)碾压前大粒径石料均匀分散在填料中,石料间孔隙填充小粒径石料、土和石渣。

(6)中硬、硬质石料的土石路堤,应进行边坡码砌。边坡码砌的石料强度、尺寸应符合设计要求。边坡码砌与路堤填筑宜同步进行。软质石料土石路堤的边坡按土质路堤边坡处理。

(7)压实机械宜选用自重不小于18 t的振动压路机。当采用强夯、冲击压路机进行补压时,应避免对附近构筑物造成影响。

4. 土石路堤施工质量控制标准

(1)中硬、硬质石料土石路堤施工的质量控制标准:

1)对于施工过程中的每一个压实层,可用试验路段确定的工艺流程和工艺参数控制压实过程,用试验路段确定的沉降差指标检测压实质量。

2)其成型后的质量应符合表3-1-5的规定。

(2)用软质石料填筑的土石路堤的施工应符合土质路堤的施工质量标准。

(3)土石路堤的外观质量标准包括:路基表面无明显孔洞,大粒径填石无松动,铁锹挖动困难;中硬、硬质石料土石路基边坡码砌紧贴、密实,无明显孔洞、松动,砌块间的承接面应向内倾斜,坡面平顺。

四、高填方路堤施工

1. 高填方路堤的填料要求

高填方路堤是指路基填土最大边坡高度大于20 m的路堤,如图3-1-24所示。

高填方路基填料宜优先采用强度高、水稳性好的材料,或采用轻质材料。受水淹、浸的部分应采用水稳性和透水性均好的材料。

2. 高填方路堤的基底处理

(1)基底承载力应满足设计要求。

图3-1-24 高填方路堤

(2)特殊路段或承载力不足的地基,应按照设计要求进行处理。

(3)覆盖层较浅的岩石地基,宜清除覆盖层。

3. 高填方路堤的施工要点

(1)施工中应按照设计要求预留路堤高度与宽度,并进行动态监控。虽然在分层填筑、分层压实的施工过程中,密实度达到了规范的规定值,但随着填筑层的增加,土体还会产生压缩变形，变形的大小与土体的性质和压实程度有关。

(2)高路堤宜每填筑 2 m 冲击补压一次，或每填筑 4~6 m 强夯补压一次。

(3)施工过程中宜进行沉降和稳定性观测。

(4)高填方路堤宜优先安排施工。宜预留一个雨季或 6 个月以上的沉降期。

(5)在不良地质地段的高路堤填筑，按照设计要求控制填筑速率，并进行地表水平位移监测，必要时应进行地下土体分层水平位移监测。

五、桥、涵及构筑物台背的回填

桥台、涵洞及挡土墙等结构物背部的回填作业面小，压实困难。该处路基是结构物完成后再填筑，加之是路基与结构物的刚柔结合部，易产生跳车、沉陷等现象，影响行车速度、舒适与安全，甚至会影响构筑物的稳定，出现交通堵塞现象。因此，对此处路基的填料与施工工艺提出相关特殊要求。解决这一难题的关键是选择适当的填料及填筑方法。

1. 填料的选择

(1)填料宜采用透水性材料、轻质材料、无机结合料稳定材料等，崩解性岩石、膨胀土不得用于台背与墙背填筑。非透水材料不得直接用于回填。

(2)基坑回填必须在隐蔽工程验收合格后方可进行。

(3)基坑回填应分层填筑、分层压实，分层厚度宜为 100~200 mm。二级及二级以上公路，采用小型夯实机具时，基坑回填的分层压(夯)实厚度不宜大于 150 mm，并应压(夯)实到设计要求的压实度。

2. 台背及路堤间的回填施工应符合的规定

(1)二级及二级以上公路按设计做好过渡段，过渡段路堤压实度不小于 96%，并应按要求设计纵向和横向防排水系统。

(2)二级以下公路的路堤与回填的连接部，应按设计要求预留台阶。

(3)台背回填部分的路床宜与路堤路床同步填筑。

(4)台背和锥坡的回填施工宜同步进行，一次填足并保证压实整修后能达到设计宽度要求(图 3-1-25)。

(5)台背与墙背 1.0 m 范围内回填宜采用小型夯实机具压实。

(6)填料粒径宜小于 100 mm，涵洞两侧回填填料粒径宜小于 50 mm，压实度应不小于 96%。

(7)部位狭窄时，可采用低强度等级混凝土、浆砌片石等材料回填。

(8)涵洞两侧应对称分层回填压实(图 3-1-26)。

(9)台背与墙背回填，应在结构物强度达到设计强度的 75% 以上时进行。

图 3-1-25　桥台台背回填

图 3-1-26　涵洞台背填筑

任务二　路基压实施工

学习目标

(1)掌握路基压实的原理。
(2)掌握影响压实效果的因素。
(3)掌握施工中应解决的问题。

任务描述

利用××在建公路的路基施工案例、多媒体教学资源，通过教师讲解，学生能够掌握路基压实的原理，能够在施工现场指导压实施工。

学习引导

本工作任务沿以下脉络进行学习：

相关知识

路基压实是保证路基质量的重要环节，路堤、路堑和路堤基底均应进行压实，且技术等级越高的公路，对路基的压实要求越严格。

路基压实的作用是提高填料的密实度，减小孔隙率，增强填料颗粒之间的接触面，增大凝聚力或嵌挤力，提高内摩阻力，减小形变，为路基的正常工作提供良好的基础。

微课：路基压实施工

一、土质路基的压实

1. 路基压实的目的

路堤填筑所用的土或者路堑开挖形成路基表面的土，由于开挖扰动破坏了土体原来紧密的状态，致使结构松散，颗粒间需要重新密实组合。为了使路基具有足够的强度与稳定性，必须予以压实，以提高其密实程度。因此，路基的压实工作是路基施工过程中的一项重要工序。

土是三相体，土粒为骨架，颗粒之间的孔隙为水分和气体所占据。土质路基的压实过程，其本质上是土体在压力作用下，克服土颗粒间的内聚力和摩擦力，使原有结构受到破坏，固体颗粒重新排列，大颗粒之间的间隙被小颗粒填充，变成密实状态，达到新的平衡。压实的目的在于使土粒重新组合，彼此挤紧，孔隙缩小，土的密度提高，形成密实整体，最终导致强度增加、稳定性提高。大量的试验和工程实践已经证明：土基压实后，路基的塑性变形、渗透系数、毛细水上升及隔温性能等，均有明显改善。

路基压实状况通常用压实度来表征。这里应注意的是，压实度与另一个概念——密实度容易产生概念上的混淆。密实度也称理论密实度，是指单位体积内固体颗粒排列的紧密程度，即土的固体体积率越大，土的干密度也越大，所以，有时也用干密度来表示土的密实度。但在物理意义上是有区别的。压实度是指土压实后的干密度与标准的最大干密度之比，用百分率表示，也称干密度系数，或相对密实度。所谓标准的最大干密度，是指用标准击实试验方法，在最佳含水率条件下得到的干密度。

2. 影响路基压实效果的主要因素

影响路基压实效果的因素是多方面的，有内因也有外因，内因指土质与湿度，外因指压实功能（如机械性能、压实时间与速度、土层厚度）及压实时外界自然和人为的其他因素等。下面就影响压实效果有关的主要因素进行讨论。

(1)土的含水率。压实开始时，原状土相对湿度低，土颗粒之间的内摩阻力大，因而外力难以克服，故压实的干密度小，表现出土的强度高、密度低；当相对湿度缓慢增加时，水分在土粒间起润滑作用，压实的结果是被压材料(土粒)得以重新调整其排列位置，达到较紧密的程度，表现出密度增大，但与此同时，由于水的作用，内摩阻力有所减小，因而强度继续下降；当含水率继续增加，超过压实曲线顶点的最优值时，水的润滑作用已经足够，水分过多，使起润滑作用以外的多余水分进入土粒孔隙中，反而促使土粒分离而不易得到良好的压实效果，从而降低了土的干密度；又由于土粒间距增大，内摩阻力与黏结力减小，使土的强度也随之减小，在压实曲线中出现驼峰形式(图3-2-1)。即在一定功能的压实作用下，含水率的变化会导致土的干密度随之变化，在某一含水率(最佳含水率 ω_0)下，干密度达到最大值(最大干密度 γ_0)。各种土的最佳含水率大小不同，一般来说，土在天然状态下的含水率值很接近于最佳含水率 ω_0，因此在施工作业中，新卸堆土应当立即推平压实。

(2)土的性质。不同的土质，有着不同的最佳含水率及最大干密度，如图3-2-2所示。不同土质的压实性能差别较大，一般来说，非黏性土的压实效果较好，而且最佳含水率较小、最大干密度较大，在静力作用下，压缩性较小，在动力作用下，特别是在振动作用下很容易被压实。黏质土、粉质土等分散性土的压实效果较差，主要是由于这些细分散性的土颗粒的比表面积大、黏聚力大，土粒表面水膜需水量大，最佳含水率偏高，而最大干密度反而偏小。

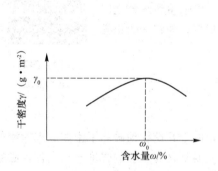

图 3-2-1 土的含水率与干密度的关系

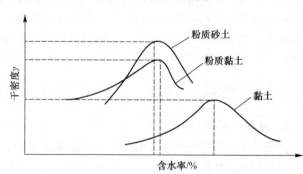

图 3-2-2 几种土质的压实曲线对照图

(3)压实功能。压实功能(指压实工具的重量、碾压遍数、作用时间等)是对压实效果的影响，是上述之外的又一重要因素。同一种土在不同的击实条件下，其压实功能与压实效果的关系曲线如图3-2-3所示。通过几种曲线对比表明：同一种土的最佳含水率 ω_0 随着压实功能的增大而减小，最大干密度 γ_0 则随着压实功能的增大而提高；在相同含水率条件下，压实功能越高，土的密实度越高。据此规律，工程实践中可以增加压实功能(如选用重碾，增加碾压遍数或延长作用时间等)，以提高路基土的干密度或降低最佳含水率。但必须指出，用增加压实功能的方法来提高土基强度的效果，有一定的限度。压实功能增加到一定限度以上时，其效果的提高就会变得缓慢，这样在经济效益和施工组织上不尽合理。事实上，对任何一种土，当密实度超过某一限值时，想要继续提高它的密实度，降低含水率值，往往需要增加很大的压实功能。而过分加大压实功能，不仅密实度增加幅度小，而且往往因所加荷载超过土的抵抗力，即土受压部位承受压力超过土的极限强度，从而导致土体破坏。另外，相对应压实时的含水率减少，获得的密实度经受不住水的影响，即水稳定性变差。相比之下，严格控制最佳含水率，要比增加压实功能收效大得多。当含水率不足，洒水有

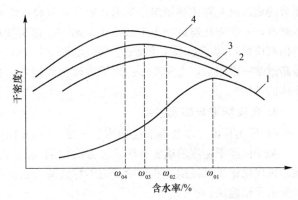

图 3-2-3 不同压实功能的压实曲线对照

注：曲线 1、2、3、4 的功能分别为 600 kN·m、1 150 kN·m、2 300 kN·m、3 400 kN·m

困难时，适当增加压实功能可以见效；但如果土的含水率过大，此时再增加压实功能必将出现"弹簧"现象，即压实效果很差，造成返工浪费。

(4)碾压时的温度。在路基碾压过程中，温度升高可使被压土中水的黏滞度降低，从而在土粒间起润滑作用，易于压实，但气温过高时又会由于水分蒸发太快而不利于压实。温度低于 0 ℃时，因部分水结冰，产生的阻力更大，起润滑作用的水更少，所以也得不到理想的压实效果。

(5)压实土层的厚度。土受压时，能够以均匀变形的深度(即有效压实深度)近似地等于 2 倍的压模直径或 2 倍的压模与土接触表面的最小横向尺寸；超过这个范围，土受到的压力急剧变小，并逐渐趋于零，可认为此时土的密实度没有变化。如钢筒式压路机碾压土时沿垂直方向的压力分布(此时轮子与土的接触面是一个宽度很小的矩形，其宽度可视为压模的最小横向尺寸)，当深度大于最小横向尺寸时，传至此处的压力已经很小，不起压实作用。

由此可知，土所受的外力作用随深度增加而逐渐减弱，当超过一定范围时，土的密实度将与未碾压时相同，这个有效的压实深度(产生均匀变形的深度)与土质、含水率、压实机械的构造特征等因素有关，所以正确控制碾压铺层厚度，对于提高压实机械生产率和填筑路基质量十分重要。

(6)地基或下承层强度。在填筑路堤时，若地基没有足够的强度，路堤的第一层难以达到较高的压实度，即使采用重型压路机或增加碾压遍数，也只能是事倍功半，甚至使碾压土层发生"弹簧"现象。因此，对于地基或下承层强度不足的情况，填筑路堤时通常采取以下措施处理：

1)填筑路堤之前，应先碾压地基。

2)若地基有软弱层，则应用砂砾(碎石)层处理地基。

3)路堑处路槽的碾压，先应铲除 30～40 cm 原状土层并碾压地基后，再分层填筑压实。

(7)压实机具和碾压方法。压实机具和碾压方法对压实效果的影响体现在以下几个方面：

1)压实机具不同，压力传布的有效深度也不同。一般来说，夯击式机具的压力传布最深，振动式次之，碾压式最浅。根据这一特性即可确定各种机具的最佳压实度。

然而，同一种机具的压实作用深度在压实过程中并不是固定不变的。如钢筒式压路机，开始碾压时，因土体松软，压力传布较深，但随着碾压次数的增加，上部土层逐渐密实，土的强度相应提高，其作用深度就逐渐减小了。

2)压实机具的质量较小时，碾压遍数越多(即时间越长)，土的密实度越高，但密实度的增长速度则随碾压遍数的增加而减小，并且密实度的增加有一个限度，达到这个限度后，继续以

原来的施压机具对土体增加压实遍数则只能引起弹性变形,而不能进一步提高密实度(从工程实践来看,一般碾压遍数在小于或等于 6 遍时,密实度增大明显,6~10 遍时增长较慢,10 遍以后稍有增长,20 遍后基本不增长)。压实机具较重时,土的密实度随碾压遍数增加而迅速增加,但超过某一极限后,土的变形急剧增加而达到破坏,机具过重以至超过土的强度极限时将引起土体的破坏。

3. 压实标准与碾压控制

(1)压实标准。压实标准包括两个方面:一是确定标准干密度的方法;二是要求的压实度。

关于标准干密度的确定方法,过去沿用的"标准击实试验"是一种轻型击实方法,其试验结果与现代化施工机械能力和车辆载荷不相适应,目前推行的主要是与国外公路压实要求相同的重型击实试验法。

土的最大干密度是土压实的主要指标,与路基的强度和稳定性有密切的关系,一般作为压实质量评价的依据。在路基压实施工中,由于受各种因素(气候、土的天然含水率等)的影响和限制,所施工路基的实际干密度不能达到室内重型击实试验求得的最大干密度,应予以适当降低。工地实测干容重为 γ,它与室内标准击实试验得到的 γ_0 值之比的相对值称为压实度 K。

$$K = \frac{\gamma}{\gamma_0} \times 100\% \tag{3-2-1}$$

压实度 K 就是现行规范规定的路基压实标准。表 3-2-1 所列的压实度是以交通运输部颁发的《公路土工试验规程》(JTG 3430—2020)重型击实试验法为准。铺筑中级或低级路面的三、四级公路路基,以及南方多雨地区天然土的含水率较大时,允许采用轻型击实试验法的路基压实标准。

表 3-2-1 土质路基压实度标准

填筑部位(路面底面以下深度)/m			压实度/%		
			高速公路、一级公路	二级公路	三、四级公路
填方路基	上路床		0~0.30	≥96	≥95	≥94
	下路床	轻、中及重交通	0.30~0.80	≥96	≥95	≥94
		特重、极重交通	0.30~1.20	≥96	≥95	—
	上路堤	轻、中及重交通	0.8~1.5	≥94	≥94	≥93
		特重、极重交通	1.2~1.9	≥94	≥94	—
	下路堤	轻、中及重交通	>1.5	≥93	≥92	≥90
		特重、极重交通	>1.9	≥93	≥92	—
零填及挖方路基	上路床		0~0.30	≥96	≥95	≥94
	下路床	轻、中及重交通	0.30~0.80	≥96	≥95	≥94
		特重、极重交通	0.30~1.20	≥96	≥95	—

注:1. 表列压实度以现行《公路土工试验规程》(JTG 3430—2020)重型击实试验法为准。
   2. 三、四级公路铺筑沥青混凝土和水泥混凝土路面时,其压实度应采用二级公路的规定值。
   3. 当路堤特殊填料或处于特殊气候地区时,压实度标准在保证路基强度要求的前提下根据试验路段和当地工程经验确定。
   4. 特殊干旱地区的压实度标准可降低 2~3 个百分点。

(2)路基压实工作的控制与检验。

1)确定不同种类填土的最大干密度和最佳含水率。

公路是带状构造物，一条公路往往连绵数十千米甚至上千千米，用于填方路基的沿线土石材料的性质往往发生较大变化。在路基填筑施工之前，必须对主要取土场（包括挖方利用方）采取代表性土样，进行土工试验，用规范规定的方法求得各个土场土样的最大干密度和最佳含水率，以便指导路基的压实施工。

2）检查控制填土含水率。由于含水率是影响路基土压实效果的主要因素，故需检测欲填入路基中的土的含水率，只有当含水率接近最佳含水率时，填筑碾压的质量才有保证。

(3) 正确选择和使用压实机械。

1）压实机械的选择。压实机械的类型和数量选择是否恰当，直接关系到压实质量和工效。土基压实机具的类型较多，大致上分为碾压式、夯击式和振动式3大类型。选择时应综合考虑以下几点。

①土的性质、状态。不同的压实机械对不同土质的压实效果不同。如对砂性土，以振动式机械效果最好，夯击式次之，碾压式较差；对黏性土，以碾压式和夯击式较好，而振动式较差甚至无效。压实机械的单位压力不应超过土的强度极限，否则会引起土基破坏。选择机械时，还应考虑土的状态及对压实度的要求。一般来说，土的含水率小、压实度要求高时，应选择重型机械；反之，可选轻型机械。

②压实工作面。当工作面较大时，可采用碾压机；较狭窄时，宜用夯实机械。

③机械的技术特性与生产率。选择机械类型、确定机械数量时，应考虑与其他工序的配合，使机械的生产能力互相适应。

2）注意事项。为了能以尽可能小的压实功获得良好的压实效果，在压实机械的使用上应注意以下两点：

①压实机械应先轻后重，以便能适应逐渐增长的土基强度。

②碾压速度宜先慢后快，以免松土被机械推走，形成不适宜的结构，影响压实质量，尤其是黏性土，高速碾压时压实效果明显下降。通常压路机进行路基压实作业时，行驶速度在 4 km/h 以内为宜。

此外，在路基土的压实中，除了运用不同性能的各种专用压实机械外，还应特别注意尽可能利用其他土方施工机械和运输车辆进行分层压实，有计划、有组织地利用运土车辆碾压填方土料。施工中要注意采用合理的技术措施，一般应控制填土厚度为 0.25～0.30 m，并用推土机或平地机细致平土，控制合适的含水率；同时，还要在机械的运行线路上使各次行程能大体均匀地分布到填土土层表面，以保证土层表面全部被压到。

(4) 分层填筑、分层碾压。

1）分层填筑。一方面要把握每层填土厚度的大小。填土层厚度过大，其深部不能获得要求的压实度；填土层厚度过小，会影响工作效率和经济效益。一般认为，对于细粒土，用 12～15 t 光轮压路机时，压实厚度不得超过 25 cm；用 22～25 t 振动压路机时（包括液压振动），压实厚度得不超过 60 cm；另一方面，每层填土应平整，且自中线向两边设置 2‰～4‰ 的横向坡度，并及时碾压，雨期施工时更应注意。

2）分层碾压。碾压前应对填土层的松铺厚度、平整度和含水率进行检查，符合要求后方可进行碾压。分层碾压的关键是控制碾压遍数，有条件的情况下可通过试验性施工来确定达到设计密实度所需的碾压遍数。

在施工中，当含水率为最佳含水率时，还可采用下列经验值：对低黏性土，压实所需的碾压遍数平均为 4～6 遍；对黏性土，压实所需的碾压遍数平均为 10～12 遍。

一般压实遍数宜控制在 10 遍以内；否则，应考虑减少填土层厚。经压实度检验合格后方可转入下道工序。不合格处应进行补压后再检验，直至合格为止。

(5)加强质量检查。

1)填方地段基底。路堤填筑前应对基底进行压实。高速公路、一级公路和二级公路路堤基底的压实度不应小于85%，当路堤填土高度小于路床厚度(80 cm)时，基底的压实度不宜小于路床的压实标准。

2)路堤。每一压实层均应检验压实度，合格后方可填筑其上一层；否则，应查明原因，采取措施进行补压。检测频率为1 000 m² 至少检测2点，必要时可根据需要增加检测点，每个点都必须符合规定值。

路床顶面压实完成后，还应根据《公路路基设计规范》(JTG D30—2015)进行弯沉值检验。

3)路堑路床。零填及路堑路床的压实应符合其压实标准的规定。换填超过3 m时，按90%的压实标准控制。

4)桥涵处填土。桥台背后、涵洞两侧与顶部、锥坡背后的填土均应分层压实，分层检查，检查频率为每50 m³ 检验1点，不足50 m³ 时至少检验1点，每点都应合格，每一压实层松铺厚度不宜超过20 cm。高速公路和一级公路的桥台、涵身背后和涵洞顶部的填土压实度，从填土基底或涵洞顶部至路床顶面均为95%，其他公路为93%，以确保不因密实度不足而产生错台，影响行车速度与安全。

桥涵处填土的压实采用小型的手扶振动夯或手扶振动压路机，但涵顶填土50 cm内应采用轻型静载压路机压实，以达到规定的压实度为准。

二、填石路堤、土石混填路堤及高填方路堤的压实

1. 填石路堤

(1)压实标准。填石路堤不能用土质路基的压实度来判定路基的密实程度，其判定方法目前国内外尚无统一规定。国外填石路堤曾采用在振动压路机驾驶台上装设压实计反映的计数值来判定是否达到要求的紧密程度，但无定量值的规定，且只限于设有此种装置的压路机。我国现行《公路路基施工技术规范》(JTG/T 3610—2019)规定：对于填石路堤施工过程中的每一压实层，应采用试验路段确定的工艺流程和工艺参数控制，用试验路段确定的沉降差指标检测压实质量。

(2)压实方法及检查。填石路堤在压实之前，应用大型推土机摊铺平整。个别不平处应人工配合以细石屑找平，使石块之间无明显高差台阶才能便于压路机碾压，或使夯锤下坠到地面时，受力基本均匀，不会使夯锤倾倒。填石路堤填料石块本身是密实的，不能压缩，压实工作是使各石块间松散接触状态变为紧密咬合状态。由于石块块径较大、质量较大，故必须选择工作质量在12 t以上的重型振动压路机、工作质量在2.5 t以上的夯锤或25 t以上的轮胎压路机压实，才能达到规定的密实状态。

填石路堤应先压两侧后压中间，对于轮碾，其压实路线应纵向互相平行，反复碾压。夯锤的压实路线应呈弧形，当夯实密实程度达到要求后，再向后移动一夯锤位置。行与行之间应重叠40~50 cm，前后相邻区段应重叠1.0~1.5 m，其余注意事项与土质路基压实相同。

填石路堤使用各种压实机具时的注意事项与压实填土路基相同，而填石路堤压实到所要求的紧密程度所需的碾压或夯压的遍数应经过试验确定。采用重锤夯实时，当重锤下落而路堤不下沉，垂锤反而发生弹跳现象时，可进行压实度检验。

填石路堤顶面至路床顶面30~50 cm(高速公路、一级公路为50 cm，其他公路为30 cm)范围内，应填筑符合路床要求的土，并按要求进行压实。

2. 土石混填路堤

土石混填路堤的压实方法与技术要求，应根据混合料中巨粒土的含量多少确定。当混合料中巨粒土含量大于70%时，其压实作业接近于填石路堤，应按填石路堤的方法和要求进行；当混合料中巨粒土的含量低于50%时，其压实作业接近于填土路堤，应按前述填土路堤的方法和要求进行。

土石路堤的压实度可采用灌砂法或水袋法检测。其标准干密度应根据每一种填料不同含石量的最大干密度做出标准干密度曲线，然后根据从试坑中挖取试样的含石量，从标准干密度曲线上查出对应的标准干密度。当采用灌砂法或水袋法检验有困难时，可根据填石路堤的方法进行检验，即通过12 t以上振动压路机压实试验。当压实层顶面稳定不再下沉（无轮迹）时，可判定为密实状态。

3. 高填方路堤

高填方路堤的基底承受路堤土本身的荷载很大，因此对基底应进行场地清理，并按照设计要求的基底承压强度进行压实。设计无要求时，基底的压实度不应小于90%。当地基松软仅依靠对厚土压实不能满足设计要求的承压强度时，应进行地基加固处理，以达到设计要求；当基底处于陡峻山坡上或谷底时，应做挖台阶处理，并严格分层填筑压实；当场地狭窄时，压实工作应采用小型手扶式振动压路机或振动夯进行；当场地较宽广时，应采用自行式12 t以上的振动压路机碾压。

任务三 挖方路基施工

学习目标

(1)掌握土质路堑施工方法及施工要点。
(2)掌握石质路堑施工方法及施工要点。
(3)掌握深挖路基施工方法及施工要点。
(4)能够在施工现场组织施工。

任务描述

利用××在建公路的路基施工案例、多媒体教学资源，通过教师讲解，学生能够掌握挖方路基（包括土质与石质）的施工方法及施工要点。

学习引导

本工作任务沿以下脉络进行学习：

相关知识

挖方路基一般分为土质路堑和石质路堑,土质路堑开挖应根据挖方数量大小及施工方法的不同确定开挖方案。石质路堑开挖应根据岩石的种类和坚硬程度确定开挖方式。土方开挖,不论开挖工程量和开挖深度大小,均应自上而下进行,不得乱挖超挖。石方开挖,在不影响边坡稳定的情况下采用爆破施工,以满足路基施工质量技术标准要求。

一、土质路堑施工

1. 土质路堑施工工艺流程

土质路堑施工工艺流程如图 3-3-1 所示。

2. 土质路堑施工作业方法

路堑由天然地层构成,开挖后由于受到扰动和地面水及地下水的集中影响,边坡和开挖后的基底易发生变形和破坏,在路堑挖方地段常发生路基的一些病害,如滑坡、崩塌、路基翻浆等。因此,施工方法与路堑的边坡及基底的稳定有着密切关系。开挖方式应根据路堑的深度、纵向长度和地形、土质、土方调配情况以及机械设备条件等因素确定,达到保证工程质量、加快施工进度、提高工作效率的目的。

土质挖方路基根据挖方深度、纵向长度及现场施工条件,可采用的开挖方法有横向挖掘法、纵向挖掘法和混合式挖掘法。

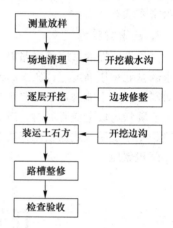

图 3-3-1 土质路堑施工工艺流程

(1)横向挖掘法。

1)单层横向全宽挖掘法。从路堑的一端或两端按断面的全宽一次性挖到设计高程,逐渐向纵深挖掘,挖出的土方一般向两侧运送。其适用于挖掘浅而短的路堑,如图 3-3-2 所示。

微课:土质挖方路基施工

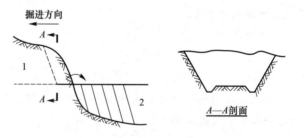

图 3-3-2 单层横向全宽挖掘法
1—路堑;2—路堤

2)多层横向全宽挖掘法。为增加工作面、加快施工进度,可以在不同高度处分几个台阶进行挖掘,其深度视施工操作便利和安全而定,一般每层挖掘台阶深度为 3~4 m。其适用于挖掘深而短的路堑,如图 3-3-3 所示。

(2)纵向挖掘法。土质路堑纵向挖掘法可分为分层纵挖法、通道纵挖法和分段纵挖法三种。

1)分层纵挖法:沿路线全宽以深度不大的纵向分层挖掘前进,如图 3-3-4 所示。该法适用于路堑宽度和深度均不大的情况。当路堑长度较短(不超过 100 m)、开挖深度较浅(不大于 3 m)、地面横坡坡度较陡时,宜采用推土机作业;当路堑较长(超过 100 m)时,宜采用铲运机或铲运机加推土机助铲作业。

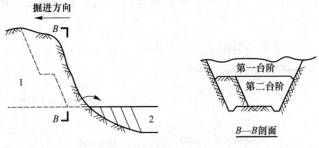

图 3-3-3　多层横向全宽挖掘法
1—路堑；2—路堤

2) 通道纵挖法：先沿路堑纵向挖出一条通道，然后将通道向两侧拓宽以扩大工作面，并利用该通道作为运土路线及场内排水的出路。该层通道拓宽全路堑边坡后，再挖下层通道，如此向纵深开挖至路基高程，如图 3-3-5 所示。该法适用于较长、较深、两端地面纵坡较小的路堑开挖。

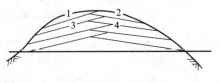

图 3-3-4　分层纵挖法
注：图中 1~4 表示开挖的顺序。

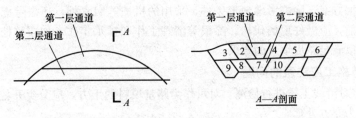

图 3-3-5　通道纵挖法
注：图中 1~10 表示开挖的顺序。

3) 分段纵挖法：沿路堑纵向在翼侧选择一个或几个侧壁较薄的位置挖成一个或几个出口（俗称打"马口"，通道便于横向出土），将路堑分为两段或多段，各段再分别沿纵向开挖，如图 3-3-6 所示。这种挖掘法可增加施工作业面，减少作业面之间的干扰，使施工进度大大加快。该法适用于路堑较长、弃土运距较远的傍山路堑开挖。

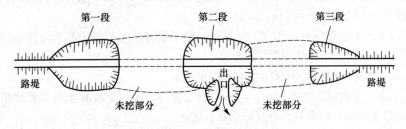

图 3-3-6　分段纵挖法

(3) 混合式挖掘法。混合式挖掘法是将横向挖掘法和通道纵挖法混合使用。其施工工艺流程：先沿路堑纵向挖出一条通道[图 3-3-7(a)]，然后再沿横向挖出若干个横向通道[图 3-3-7(b)]，使挖掘机械各自到达横向通道内的工作面后，再沿路堑纵向进行全断面开挖。该法适用于工程量很大但工期又紧的重点快速工程,并以铲式挖掘机和运输自卸车配合使用为宜。混合式挖掘法具体实施时,各种机械,尤其是运土机械的进出,必须统一调度、相互协调,才能运行流畅。

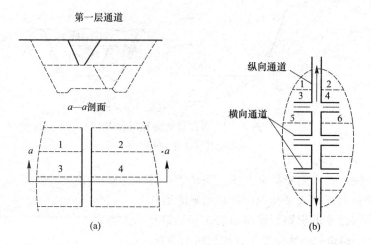

图 3-3-7 混合式挖掘法

注:图中 1~6 表示开挖的顺序;箭头表示运土方向。

选择路堑挖掘方案,除需考虑地形条件、采用的机械等因素外,还需考虑土层的分布及利用。在路基开挖前,应做好现场伐树、除根等清理工作和排水工作,如需移挖作填时,还应将表土单独掘除,以满足路堤填筑的要求。

3. 土质路堑施工应注意的问题

(1)开挖前应对沿线土质进行检测。对可作为路基填料的土方,应分类开挖,分类使用;对非适用材料可作为弃方处理。

(2)土质路堑的边坡稳定极为重要。开挖时,无论工程数量和开挖深度大小,均应自上而下进行,不得乱挖、超挖,严禁掏底开挖。

(3)路基开挖中,如需修改设计边坡坡度等时,应及时按规定报批。边坡上的孤石应保留。

(4)在开挖过程中,应采取措施保证边坡稳定。开挖至边坡线前,应预留一定宽度,预留的宽度应保证刷坡过程中设计边坡线外的土层不受扰动。

(5)开挖至零填、路堑路床部分后,应尽快进行路床施工;如不能及时进行,宜在路床设计高程以上预留至少 30 cm 厚的保护层。

(6)挖方路基施工高程应考虑压实的下沉值,绝不能将路基的施工高程与路基的设计高程混同,造成超挖或少挖。下沉值应通过试验确定。

(7)应采取临时排水设施,确保施工作业面不积水。

(8)路床土含水率高或为含水层时,应采取设置渗沟、换填、改良土质等处理措施,路床填料除应符合一般规定外,还应具备良好的透水性能。

(9)路堑挖出的土方,除利用外,多余土方应按设计的弃土堆进行废弃,不得妨碍路基的排水和路堑边坡的稳定。同时,弃土应尽可能用于改土造田、美化环境。

(10)为了保证土质路堑边坡的稳定,应及时设置必要的支挡工程。开挖时,应自上而下逐层进行,防止边坡塌方。在地质不良地段应分段开挖,分段设置支挡工程。

二、石质路堑施工

1. 石质路堑的开挖方式

在路基工程中,当路线通过山区、丘陵及傍山沿溪地段时,往往会遇到集中的或分散的岩石区域,这时必须进行石方的破碎、挖掘作业。石方开挖应根据岩石的类别、风化程度、岩层产状、岩体断裂构造、施工环境等因素综合确定开挖方案。采用何种开挖方式加快施工进度,是石质路堑开挖的重要问题。岩土的破碎开挖方法主要有两种:即松土机械作业法和爆破作业法。

微课:石质挖方路基

松土机械作业法是利用大型、整体式松土器耙松岩土后由铲运机械装运。对于软石和强风化的岩石,能用机械直接开挖的均应采用松土机械开挖,也可以采用人工开挖。其特点是作业过程比较简单,具有较高的作用效率。

(1)松土机械施工作业。高等级公路施工中常用的松土机械是带松土器的推土机,如图 3-3-8 所示。用松土器进行岩石的破碎开挖,宜选用单齿式松土器(图 3-3-9),其贯入深度应尽可能大,但推土机必须有足够的牵引力,以免履带打滑。其生产率除与自身的功率大小有关外,还与岩石的可松性有关,若松动较为困难,则一般需经预裂爆破后方可进行松土器施工作业。

图 3-3-8 多齿式松土器

图 3-3-9 单齿式松土器

根据作业条件,松土机械施工作业可采取以下几种方法:

1)交叉松土。即以选定的间隔在互相垂直的方向上进行作业,在岩石破碎成沟状,而其余部分未被破碎时,采用这种方法较为有效。其缺点是松土后的地面粗糙而不规则,因而降低了机械的工作效率。

2)串联松土。即用一台推土机助推的方法,用于较硬岩石的破碎,且成本有所增加,但行之有效,如果工效能提高 3~4 倍,则施工的成本反而会降低。

3)预裂爆破后松土。对特别坚硬的岩石进行预裂爆破(如松动爆破、静态爆破)后,再用松土器作业,比单纯爆破工效高,施工成本也低。

(2)爆破施工作业。石方路堑开挖最有效的方法就是爆破,爆破作业法是利用炸药爆炸时所产生的热和高压,使岩石或周围的介质受到破坏或移位。其特点是可以大大提高工效,缩短工期,节约劳动力,提高公路的运营质量。

1)影响爆破效果的因素。影响爆破效果的因素很多,主要有炸药的性能、地形和地质条件等。

①炸药的威力。炸药的威力主要指炸药的爆炸威力和粉碎力。一般在坚石中,宜用粉碎力大的炸药,如 TNT、胶质炸药等;在次坚石、软石、裂缝大而多的岩石中,宜采用爆炸力较大而粉碎力较小的炸药,如硝铵类炸药。

②炸药的用量。炸药用量的多少,直接影响爆破效果。药量少,达不到预期效果;药量多,

不但浪费，还会使爆破振动力增大，裂缝增多、增大，甚至会造成边坡坍塌，危害路基边坡的稳定与施工的安全。因此，药量的多少，须根据具体条件和爆破目的来决定。

③地形条件。地形不同，其爆破的特征及效果也不同。地形越陡，爆破方量越多，炸药用量就越省。炮眼的临空面数目对爆破效果的影响也很大。临空面越多，爆破效果就越好；反之，则爆破效果较差。

微课：路基爆破施工技术

④地质条件。当岩石的密度大、强度高、整体性好时，单位耗药量较高，但对爆破后的边坡稳定有利，宜采用大爆破；反之，岩石的密度小、力学强度低、节理、层理发达时，单位耗药量低，不宜采用大爆破。

2) 石质路堑爆破施工方法。开挖岩石路基所采用的爆破方法，要根据石方的集中程度、地质、地形条件及路基断面形式等具体情况而定，一般可分为小炮和洞室炮两大类。小炮主要包括钢钎炮、深孔爆破等钻孔爆破，洞室炮主要包括药壶炮和猫洞炮等。

①钢钎炮。钢钎炮通常指炮眼直径和深度分别小于 70 mm 和 5 m 的爆破方法。这种方法操作简单，对边坡的振动损害小，耗药量少，机动灵活。因此，它是一种不可缺少的炮型。钢钎炮常用于土石方分散而小的工作以及整修边坡、开挖边沟、炸孤石等，也常用此法改变地形，为其他炮型服务。

炮眼位置应选择在临空面多的地方。炮眼方向与岩石的节理和裂缝相垂直，不可避免时则炮眼应距裂缝有一定距离，如图 3-3-10 所示，否则爆炸气体将会沿裂缝逸散，降低爆破效果。只有一面临空时，炮眼方向与临空斜交成 30°～60°夹角。

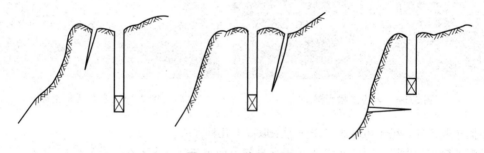

图 3-3-10 炮眼布置图

②深孔爆破。深孔爆破是孔径大于 75 mm、深度在 5 m 以上，采用延长药包的一种爆破方法。炮孔需用大型的潜孔凿岩机或穿孔机钻孔，如用挖掘机清方可以实现石方施工的全面机械化。深孔爆破劳动生产率高，一次爆破的方量多，施工进度快，爆破时对路基边坡影响小，爆破时比较安全，是大量石方(1 万 m³ 以上)快速施工的发展方向之一。

③药壶炮。药壶炮是指在深 2.5～3.0 m 及以上的炮眼底部用小量炸药经一次或多次烘膛，使底部扩大成葫芦形，将炸药集中装入药壶中进行爆破，以提高爆破效果的一种炮型，如图 3-3-11 所示。它适用于结构均匀致密的硬土、次坚石和坚石。

所选择的炮位应与阶梯高度相适应，遇高阶梯时，宜用分层分排的群炮。炮眼深度一般以 5～7 m 为宜。为避免超爆，药壶距边坡应留有一定间隙。

④猫洞炮。猫洞炮是指炮洞直径为 0.2～0.5 m，洞穴呈水平或略有倾斜，深度小于 5 m，用集中药包在炮洞中进行爆炸的一种方法，如图 3-3-12 所示。其特点是充分利用岩体本身的崩塌作用，能用较浅的炮眼爆破较高的岩体。其最佳使用条件是等级为Ⅸ级以下的岩石，最好是Ⅴ～Ⅶ级；阶梯度最小应大于眼深的两倍，自然地面坡度不小于 50°，最好为 70°左右。阶梯高度大于 4 m，在有裂缝的软石、坚石中采用这种爆破方法，可以获得较好的爆破效果。

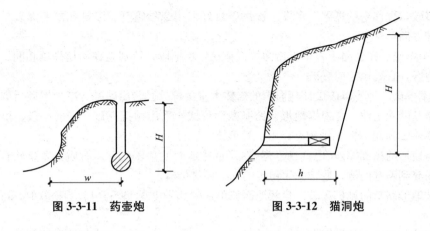

图 3-3-11　药壶炮　　　　　图 3-3-12　猫洞炮

2. 石质路堑常用的爆破技术

(1)光面爆破。光面爆破是在开挖限界的周边适当排列一定间隔的炮孔,在有侧向临空面的情况下,通过控制抵抗线和药量的方法进行爆破,使之形成一个光滑平整的边坡,如图 3-3-13 所示。

图 3-3-13　光面爆破

(2)预裂爆破。预裂爆破是在开挖限界处按适当间隔排列炮孔,在没有侧向临空面和最小抵抗线的情况下,用控制药量的方法预先炸出一条裂缝,使拟爆体与山体分开,作为隔振减振带,起保护和减弱开挖限界以外山体或减弱建筑物的地震破坏作用。半壁路堑预裂爆破的炮孔布置如图 3-3-14 所示。

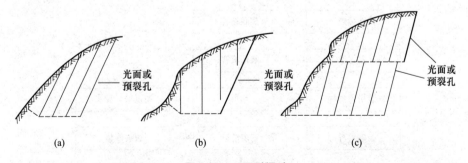

图 3-3-14　预裂爆破
(a)半壁路堑倾斜孔；(b)半壁路堑垂直孔；(c)半壁路堑分层布孔

(3)微差爆破。两相邻药包或前后排药包以毫秒的时间间隔(一般为 15~75 ms)依次起爆,称为微差爆破,也称毫秒爆破。多发一次爆破最好采用毫秒雷管。多排孔微差爆破是浅孔深孔爆破发展的方向。

(4)定向爆破。在公路工程中以借为填或移挖作填地段,特别是在深挖高填相间、工程量大的鸡爪形地区,宜采用定向爆破。

(5)硐室爆破。为使爆破设计断面内的岩体大量抛掷(抛坍)出路基,减少爆破后的清方工作量,保证路基的稳定性,可根据地形和路基断面形式,采用抛掷爆破、定向爆破、松动爆破方法,如图 3-3-15 所示。抛掷爆破有以下三种形式。

1)平坦地形的抛掷爆破(也称扬弃爆破)。自然地面坡角 $\alpha<15°$,石质大多是软石时,为使石方大量扬弃到路基两侧,通常采用稳定的加强抛掷爆破。

2)斜坡地形路堑的抛掷爆破。自然地面坡角 α 在 $15°\sim50°$,岩石也较为松软时,可采用抛掷爆破。

3)斜坡地形半路堑的抛坍爆破。自然地面坡度 $\alpha>30°$,地形地质条件均较复杂,临空面大时,宜采用这种爆破方法。

图 3-3-15　路堑石方硐室爆破

3. 石质路堑爆破的施工作业程序

石质路堑爆破的施工工艺流程,如图 3-3-16 所示。

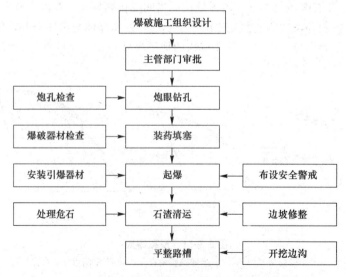

图 3-3-16　石质路堑爆破的施工工艺流程

爆破作业必须符合《爆破安全规程》(GB 6722—2014)的规定。石质路堑不宜超挖、超爆。爆破开挖石方，宜按以下程序进行：

(1)爆破影响调查与评估。采用爆破法开挖石方，应先查明空中缆线、地下管线的位置，以及开挖边界外可能受爆破影响的建筑物的结构类型、居民居住情况等，然后制定详细的爆破技术安全方案。

(2)爆破施工组织设计。对达到一定规模的、危险性较大的分部分项工程应编制专项施工方案，并附安全验算结果，经企业技术负责人、总监理工程师签字后实施，由专职安全生产管理人员进行现场监督。

(3)培训考核、技术交底。爆破作业必须由经过专业培训并取得爆破证书的专业人员实施。

(4)主管部门的审批。爆破施工组织设计应按相关规定分别报送当地公安部门、主管部门和监理工程师审批。

(5)钻孔前的准备工作。在进行整体爆破作业时宜采用"梅花形"或"方格型"布置孔位，按岩石的性质控制好间距和排距。在钻孔前，根据施工现场的实际情况绘制爆破作业平面图，设置安全警戒线(图 3-3-17)，并进行爆破作业安全技术交底，做好交底记录。钻孔工作应由具有一定经验的风钻工进行，风钻工要在地面上准确地放出炮孔的位置，标明孔号、孔深和装药量。

(6)钻孔作业。钻孔时，风钻工要做好防尘、防噪声和自我劳动保护工作。

图 3-3-17　爆破警戒区

(7)爆破器材的检查与测试。

(8)炮孔检查合格。

(9)装药、安装引爆器材。装药、安装引爆器材的时间应尽可能短，以避免炸药受潮。装药时必须用木棒把炸药轻轻压入炮眼，严禁使用金属棒。装药应自上而下、自里向外逐层码砌平稳、密实。不得在雨雪、大风、雷电、浓雾天气及黑夜中进行装药。

(10)引爆前炮眼的检查。

(11)布设安全警戒岗。在未发出解除信号前，负责警戒的岗哨应坚守岗位，除爆破工作负责人批准的检查人员外，其他人员不准进入危险区。

(12)堵塞炮眼。堵塞炮眼的材料尽可能就地取材，一般可用干砂、滑石粉、黏土和碎石等。炮眼要求堵塞密实、不漏气。

(13)撤至安全警戒区。根据《爆破安全规程》(GB 6722—2014)中的有关规定，露天爆破安全距离不得小于 200 m，并按计算的个别飞石安全距离布置警戒线。待全体员工撤至安全警戒区，确定四周安全后，方可进行爆破。

(14)爆破作业信号的发布及作业。装药、堵塞炮眼后，由专业人员连线，经专职技术人员检验合格后，在爆破负责人的统一指挥下进行爆破作业。

(15)清除盲炮。通过引爆而未能爆炸的药包称为盲炮。爆破后如留有盲炮，应由原施工人员采取安全措施加以排除。

(16)解除警戒。爆破 20 min 后,才可进入炮区检查,确定无危险后解除警戒信号。

(17)测定、检查爆破效果。测定、检查爆破效果包括飞石、地震及对施爆区内的构筑物的损伤和损失等。

(18)清方。清渣撬石工作应严格按照操作规程进行。首先将松动、碎裂的岩石自上而下地撬落,以免其坍塌伤人砸物。若炸落的岩石体积很大,可集中于挖方区进行二次爆破。可用钢钎炮或裸露药包法进行二次爆破。

任务四　轻质填料路基施工

学习目标

(1)了解用于路堤的轻质填料种类和材料性质。
(2)熟悉粉煤灰路堤的施工技术特点。
(3)熟悉膨胀性聚苯乙烯泡沫(EPS)路堤施工特点。
(4)熟悉泡沫轻质土路堤施工特点。
(5)能够在现场组织施工。

任务描述

利用××在建公路的路基施工案例、多媒体教学资源,通过教师讲解,学生能够掌握其他几种路堤的施工方法及施工要点,并能组织施工。

学习引导

本工作任务沿以下脉络进行学习:

相关知识

轻质材料可用作减少路堤重度或土压力的路堤填料,其应用范围包括软土地基上路堤、桥涵与挡土墙构筑物台(墙)背路堤、拓宽路堤、修复沉陷或失稳路堤等,但不宜用于洪水淹没地段。

轻质填料路堤一般有粉煤灰路堤、土工塑料泡沫(EPS)路堤和泡沫轻质土路堤等。粉煤灰路堤就是利用电厂的废料填筑的路堤,粉煤灰是一种轻质填料,能减少路堤沉降、提高路堤的承载力及稳定性。

微课:轻质填料路基施工

一、粉煤灰路堤施工

粉煤灰又称为烟灰,其外观为灰白色的粉末,是从煤燃烧后的烟气中收集的细灰,如

图 3-4-1 所示，主要是燃煤电厂排出的固体废料，主要成分为 SiO_2、Al_2O_3、Fe_2O_3、CaO 等氧化物。随着电力工业的发展，燃煤电厂的粉煤灰排放量逐年增加，已成为当前排量较大的工业废渣之一。

1. 粉煤灰路堤的结构

粉煤灰路堤一般由路堤主体部分、护坡、封顶层（黏土或其他材料）、包边土、隔离层和排水系统组成，如图 3-4-2 所示。

图 3-4-1 粉煤灰

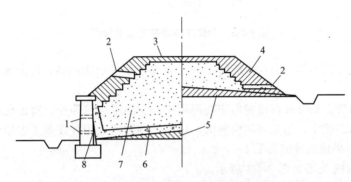

图 3-4-2 粉煤灰路堤结构示意图
1—泄水孔；2—盲沟；3—封顶层；4—土质护坡；
5—土质路拱；6—粒料隔离层；7—粉煤灰；8—反滤层

2. 粉煤灰路堤的材料要求

(1) 粉煤灰。用于高速公路、一级公路路堤的粉煤灰，烧失量宜小于 20%；烧失量超过标准的粉煤灰应做对比试验，经分析论证后采用。粉煤灰的粒径宜为 0.001～1.180 mm，小于 0.075 mm 的颗粒含量宜大于 45%。粉煤灰中不得含团块、腐殖质及其他杂质。

(2) 包边土。包边土和封顶层的填料宜采用塑性指数不小于 12 的黏性土。隔离层和土质护坡中的盲沟所用的砂砾料、矿渣料等的最大粒径小于 75 mm，4.75 mm 以下的细料含量应小于 50%，含泥量应小于 5%。

3. 粉煤灰路堤的施工要求

(1) 粉煤灰路堤施工工艺流程。粉煤灰路堤施工工艺流程如图 3-4-3 所示。

粉煤灰路堤与土质路堤的施工方法类似，仅增加了包边土摊铺和设置边坡盲沟等工序。包边土的宽度不宜小于 2 m。

路堤施工质量的优劣，尤其是压实度是否满足要求，主要取决于摊铺厚度、含水率控制、压实机械的种类与碾压遍数。

(2) 粉煤灰路堤的施工要求。

1) 粉煤灰的储运。储运场应排水通畅，地面应硬化。大的储灰场设置雨水沉淀池。堆场应安装洒水设备，防止干灰飞扬。粉煤灰运输、装卸、堆放，应采取有效措施防止扬尘、流失与污染环境。

粉煤灰的含水率宜在储灰场或灰池中调节适宜，尽量减少现场的洒水工作量，过湿的粉煤

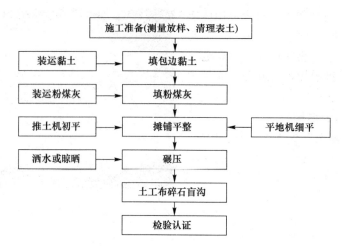

图 3-4-3 粉煤灰路堤施工工艺流程

灰应堆高沥干，过干的粉煤灰应在摊铺前 2~3 d 在储灰场中洒水闷料，使出场前的含水率略高于最佳含水率。

2）粉煤灰的摊铺。粉煤灰在摊铺前应在路堤中心、路堤边缘等处设置松铺厚度控制桩。其松铺系数应通过试验确定，当无实测资料时，可按下列数值选用并在施工中给予调整。推土机摊铺为 1.2~1.3，平地机摊铺为 1.1~1.2。

粉煤灰路堤摊铺现场如图 3-4-4 所示，摊铺长度应按运灰的速度、摊铺机械、压实机具的数量和天气情况而定，以当天摊铺、当天碾压结束为原则，以免水分蒸发或遇水冲刷。在施工过程中，应及时洒水，防止干灰飞扬。

粉煤灰路堤一般采用水平分层填筑法施工。分段作业时，先填地段应按 1:1 的坡度分层留 1~2 m 的台阶，使每一压实层相互交叠衔接，搭接长度宜大于 1.5 m，相

图 3-4-4 粉煤灰的摊铺

邻作业段接头范围内的压实度应达到规定要求。摊铺时应做好不小于 3% 的路堤横坡，以利于横向排水。

3）包边土的摊铺。包边土的摊铺应与粉煤灰填筑同步进行。上包边土时，应设专人指挥倒土，以使卸土数量与预计土量一致。包边土上齐后先用推土机平整，然后用平地机精平使其厚度均匀，保证宽度、边线整齐，如遇局部不整齐，则可配以人工修整。

4）护坡的摊铺。护坡的摊铺宽度应稍宽于设计宽度，以保证削坡后的净宽度满足设计要求。同时应按设计要求做好排水盲沟，底层盲沟的高程应避免地表水倒灌。排水盲沟应按设计要求在两侧的黏土护坡处，按 10 m 的水平间距设置 40 cm×50 cm 的砂砾排水盲沟，盲沟用 2~4 cm 的碎石填芯，渗水土工布包裹做反滤层，盲沟底的高程与粉煤灰底层的高度应一致，盲沟的纵坡度应为 3%。

5）粉煤灰的碾压。粉煤灰的路床碾压如图 3-4-5 所示，达到规定要求。粉煤灰在摊铺后必须及时碾压，做到当天摊铺，当天碾压完毕。压实厚度应根据压实机械的种类和压实功的大小而定。一般 20~30 t 的中型振动压路机，每层压实厚度应不大于 20 cm；中型振动羊足碾或

40~50 t 的重型压路机，每层压实厚度应不大于 30 cm。碾压应遵循先轻后重、先两边后中间及由低到高的原则。

对推铺的灰层应先用 20 t 以上的振动压路机碾压 4 遍之后，再用振动压路机静压 1~2 遍。碾压速度稳压时控制为 1.5~1.7 km/h，振压时控制为 2.0~2.5 km/h。碾压速度不宜过快，碾压时应错轮 1/3，两轮应重叠 30 cm 左右。

图 3-4-5 粉煤灰的路床碾压

粉煤灰路堤的施工温度必须控制在 0 ℃以上，以防止粉煤灰含有大量冰晶影响压实质量。粉煤灰碾压结束后，通常用环刀法或灌砂法进行压实度检测，达到规定要求后才可进行下一层的填筑施工。粉煤灰的压实度离散性大，压实标准通过现场试验路段确定，并符合表 3-4-1 的规定。

表 3-4-1 粉煤灰路堤压实度标准

填料应用部位	压实度/%	
	高速、一级公路	二级及二级以下公路
下路床	—	≥92
上路堤	≥92	≥90
下路堤	≥90	≥88

注：表列压实度以现行《公路土工试验规程》(JTG E40—2007)重型击实试验法为准。

6) 养护与封层。在已达到要求压实度的灰层上铺筑上一层时，自卸汽车不得在已成型的灰面上进行掉头、高速行驶和紧急制动等操作，以免造成压实层松散。若不能立即铺筑上一层，则应禁止和限制车辆行驶并适量洒水润湿，以防止表层干燥松散；若较长时间不能施工，则应进行表层覆土封闭，并做好路拱，以利于排水。对达到路槽高程的封层部位应及时采用黏性土、石灰土等或按设计要求加铺垫层材料，进行封层处理。

二、土工塑料泡沫路堤施工

土工塑料泡沫，即聚苯乙烯泡沫（简称 EPS），是一种轻型高分子聚合物，它是采用聚苯乙烯树脂加入发泡剂，同时加热进行软化，产生气体，形成一种硬质闭孔结构的泡沫塑料，如图 3-4-6 所示。这种均匀封闭的空腔结构使 EPS 具有吸水性小、保温性好、质量小及较高的机械强度等特点。

1. EPS 路堤的结构

EPS 是一种新型材料，为长方体，整体强度大，抗压，可代替土石方填筑路堤。EPS 的标准尺寸为 2 m×1 m×0.5 m，密度为 10~35 kg/m³，抗压强度为 39.2~392 kPa，透水性低。施工时不需要像土质路堤那样放坡，但需要在两侧施作护坡或挡土墙，在 EPS 顶面现浇混凝土板，

图 3-4-6 土工塑料泡沫板

上面再铺筑路面,如图 3-4-7 所示。EPS 路堤施工简单、速度快、效果好,能有效减轻软基沉降。

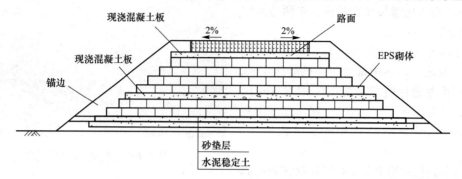

图 3-4-7　EPS 路堤结构示意图

2. EPS 路堤的施工要点

(1)清除原地面上的杂草、建筑垃圾等,整平、压实表面,要求压实度不小于 87%,并开挖 80~100 cm 深的水沟排干地表积水。

(2)确定 EPS 施工基面高程,要求施工基面高程大于地下正常水位 50 cm。

(3)回填石灰土至 EPS 施工基面以下 10 cm,其压实度应不小于 90%。

(4)施工基面应铺设砂垫层,起整平和排水作用。在铺设垫层时,应从路基横断面的两侧向中间铺设,厚度应满足设计要求,并做到均匀一致、表面平整。垫层宽度应宽出路基两侧坡脚线 0.5~1.0 m。

(5)EPS 包边土的施工。在 EPS 块体的两边应设置包边土,土层宽度应为 1.5~2.5 m,设计坡度应为 1∶1.5,填料应为 6% 的石灰土。包边土必须分层填筑、分层压实。为保证路基内部排水通畅,在每层 EPS 底面于包边土内每隔 5 m 横向施作一道盲沟。

(6)EPS 的铺筑。在铺筑 EPS 块体前,施工基面应保持干燥,并铺设 10 cm 厚干拌水泥砂浆,切忌铺筑砂浆段过长。EPS 应自下而上逐层错缝铺筑,块体之间的缝隙应不大于 20 cm、错台应不大于 10 mm。块体间的缝隙或错台最下层由砂浆垫层来调整,中间各层缝隙则采用无收缩水泥砂浆充分填塞。为防止 EPS 块体之间发生错位,同一层块体侧面的连接和不同层块体之间的连接应牢固,连接件应经过防锈处理。

(7)混凝土盖板浇筑。在最上层 EPS 块体完成后,应现浇一层 15 cm 厚的 C30 钢筋混凝土盖板,作为路面施工的基面。当混凝土板达到设计强度的 70% 时,在其上覆盖厚度为 80 cm 的黏土做等载预压,待连续三个月每月沉降不大于 0.5 cm 时,视为该段路基稳定,可以开始路面工程的施工。

(8)沉降观测。沉降观测的主要内容包括:观测并控制施工过程中 EPS 路堤的变化(水平和垂直方向)和 EPS 路堤的稳定;观测道路运行后 EPS 路堤的长期稳定性。

三、泡沫轻质土路堤施工

泡沫轻质土是采用物理方法将发泡剂制备成泡沫,再将泡沫按特定比例混入到搅拌均匀的由水泥浆料及外加剂或细集料组成的混合料浆中,浇筑成型,养护固结而形成的一种含有大量均匀封闭微气孔的轻质固态材料,又称为气泡混合轻质土、泡沫混凝土和现浇泡沫轻质土等。图 3-4-8 所示为泡沫轻质土路堤。

1. 泡沫轻质土作为路堤填料的要求

(1)泡沫轻质土无侧限抗压强度应满足设计要求,设计未规定应符合表 3-4-2 的要求。

(2)泡沫轻质土施工湿密度要求：施工最小湿密度不小于 5.0 kN/m³，施工最大湿密度不大于 11.0 kN/m³。

(3)泡沫轻质土施工流动度宜为 170~190 mm。特重、极重交通高速公路及一级公路路床部位的泡沫轻质土配合比宜采用掺砂配合比，流动度宜为 150~170 mm，且砂与水泥的质量比宜控制在 0.5~2.0。

(4)泡沫轻质土原材料要求：水泥应符合《通用硅酸盐水泥》(GB 175—2007)的规定，强度等级宜为 42.5 级；水、泡沫剂、外加剂和掺合料等均应满足相关规范要求。

图 3-4-8　泡沫轻质土路堤

表 3-4-2　泡沫轻质土无侧限抗压强度

路基部位		无侧限抗压强度/MPa	
		高速公路、一级公路	二级及二级以下公路
路床	轻、中及重交通	≥0.8	≥0.6
	特重、极重交通	≥1.0	
上路堤、下路堤		≥0.6	≥0.5
地基置换		≥0.4	

2. 泡沫轻质土路堤的施工要点

(1)泡沫轻质土路堤地基应按设计高程和尺寸进行开挖、清理、整平、压实，设置排水沟或其他排水设施。当在地下水水位以下浇筑时，应有降水措施，不得在基底有水的状态下进行浇筑。

(2)泡沫轻质土路堤施工前，应将路基划分为面积不大于 400 m²、长轴不超过 30 m 的浇筑区，每个浇筑区单层浇筑厚度宜为 0.3~1.0 m。轻质土路堤每隔 10~15 m 应设置一道变形缝。

(3)泡沫宜采用压缩空气与发泡剂水溶液混合的方式生产，不得采用搅拌发泡法生产泡沫。

(4)原材料配合比计量应采用电子计量，泡沫剂、水泥、水、外加剂和外掺料计量精度均为 ±2%。

(5)用于制备泡沫轻质土的料浆在储料装置中的停滞时间不宜超过 1.5 h。

(6)泡沫轻质土应在出料软管的前端直接浇筑，出料口宜埋入泡沫轻质土中。

(7)单个浇筑区浇筑层的浇筑时间不得超过水泥浆的初凝时间。上、下相邻两层浇筑间隔时间不宜少于 8 h。

(8)泡沫轻质土不得在雨天施工。已施工尚未硬化的轻质土，在雨天应采取遮雨措施。

(9)泡沫轻质土浇筑至设计厚度后，应覆盖塑料膜或无纺土工布进行保湿养护，养护时间不宜少于 7 d。

(10)不宜在气温低于 5 ℃ 时浇筑，否则应采取保温措施。

(11)泡沫轻质土顶层铺筑过渡层之前不得直接在填筑表面进行机械或车辆作业。

(12)旧路加宽老路堤与泡沫轻质土交界的坡面，清理厚度不宜小于 0.3 m，从老路坡脚向上按设计要求挖台阶。土体台阶必须密实、无松散物。泡沫轻质土浇筑应采用分层分块方式，不宜给公路横向分块浇筑。纵向填挖结合段应合理设置台阶。

(13)泡沫轻质土应在固化后 28 d 进行无侧限抗压强度和密度检测。抗压强度和密度应按《公路工程水泥及水泥混凝土试验规程》(JTG E30—2005)进行检测,并满足设计要求。泡沫轻质土路基路床强度应符合表3-4-2的规定,对CBR值、弯沉值可不作要求。

任务五　路基拓宽改建施工

学习目标

(1)熟悉路基拓宽的基本概念。
(2)熟悉路基拓宽改建的施工工序及施工要点。
(3)理解新路基与旧路基衔接的处治措施。

任务描述

利用××在建公路的路基施工案例、多媒体教学资源,通过教师讲解,学生能够熟悉路基拓宽改建的施工方法及施工要点,能够在现场组织施工。

学习引导

本工作任务沿以下脉络进行学习:

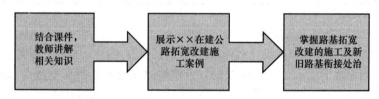

相关知识

公路路基拓宽改建,应根据公路沿线的地形和地质特点、既有路基现状及拓宽后的交通组成,综合比较确定既有路基利用与拓宽衔接方案。

要特别注意新旧路基间的不均匀沉降及新路基的塑性累积变形对路面结构的影响,应采取合理的工程措施,保证拓宽改建路基的强度和稳定性。

一、路基拓宽改建方案

公路改建、扩建是指在现有公路的基础上,为提高技术等级、通行能力或改善技术指标而进行的公路建设工程。

微课:路基拓宽改建施工

1. 路基拓宽改建方案

路基的拓宽改建应根据公路等级、技术标准,结合当地地形、地质、水文填挖情况选择适宜的路基断面形式。

路基拓宽改建方案有单侧加宽方案、两侧加宽方案和混合加宽方案三种。

(1)单侧加宽方案。当原有公路的一侧受建筑物限制时,从另一侧对原有公路进行拓宽。其优点为:能充分利用地形,拆迁量小;路基单侧的排水防护设施可继续保留使用;新旧路基差异沉降不显著;施工干扰较小,原路可继续维持交通。缺点主要是:平面线形需要重新拟合,需要拆原有中央分隔带,原有的中央分隔带用作行车道,其内部原有的排水、通信管道、防撞护栏等设施需要拆除，新中央分隔带内的设施需要重建；新旧路幅横断面不能有效组合。

（2）两侧加宽方案。从两侧对原有公路进行拓宽，原有的中心线可留作加宽后公路的中心线。其优点为：可使路线按原有平面、纵面线形顺利通过；可大大减少征地和拆迁费用；中央分隔带及内部的排水、通信管道、防撞护栏等设施可充分利用，新旧路标横断面能有效组合，路拱坡度可继续使用，路面排水简单。缺点主要是：路基两侧的防护、排水沟、防撞护栏等设施需要拆除重建；施工对公路上的交通影响较大（两侧干扰）。

（3）混合加宽方案。混合加宽方案是单侧加宽方案和两侧加宽方案的组合形式。这种加宽方案由于几何线形发生扭曲，平面线形需重新拟合。

2. 路基拓宽方式

高速公路改扩建路基加宽有以下两种方式：

（1）拼接加宽。在原高速公路的路基一侧或两侧直接拼接，新旧路基之间不设分隔带，其分为单侧拼接加宽（图3-5-1）和双侧拼接加宽（图3-5-2）。

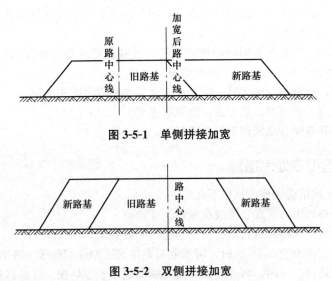

图 3-5-1　单侧拼接加宽

图 3-5-2　双侧拼接加宽

（2）分离加宽。在新旧路基之间设置分隔带或将新旧路基拉开一定的距离，使平面和纵面同时分离，以便跨越全部的互通和主要相交道路（图3-5-3）。分离加宽的优点是可以彻底消除拼接和施工期间的交通组织问题；缺点是多了两条中央分隔带和硬路肩，路基较宽，占地较大，工程造价高。

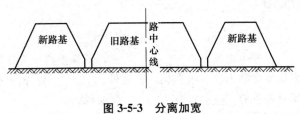

图 3-5-3　分离加宽

二、路基拓宽施工

1. 路基拓宽施工要点

路基拓宽施工应综合考虑地基处理、填料选择、边坡稳定和防护排水设施等，并与交通工程、路面排水系统相结合。

拓宽路基基底处理、路基填料的最小强度和压实度等应满足改建后相应等级公路的技术要求。

2. 路基拓宽施工注意事项

(1)应先拆除旧路路缘石、旧路肩、边坡防护、边沟及原有构造物的翼墙或护墙等。既有路堤的护脚挡土墙及抗滑桩可不拆除。

(2)施工前应截断流向拓宽作业区的水源,开挖临时排水沟。施工期间应在水流汇集的路肩外侧设置拦水带,根据水流情况在拓宽路基中合理设置临时急流槽与泄水孔。

(3)拓宽部分路堤的地基处理应按设计和规范的有关规定处理。

(4)旧路堤挖除的坡面厚度不宜小于 30 cm,从旧路堤坡脚向上按设计要求开挖成台阶,台阶宽度不小于1 m。当旧路堤高度小于 2 m 时,旧路堤坡面处理后,可直接填筑新路堤。严禁将坡面清理物作为新填料。

(5)当拓宽部分的路堤采用非透水性填料时,应在地基表面按设计铺设垫层,垫层材料一般为砂砾或碎石,含泥量不大于 5%。

(6)拓宽路堤填料,宜选用与旧路堤相同填料,或者选用水稳性较好的砂砾、碎石等填料。路床宜选用水稳定好的粗粒土或无机结合料稳定材料填筑。

(7)当不中断交通路基拓宽施工时,应采取交通管制和安全防护措施。

(8)拓宽施工不得污染环境、破坏或污染原有水系。

(9)宜在新、旧路基结合部铺设土工合成材料。

三、新旧路基衔接处治措施

新旧路基衔接处治措施主要包括以下几项:

(1)清除旧路肩边坡上的草皮、树根及腐殖土等杂物。

(2)将旧土路肩翻晒或掺灰重新碾压,使其达到质量要求。

(3)当加宽拼接宽度小于 0.75 m 时,可采取超宽填筑或翻挖旧路等工程措施。

(4)当路堤高度超过 3 m 时,可在新旧路基间横向铺设土工格栅,提高路基的整体性,减少不均匀沉降。

(5)旧路基与拓宽路基的路拱横坡度的工后增大值不应大于 0.5%。

思考与练习

一、填空题

1. 液限大于_____、塑性指数大于_____的土,不得直接作为路堤填料。
2. 常用的路基土方机械有松土机、推土机、铲运机、_____、挖土机及各种_____。
3. 土基的压实程度对路基的_____和_____影响极大。
4. 压实工具不同,压力传布的有效深度也不同,以夯击式最深,_____次之,_____最浅。
5. 土方路堤填筑至路床顶面最后一层的最小压实厚度不应小于_____。
6. 土质路堤每一压实层均应检测压实度,检验频率为每 1 000 m² 检验_____点。
7. 二级公路土质路堤上路床的压实度应不低于_____。
8. 填石路基的边坡坡度一般为_____。
9. 填石路堤的石料强度不应小于_____ MPa。

二、单项选择题

1. 可直接用作路堤填料的是（　　）。
   A. 石质土　　　　B. 粉质土　　　　C. 重黏土　　　　D. 电石渣

2. 对于原地基处理，下面说法不正确的是（　　）。
   A. 路基用地范围内的树木、灌木丛等均应在施工前砍伐或移植清理
   B. 原地面的坑、洞、墓穴等应用原地土或砂性土回填
   C. 当路堤填土高度小于路床厚度时，路床压实度不宜小于基底压实度标准
   D. 当路堤原地基的横坡坡度大于1∶5时，原地基应挖成台阶

3. 路堤填筑，当路堤基底的横坡坡度大于（　　）时，基底坡面应挖成台阶。
   A. 1∶0.5　　　　B. 1∶1.5　　　　C. 1∶5　　　　D. 1∶10

4. （　　）可以用作路基填料，但是由于黏性小，受水流冲刷和风蚀易损坏，故在使用时可以掺入黏性大的土改善质量。
   A. 煤渣　　　　B. 碎石土　　　　C. 黄土　　　　D. 砂土

5. 对于黏性土、粉性土和砂性土，当用作路基填料时，它们的优先次序为（　　）。
   A. 黏性土，粉性土，砂性土　　　　B. 黏性土，砂性土，粉性土
   C. 砂性土，黏性土，粉性土　　　　D. 粉性土，黏性土，砂性土

6. 路基填料的强度要求是按（　　）来确定的。
   A. 抗折强度　　　　B. 最小强度　　　　C. CBR值　　　　D. 抗弯拉强度

7. 路堤填筑时按照横断面全宽水平分层，逐层向上填筑，以下属于填筑常用方法的是（　　）。
   A. 横向填筑法　　　　B. 联合填筑法　　　　C. 水平分层填筑法　　　　D. 纵向分层填筑法

8. 土石路堤的填筑不能采用（　　）施工。
   A. 竖向填筑法　　　　B. 分层压实法　　　　C. 冲击压实法　　　　D. 强力夯实法

9. 一段较长的土质路堑纵向开挖，采用沿路堑全宽、以深度不大的纵向分层进行挖掘作业，这种作业方法称为（　　）。
   A. 分层纵挖法　　　　B. 通道纵挖法　　　　C. 分段纵挖法　　　　D. 混合开挖法

10. 土质路堑混合开挖法是指（　　）的混合使用。
    A. 多层横向全宽挖掘法和分层纵挖法　　　　B. 单层横向全宽挖掘法和分层纵挖法
    C. 多层横向全宽挖掘法和通道纵挖法　　　　D. 单层横向全宽挖掘法和分段纵挖法

11. 以下可作浸水部分路堤填料的是（　　）。
    A. 微风化砂岩　　　　B. 强风化石灰岩　　　　C. 粉质土　　　　D. 高岭土

12. 高速公路或一级公路，如土的强度较低时，应超挖（　　）cm，其他公路超挖30 cm，用粒料分层回填并按路床要求压实。
    A. 20　　　　B. 50　　　　C. 30　　　　D. 40

13. 土质路堑施工时，在清淤清表完成之后、路基土开挖之前应先施工（　　）。
    A. 边沟　　　　B. 渗沟　　　　C. 排水沟　　　　D. 截水沟

14. 填石路基压实度控制主要是依靠（　　）。
    A. 控制压实度　　　　B. 控制填土高度
    C. 控制两次压实的变形差　　　　D. 控制含水率

15. 土质路堤必须根据设计断面，分层填筑、压实。采用机械压实时，分层的最大松铺厚度，高速公路和一级公路不应超过（　　）cm。
    A. 20　　　　B. 30　　　　C. 40　　　　D. 50

16. 为保护开挖界限以外的山体，使拟爆体与山体分开，可采用的爆破方法是（　　）。
    A. 预裂爆破　　　　B. 光面爆破　　　　C. 微差爆破　　　　D. 硐室爆破
17. 关于填石路基填料的选择，下列说法正确的是（　　）。
    A. 当石料强度大于20 MPa时，石料的最大粒径不超过压实层厚度的2/3
    B. 当石料强度小于15 MPa时，石料最大粒径不超过压实层厚
    C. 高速公路和一级公路的路床顶面以下50 cm范围内，填料最大粒径不大于150 mm
    D. 二、三、四级公路的路床顶面以下50 cm范围内，填料最大粒径不大于20 cm

三、多项选择题

1. 路基的基本类型有（　　）。
    A. 挖方路基　　　　B. 填方路基　　　　C. 半填半挖路基　　D. 不填不挖路基
    E. 填石路基
2. 路基压实度的现场测定方法有（　　）。
    A. 重型击实法　　　B. 灌砂法　　　　　C. 核子仪法　　　　D. 环刀法
3. 关于采用不同性质的填料填筑路堤的正确要求有（　　）。
    A. 水平分层、分段填筑、分层压实
    B. 将不同性质的填料进行拌和，在同水平层路基全宽范围内混合填筑
    C. 强度较小的填料层应填筑在强度较大的填料层的下面
    D. 不得在透水性较好的填料所填筑的路堤边坡上覆盖透水性不好的填料
4. 在路基填筑施工中，摊铺作业使用的机械通常包括（　　）。
    A. 推土机　　　　　B. 平地机　　　　　C. 压路机　　　　　D. 摊铺机
5. 土质路堤填筑的施工技术有（　　）。
    A. 水平分层填筑法　B. 纵向分层填筑法　C. 竖向填筑法　　　D. 横向填筑法
6. 关于路堤填筑方式，下列说法正确的是（　　）。
    A. 填筑路堤宜按横断面全宽分成水平层次逐层向上填筑
    B. 原地面不平，填筑路堤时应由低处分层填起
    C. 山坡路堤地面横坡陡于1：5时，原地面应挖成台阶
    D. 若填方分成几个作业段施工，且两段交接处不在同一时间填筑，则先填地段应按1：1坡度分层留台阶
    E. 若填方分成几个作业段施工，两段交接处，若两个地段同时填，则应分层相互交叠衔接，其搭接长度不得小于1 m
7. 土质路堑的横向挖掘既可采用人工作业，也可采用机械作业，具体方法有（　　）。
    A. 单层横向全宽挖掘法　　　　　　　B. 分层纵挖法
    C. 多层横向全宽挖掘法　　　　　　　D. 分段纵挖法
8. 当路堤原地基的横坡坡度大于1：5时，要求（　　）。
    A. 原地基应挖成台阶　　　　　　　　B. 台阶宽度不小于2 m并予以夯实
    C. 原地基应削坡，以放缓边坡　　　　D. 原地面铺透水性好的材料
9. 下列属于洞室炮的有（　　）。
    A. 药壶炮　　　　　B. 钢钎炮　　　　　C. 猫洞炮　　　　　D. 深孔爆破

四、简答题

1. 路基的填筑方法有哪些？各自的适用范围是什么？
2. 简述土质路堤的压实机理及其意义，以及影响路堤压实效果的因素和压实评价指标。
3. 路堤填筑"四个作业区段、八道工艺流程"各指什么？

4. 填石路堤的施工技术要点有哪些？
5. 土石路堤的施工技术要点有哪些？
6. 土质路堑的开挖方式有哪些？各自的适用范围是什么？
7. 土质路堑开挖的施工技术包括哪些？
8. 什么是最佳含水率和最大干密度？
9. 如何进行碾压工序控制？
10. 路基常用的爆破方法有哪些？各自的适用性是什么？
11. 试述粉煤灰路堤的特点。
12. 简述 EPS 路堤的施工工艺流程。
13. 简述泡沫轻质土路堤的施工要点。

学习情境四　路基排水工程施工

路基内水分过多,会降低土基的承载力。地下水会使路基软化,不但会降低土基强度,还会造成边坡坍塌,严重时还会造成整个路基滑塌,严重影响公路的运营和使用。

为了保证路基及边坡的坚固和稳定,必须设置必要的排水设施,同沿线的桥梁和涵洞形成一个完好的排水系统。

路基的水主要是大气降水,水渠、自然沟渠中的水及地下水,所以路基的排水设施也分为地表排水和地下排水。相对而言,地下排水较困难,因设计时不易发现问题,施工时不但要按设计认真施工,还要深入了解地下水可能造成的危害而加以防治。常有的路基地表排水设施主要包括边沟、截水沟、排水沟、涵洞等,地下排水设施主要包括暗沟(管)、渗沟、渗井等,如图 4-0-1 所示。

微课：路基排水概述

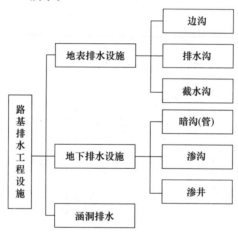

图 4-0-1　路基排水工程设施

任务一　地表排水

学习目标

(1)掌握边沟、排水沟、截水沟施工要点。
(2)掌握边沟、排水沟、截水沟施工的质量控制。

任务描述

利用××在建公路的路基排水案例、多媒体教学资源和教师的讲解,学生能掌握边沟、排水沟、截水沟施工要点及质量控制。

学习引导

本工作任务沿以下脉络进行学习：

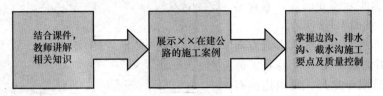

相关知识

排除地面水的各种设施应充分考虑多方面进入路基范围的水，包括因降雨、降雪以及从公路附近地区流向道路范围的水流，还包括路堑边坡排水和农田横跨道路的排水工程，并由此来确定排水设施的排水。地表排水设施主要有边沟、截水沟和排水沟等。

一、地表排水设施

1. 边沟

设置在挖方路基的路肩外侧或低路堤路基的坡脚外侧，用以汇集和排除路基范围内和流向路基的少量地面水的沟槽称为边沟（图 4-1-1）。挖方地段和填土高度小于边沟深度的填方地段均应设置边沟。边沟流水断面大小及深度应根据汇水面积大小来确定，断面形式由边沟出土的类别决定，土质边沟一般为梯形或三角形，石质边沟一般为矩形或梯形。梯形边沟的内侧边坡坡度一般为 1∶1～1∶1.5，外侧边坡坡度与路堑边坡坡度相同。当边沟外设碎落台时，外

图 4-1-1 边沟

侧边坡坡度与内侧边坡坡度相同。边沟的深度和宽度一般不小于 0.4 m，干旱地区和分水点采用 0.3 m，高速公路和一级公路的边沟断面应稍大，其深度和底宽可采用 0.8～1.0 m。

一般情况下，边沟不宜与其他沟渠合并使用。为控制边沟中的水不致过多，一般每隔 300～500 m（特殊情况 200 m）设排水涵一道，用以及时将边沟水排至路基范围之外。边坡的沟底纵坡与路线纵坡相同，且不宜小于 0.2%，以免水流阻滞淤塞边沟。当沟底纵坡大于 3‰时，应对边坡进行加固；当纵坡超过 6%时，水流速度大且冲刷严重，可采用跌水或急流槽的形式缓冲水流。另外，在设置超高的平曲线区段内，由于挖方地段路基内侧标高的改变，可能形成边沟积水，危害路基，因此，应注意使平曲线段边沟沟底与曲线前后沟底平顺衔接。

2. 排水沟

设置排水沟的目的在于将水流从路基排至路基范围以外的低洼处或排水设施中。在平原微丘区，当原有地面沟渠蜿蜒曲折，并且影响路基稳定时，可用排水沟来改善沟渠线路。有时为了减少涵洞数量，也使用排水沟来合并沟渠。

排水沟一般为梯形断面，底宽不小于 0.5 m；深度根据流量而定，但不宜小于 0.5 m；边坡

坡度视土质情况而异，一般可取 1∶1～1∶1.5；排水沟应尽量做成直线，如必须转弯时，其半径不宜小于 10～20 m；排水沟长度根据实际需要而定，通常不宜大于 500 m，如图 4-1-2 所示。

一般应使排水沟与原水道水流方向成锐角相交，并力求小于 45°，保证汇流处水流顺畅，若限于地形，锐角连接有困难，则可用圆弧线形连接。

3. 截水沟

截水沟是设置在挖方路基边坡坡顶以外或山坡路堤的上方，垂直于水流方向，用以截引路基上方流向路基的地面径流的

图 4-1-2　排水沟

排水设施。截水沟可以防止地表径流冲刷与侵蚀挖方边坡和路堤坡脚，并减轻边沟的泄水负担。

截水沟的断面形状一般多为梯形，底宽不应小于 0.5 m；深度应根据拦截的水流量确定，一般不宜小于 0.5 m；边坡坡度视土质而定，一般土质边坡坡度可取 1∶1～1∶1.5。

截水沟离路堑边坡坡顶的距离视土质不同而异，以不影响路堑边坡稳定为原则，一般取 $d>5$ m，在截水沟与路堑之间堆筑挡土台。

4. 跌水与急流槽

设置于需要排水的高差较大而距离较短或坡度陡峻的地段的阶梯形构筑物，称为跌水。其作用主要是降低流速和消减水的能量。急流槽是具有很陡坡度的水槽，其作用主要是在很短的距离内，水面落差很大的情况下进行排水。

一般在重丘、山岭地区，地形险峻，排水沟渠纵坡较陡，水流湍急，冲刷力强，为减小其流速，降低其能量，防止对路基造成危害，多采用跌水或急流槽。沟底纵坡较陡的桥涵，为使水流稳定而顺利地通过，也可将其涵底及涵洞进出水口做成跌水或急流槽。此外，若必须沿高边坡将水流排至坡脚，可将截水沟接向边沟，为避免边坡受到冲刷，以及需要减速消能的排水设施，均可采用跌水或急流槽。

从水利计算特点出发，跌水和急流槽的构造分为进水、槽身和出水三部分。

二、地表排水设施施工方法

1. 施工程序

（1）测量放线：利用设计单位提供的测量控制网，定出边沟中心和路面边缘的控制点位置，在该位置打上标有桩号的木桩并测出桩顶标高，作为边沟施工时的轴线。

（2）土方开挖：边沟和排水沟土方开挖采用反铲开挖，人工配合清理，利用自卸汽车运输，山坡截水沟挖基采取人工挖掘运送。

（3）砌筑：自制一批尺寸与设计相符的边沟钢筋或木质骨架大样，土方开挖后，将大样的中心与边沟轴线控制点对齐，下底放置在设计标高处，稳固后带上线，根据带线后的边沟大样断面进行片石砌筑。砌筑用的砂浆必须严格按照实验室提供的配合比进行配制。砌筑时片石间距一般控制在 1～2 cm，采用坐浆法（挤浆法）施工，使片石能被砂浆充分包裹。砌筑表面必须紧靠着所拉的线，以确保其表面平整。

微课：地表排水施工工序

2. 施工要点

(1)边沟的施工要点。

1)挖方地段和填土高度小于边沟深度的填方地段均应设置边沟。

2)平曲线处边沟施工时,沟底纵坡应与曲线前后沟底纵坡平顺衔接,不允许曲线内侧有积水或外溢现象发生。

3)认真做好边沟加固。

①土质地段的边沟纵坡大于3‰时应采取加固措施。

②采用浆砌片石加固时,砌缝砂浆应饱满,沟身不漏水。

4)在边沟与填方路基相邻处设置跌水或急流槽,将水流直接引至填方坡脚以外,以免冲刷边坡,影响路基稳定。

5)当边沟水流向涵洞进水口时,为避免边沟水流的冲刷,应根据地形条件在涵洞进口处设置窨井、跌水或急流槽等构造物,将水流引入涵洞。

6)当边沟水流向桥梁时,应在桥头翼墙或挡土墙之后设置跌水或急流槽,将水引入河道。

(2)排水沟的施工要点。

1)排水的线形应平顺,转弯处宜做成弧线形。

2)排水沟的出水口应设置跌水和急流槽将水流引出路基或排水系统。

排水沟如图4-1-3所示。

图4-1-3 排水沟

(3)截水沟的施工要点。

1)截水沟的边缘距挖方路基坡顶的距离视土质情况而定,以不影响路基边坡为原则。一般土质至少应距路堑顶边缘5 m,黄土地区不应小于10 m,并应采取防渗加固措施。

2)截水沟应按设计要求进行防渗及加固处理。地质不良地段、土质松软地段、渗水性大或裂隙较多地段,截水沟沟底、沟壁、出水口均应进行加固处理,以防止水流渗漏和冲刷。

3)截水沟长度超过500 m时,应选择适当的地点设出水口,将水引至沟中或涵洞流出。截水沟必须有牢固的出水口,必要时需设置跌水或急流槽。

截水沟如图4-1-4所示。

图4-1-4 截水沟

3. 质量控制

(1)砌体砂浆配合比准确,砌缝内砂浆均匀饱满,勾缝密实。

(2)浆砌片石工程咬扣紧密,嵌缝饱满、密实,勾凹缝保持自然流畅,缝宽大体一致且无通缝。

(3)排水设施施工时,注意衔接顺畅,做到沟底平整并有一定的坡度,以利于排水。

(4)砌体内侧及沟底应平顺,沟底不得有杂物。

(5)急流槽与消力池底应做成粗糙面,并按设计设置消力坎,以利于排水并起消力作用。

(6)无论何种形式的边沟、截水沟、排水沟相接,均应设置渐变段,使过渡自然平顺,渐变段长度视具体现场而定。

任务二 地下排水

学习目标

(1)掌握地下排水设施。
(2)掌握排水设计内容。

任务描述

利用××在建公路的涵洞施工案例、多媒体教学资源和教师的讲解,学生能够掌握地下排水设计内容。

学习引导

本工作任务沿以下脉络进行学习:

相关知识

当地下水影响路基稳定性或强度时,应根据地下水类型、含水层埋藏深度、地层的渗透性等条件及对环境的影响,采取拦截、引排、疏干、降低或隔离等措施,且地下排水设施应与地表排水设施相协调。

设置地下排水设施应进行工程地质和水文地质调查、勘探和测试,查明水文地质条件,获取有关水文地质参数。

地下排水设施形式可按下列原则确定:

(1)当地下水埋藏浅或无固定含水层时,可采用隔离层、排水垫层、暗沟和渗沟等。

微课:地下水排水工程

(2)当地下水埋藏较深或存在固定含水层时,可采用仰斜式排水孔、渗井、排水隧道等。若地下水或地面水流量较大,则应设置专用地下管道予以排除。

由于地下排水设施设置于地面以下,不易维修,建成后难以查明失效情况,因此在施工及质量检测过程中应严格按设计施工,并注重日常养护,以免结构失效而后患无穷。

一、排水垫层和隔离层的设计要求

(1)当黏质土地段地下水位埋深小于 0.5 m 或粉质土地段地下水位埋深小于 1.0 m 时,细粒土填筑的低路堤底部宜设置排水垫层或隔离层。

(2)排水垫层的厚度不应小于 0.3 m,垫层材料宜选用天然砂砾或中粗砂。当采用复合防排水板作为隔离层时,可不设排水垫层。

(3)隔离层可选用土工膜、复合土工膜、复合防排水板等土工合成材料,防渗材料的厚度、材质及类型应根据气候、地质条件确定,土工合成材料应符合现行《公路土工合成材料应用技术规范》(JTG/T D32—2012)的规定。

二、暗沟

暗沟是指设在地面以下引导水流的沟渠。暗沟和排水沟作用差不多,区别在于暗沟设置在地面以下。暗沟的主要作用是利用其透水性,将路基范围内的泉水或渗沟汇集的水流汇集到沟内,并沿沟排到指定的地点,截断和排除来自山坡路基的地下水,加强路基稳定。

三、渗沟

(1)渗沟的作用。渗沟是最常见的地下排水沟渠,如图4-2-1和图4-2-2所示。当路基土之中含水过多时,可以用渗沟来吸收汇集和排除地下水,降低地下水水位。也可以用渗沟来拦截流向路基的地下水,即采用渗透方式将地下水汇集于沟内,并通过沟底通道将水排到指定地点。渗沟的作用是降低水位或拦截地下水,汇集和拦截流向路基的地下水,并将其排除在路基范围之外,使路基上保持干燥,不因地下水产生病害。它的水利特性是稳流,但其构造与简易暗沟有所不同。

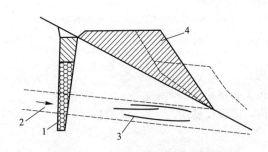

图4-2-1 一侧边沟下设渗沟示意
1—渗沟;2—中间层;3—毛细水;4—可能滑坡线

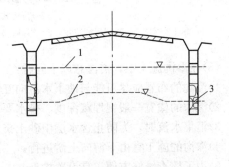

图4-2-2 两侧边沟下设渗沟示意
1—原地下水位线;2—降低后地下水位线;3—渗沟

(2)渗沟的分类及使用条件。渗沟由排水层、反滤层、封闭层组成。渗沟类型应根据地下水赋存条件、渗流量、使用部位及排水距离等选用,渗沟横断面尺寸应按地下水渗流量计算确定。根据构造的不同,渗沟可分为填石渗沟(盲沟)、管式渗沟和洞式渗沟三类,如图4-2-3所示。

1)填石渗沟(盲沟):可用于地下水流量不大、排水距离较短的地段,是常用的一种渗沟。盲沟通常为矩形或梯形,在盲沟的底部和中部用较大碎石或卵石填筑,中间用土工合成材料包裹有孔的硬塑管,管四周填以大于硬塑管孔径的等粒径碎、砾石,组成盲沟。在盲沟顶部作封闭层,用双层反铺草皮或其他材料(如土工合成的防渗材料)铺成,双层反铺草皮能起到封闭防水层的作用,并在其上夯填厚度不小于0.5 m的黏土防水层。

填石渗沟(盲沟)、无砂混凝土渗沟最小纵坡不宜小于1%,管式及洞式渗沟最小纵坡不宜小于0.5%。渗沟出水口应高出地表排水沟常水位0.2 m以上。渗沟纵向长度应不大于250~350 m,若渗沟过长,则加设横向泄水管,将纵向渗沟内的水流迅速地分段排除。

盲沟的埋置深度应满足渗水材料的顶部(封闭层以下)不得低于原有地下水水位的要求。当排除层间水时,盲沟底部应应埋于最下面的不透水层上。当采用土工织物作反滤层时,应先在底部及两侧沟壁铺好就位,并预留顶部覆盖所需的土工织物,并拉直平顺紧贴下垫层,所有纵向或横向的搭接缝应交替错开,搭接长度均不得小于300 mm。

2)洞式渗沟:可用于地下水流量大,或缺乏水管的情况。

3)管式渗沟:可用于地下水流量较大、地下水位埋藏浅、地下排水距离较长的地段。

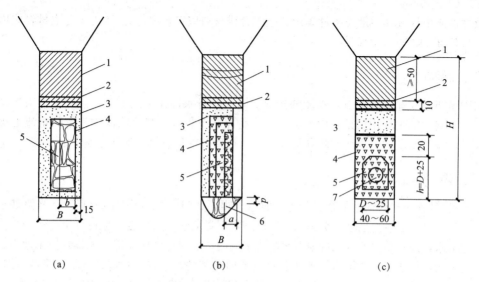

图 4-2-3 渗沟结构示意图(单位：cm)
(a)盲沟式；(b)洞式；(c)管式

1—黏土夯实；2—双层反铺草皮；3—粗砂；4—石屑；5—碎石；6—浆砌片石沟洞；7—预制混凝土管

(3)在渗沟施工中，需注意以下问题：
1)渗沟的布置应尽可能与地下水流向互相垂直。
2)渗沟的横宽一般视埋藏深度、排水要求、施工和维修便利而定。
3)汇集水流时，为防止含水层中砂土挤入渗沟，应设反滤层。
4)渗沟的施工宜由下游向上游进行。
5)为了核查维修方便，宜设置检查井。

四、渗井

当地下存在多层含水层的时候设置渗井。其中影响路基的上部含水层较薄，排水量不大，且平式渗沟难以布置，可采用立式(竖向)排水，设置渗井，穿过不透水层，将路基范围内的上层地下水引入更深的含水层中去，以降低上层的地下水位或全部予以排除。渗井能够将储水层里面的水通过渗井穿过隔水层，引到透水层之中去。透水层是较深的区域，而且对路基稳定性影响较小。

五、地下排水设施质量控制点

排水工程施工应满足设计要求并符合施工规范的规定，依照实际地形，选择合适的位置，将地面水和地下水排出路基以外。检查验收时要符合《公路工程质量检验评定标准 第一册 土建工程》(JTG F80/1—2017)的规定。

任务三　涵洞排水

学习目标

(1)掌握盖板涵排水要点。
(2)掌握涵洞地基处理方法。

任务描述

利用××在建公路的涵洞施工案例、多媒体教学资源和教师的讲解，学生能够掌握盖板涵施工要点、涵洞地基处理方法。

学习引导

本工作任务沿以下脉络进行学习：

相关知识

涵洞是地表排水设施中一个重要的结构物，它的主要功能见表4-3-1。

表4-3-1　涵洞的主要功能

功能	说明
排水	将排水沟、边沟、截水沟的水流汇入涵洞，排出路基以外
泄洪	将山坡坡面水流汇入涵洞，排出路基以外
灌溉	恢复原有沟渠，灌溉农田，满足农业生产需要

在路基施工中常见的涵洞类型有盖板涵、拱涵、圆管涵、箱涵、倒虹吸，这里仅对最常见的盖板涵的施工方法做介绍，其他类型的涵洞参见相关书籍。

一、盖板涵施工程序

测量放样→基础开挖→清理基底→基础钢筋安装→浇筑基础→浇筑墙身→安装盖板→台背回填→洞口施工。

二、盖板涵施工方法

(1)准备工作。涵洞开工前应根据设计文件资料进行现场核对，核对时还需注意农用排灌要求，如需要变更设计时，则按变更程序进行办理；对地形复杂陡峻沟谷涵洞、斜交涵洞、平曲线和纵坡上涵洞，应先绘制出施工详图，然后再依图放样施工。

(2)测量放样。基础的底宽度为基础的尺寸加上两侧预留排水或砌筑站人的宽度，根据土壤类别和深度，确定挖基坡度，算出上口宽，划出开挖范围，钉好桩橛。在施工场地附近设置控制桩和照查桩，以便经常核对涵洞位置。涵洞测量放样时应注意以下事项：

1)注意核对涵洞纵横轴线的地形剖面图是否与设计图相符；

2)注意涵洞的长度、涵底标高的正确性；

3)对斜交涵洞及曲线上和陡坡上的涵洞，应考虑交角、加宽、超高和纵坡对涵洞具体位置、尺寸的影响；

4)注意锥坡、翼墙、一字墙和涵洞墙身顶部和上下游调治构造物的位置、方向、长度、高度、坡度，使之符合技术要求。

(3)挖基。根据测量放样出的挖基施工范围，进行开挖(图4-3-1)。如果基础土石方量很大，则采用人工配合机械施工；如果遇到岩石，则需进行松动爆破，然后进行人工处理，爆破必须严格采用松动爆破，避免药量过大导致基地岩层被破坏。

（4）清理基础。基础开挖完成后，对基底进行全面清理，石质基底可用水进行清洗，土质基底须清扫干净，然后按照基底设计高程进行复核，同时进行基底承载力试验（图4-3-2）。

图4-3-1　基坑开挖　　　　　　　　　图4-3-2　地基承载力检测

（5）立侧模、线架。基坑测量结果和承载力均达到设计要求后，根据基础钢筋混凝土的形式，做出样板、线架，有关的各部尺寸、变化点的高程要标定在线架与样板上，施工中要经常检查、核对，以便较好地控制施工质量（图4-3-3）。

（6）浇筑混凝土（基础和墙身）（图4-3-4～图4-3-6）。混凝土采用混凝土搅拌机集中拌和，罐车运输进行浇筑。混凝土应分段、分层浇筑，上层混凝土在下层混凝土初凝前完成浇筑。上、下层同时浇筑时，上层与下层前后浇筑距离应保持1.5 m以上。混凝土使用插入式振动器进行振捣，且在振捣过程中，移动的间距不超过振动器作用半径的1.5倍；振动器应插入下层混凝土50～100 mm，布点要均匀，以保证混凝土的密实性。混凝土应一次性连续浇筑，当混凝土浇筑至模板顶后，应及时清除表面已离析的混合物和水泥浮浆。浇筑涵洞基础和涵台墙身时，根据现场基底情况，每4～10 m设置一道沉降缝，沉降缝宽度为2 cm，沉降缝两端面应保持竖直、平整，上下不得交错，缝间采用沥青麻絮填塞。

图4-3-3　基础立模　　　　　　　　　图4-3-4　混凝土基础

图 4-3-5 墙身立模

图 4-3-6 墙身混凝土

(7)盖板的预制。钢筋混凝土盖板采取集中预制，对正交涵洞预制时仅对底模尺寸进行变换即可。当涵洞为斜交时，应将洞口盖板预制为梯形，具体施工工艺如下：

1)对盖板底模和侧模进行打磨，除去锈迹和局部疤痕，然后在模板上涂抹脱模剂，最后安装模板，测量尺寸和角度。

2)在安装好的模板内绑扎钢筋（图 4-3-7），安装钢筋时注意将事先制作好的混凝土块（3~4 cm）平稳安放在底层钢筋下，使钢筋保持设计规定的净保护层间距。

3)钢筋安装完毕后复核盖板长度、宽度及角度，如果符合要求，则可以开始浇筑混凝土（图 4-3-8）。浇筑时振捣必须密实，同一块板一次性浇筑完毕，并对表面进行找平清光，对超出侧模的混凝土予以清除，保持盖板厚度一致。

4)当盖板的强度达到设计强度的 90% 后方能脱模搬运存放，盖板在存放时采用两点搁置（方木支垫于支撑线位置），不得翻转。

图 4-3-7 盖板钢筋

图 4-3-8 浇筑盖板

(8)盖板的安装。当涵台的强度达到设计强度的 90% 时，即可安装盖板。安装时采用汽车式起重机吊运安装，施工中应注意以下事项：

1)盖板在装卸和运输过程中,应注意安放平稳,以防碰撞破坏盖板表面和棱角。

2)安装前,先清扫涵台顶的污物和杂尘,将涵台顶湿润,摊铺一层砂浆,然后将盖板安放就位。

3)盖板在墙身和基础沉降缝处断开,沉降缝两侧的盖板采用沥青麻絮进行填塞,其余盖板之间采用 M30 水泥砂浆充填。

4)盖板安装完毕后采用 M30 水泥砂浆充填台背与盖板间的空隙。

(9)台背回填和涵顶填土。盖板填缝强度达到 90% 后即可进行台背回填,台背回填在不小于两倍台高范围内,采用透水性较好的砂质土和砂粒石土,不得采用含有泥草或冻土块的土。回填土应对称分层夯实、分层检查,每一压实层的松铺厚度不宜超过 15 cm,回填时涵洞两侧的填土与压实应对称回填。填土时先用小型手扶振动夯或手扶振动压路机碾压,在涵顶以上 50 cm 范围内采用轻型静载压路机碾压。涵洞顶部至路床顶面的压实度均为 95%。

(10)洞口工程(图 4-3-9 ~ 图 4-3-12)。洞口工程包括跌水井、八字翼墙和墙锥(一字端)坡等形式,施工时应注意以下事项:

图 4-3-9　涵洞成型

图 4-3-10　涵洞接排水沟

图 4-3-11　通道与原路相接

图 4-3-12　涵洞与原沟相接

1)涵洞进出口采用锥坡时,一字翼墙与洞身一同浇筑,采用跌水井、八字翼墙时均应与洞身分开砌筑,连接缝内填以沥青麻絮。

2)洞口帽石,可按涵洞孔径预制或现场浇筑。

3)涵洞进出口铺砌、排水设施应做好与路基排水沟、原有沟渠的顺应连接,以保持涵洞排水流畅。

(11)软土地基涵洞基础的处理。在涵洞基坑开挖后,经检测,当地基承载能力达不到设计要求时,应结合实际情况选用下列处理方案进行地基处理:

1)基坑超挖。在基坑开挖后,经检测地基承载能力达不到设计要求,则可根据检测实际的地质情况判定下层的土质情况,在监理工程师的许可下进行基坑的超挖(图4-3-13)。若以下地基的承载能力满足设计要求,即可进行基础的施工。

2)换填。在基坑超挖后仍不能满足设计要求的,可扩大基坑的开挖面积,浆砌片石或干砌片石,再铺设碎石垫层,使涵洞的地基应力扩散,经验算满足地基的承载能力后,可进行基础的砌筑(图4-3-14)。

3)钢筋混凝土基础。在浆砌或干砌片石,铺设碎石垫层后,基底应力仍然满足不了设计要求,可考虑将原浆砌基础变更为钢筋混凝土整体式基础,使路基填筑后,涵洞能够均匀沉降。

如墙身、基础为浆砌片(块)石时,可参照学习情境五的施工工艺和技术要求。

图4-3-13 基坑超挖

图4-3-14 基础换填

思考与练习

一、填空题

1. 渗沟由_____、_____、_____组成。
2. 地表排水设施主要有_____、_____、_____等。
3. 路基排水设施可分为_____和_____两大类。
4. 根据构造的不同,渗沟可分为_____、_____、_____三类。
5. 填石渗沟(盲沟)、无砂混凝土渗沟最小纵坡不宜小于_____。
6. 管式及洞式渗沟最小纵坡不宜小于_____。
7. 渗沟出水口应高出地表排水沟常水位_____以上。

二、单项选择题

1. 以下属于地下排水设施的是（   ）。
    A. 蒸发池　　　　B. 渗井　　　　C. 急流槽　　　　D. 倒虹吸
2. 公路边沟的主要功能是排除路基用地范围内的（   ）。
    A. 地下水　　　　B. 地面水　　　　C. 层间水　　　　D. 岩石裂隙渗水
3. 截水沟设置在斜坡地段的公路路基（   ）。
    A. 下方　　　　B. 左面　　　　C. 右面　　　　D. 上方
4. 当路基附近的浅层地下水无法水平排除，影响路基稳定性时，可设置（   ）。
    A. 边沟　　　　B. 盲沟　　　　C. 渗沟　　　　D. 渗井
5. 当排水纵坡陡于1∶1.5时应选用（   ）。
    A. 跌水　　　　B. 金属管急流槽　　　　C. 浆砌片石急流槽　　　　D. 混凝土急流槽
6. 按构造的不同，渗沟可大致分为（   ）三种类型。
    A. 盲沟式渗沟、管式渗沟和渗井式渗沟　　　　B. 填石渗沟、管式渗沟和洞式渗沟
    C. 填石渗沟、渗井式渗沟和盲沟式渗沟　　　　D. 盲沟式渗沟、填石渗沟和洞式渗沟
7. 常见的涵洞洞口形式是（   ）。
    A. 八字墙　　　　B. 一字墙　　　　C. 跌井　　　　D. 直翼墙

三、多项选择题

1. 以下属于地表排水设施的有（   ）。
    A. 渗沟　　　　B. 边沟　　　　C. 截水沟　　　　D. 排水沟
    E. 盲沟
2. 排水沟的截面形式可以采用（   ）。
    A. 圆形　　　　B. 矩形　　　　C. 梯形　　　　D. 弧形
    E. 三角形
3. 设置盲沟的目的在于（   ）。
    A. 拦截流向路基的层间水
    B. 降低路基范围的地下水水位
    C. 在填方和挖方交界处，拦截和排除路堑下面层间水和小股泉水
    D. 排除少量地表水
    E. 排除边沟水
4. 深而长的渗沟，要求设置检查井的位置为（   ）。
    A. 地下水出露处　　　　B. 渗沟转弯处
    C. 渗沟边坡处　　　　D. 在渗沟直线段每隔30～50 m处
    E. 地下水流量变化处
5. 排水隔离层应符合（   ）等技术要求。
    A. 隔离层的合成纤维土工织物，其最小抗压强度不应小于50 MPa
    B. 土工织物铺在地面上，用木桩和石块固定就位，其搭接长度纵向和横向宜为2 m
    C. 在土工织物上的铺筑材料要求选用矿渣、碎石或砾石，采用重型机械压实，最小厚度为30 cm
    D. 在土工织物上的铺筑材料要求选用矿渣、碎石或砾石，其中最大粒径为30 cm
    E. 排水隔离层顶面须高出地下水位30 cm以上
6. 关于截水沟的说法正确的是（   ）。
    A. 挖方路基的截水沟应设置在坡顶10 m以外

B. 填方路基上侧的截水沟距填方坡脚的距离不应小于 2 m
C. 截水沟的深度不宜小于 0.5 m
D. 截水沟的底宽不宜小于 0.5 m
E. 截水沟的长度一般不宜超过 600 m，超过 600 m 时，可在中间适宜位置增设泄水口，由急流槽分流排引

四、简答题
1. 公路路基常用的排水设施有哪些？
2. 渗沟的作用是什么？

学习情境五　路基防护与支挡工程施工

在雨水、风、气温变化及水流冲刷的作用下，公路路基边坡会产生各种变形甚至失稳破坏，如边坡表面岩土体剥落、小规模滑塌甚至大规模滑坡等，影响路基的稳定和交通安全。为保证公路的使用通畅、安全、舒适及美观，对路基进行有效防护与支挡是非常必要的。

路基防护类型按作用可划分为：坡面植物及工程防护、沿河路基防护、锚固及支挡防护、柔性防护网防护（见表 5-0-1）。

表 5-0-1　路基防护类型

防护类型	主要防护作用	防护形式
坡面植物防护	绿化及防雨水冲刷	种草、种灌木或种树、种藤蔓植物
		铺草皮
		三维植被网
		植生袋
		骨架植物
坡面工程防护	防雨水冲刷及碎落	喷浆或喷射混凝土
		锚杆挂网喷护
		干砌片石护坡
		浆砌片石或浆砌混凝土预制块护坡
		浆砌片石护面墙
沿河路基防护	防河水直接冲刷	抛石（或堆石）防护
		砌石或现浇混凝土防护
		土工模袋防护
		石笼防护
		浸水挡土墙防护
	防河水间接冲刷	导流构造物（丁坝、顺坝）
		植物防护
		改移河道
锚固及支挡防护	防滑、防崩塌	锚杆或锚杆格构
		锚索或锚索格构
		挡土墙
		抗滑桩
		桩板式抗滑挡土墙
		土钉支护
柔性防护网防护	防落石	主动防护网
		被动防护网

公路边坡沿公路分布的范围广,对自然环境的破坏较大。在防护的同时,注意保护环境和创造环境,采用适当的绿化防护方法来进行,则会使公路具有安全、舒适、美观、与环境相协调的特点,也将会产生可观的经济效益、社会效益和生态效益。

对于公路边坡的绿化、防护及美化,设计阶段应遵循以下原则:

(1)首先对边坡的自然条件进行充分调查,在掌握地理地质、边坡形状、土壤特性及气候环境的基础上确定总体设计方案。

(2)"点、线、面"有机结合,即局部地段重点防护、绿化和美化,局部地段过渡处理。

(3)设计手法采用自然式和规则式并用。

(4)从安全、美学角度,考虑植物品种配置和种植形式,形成色彩、色带的韵律变化。

(5)选用固土护坡作用强的植物,以植草为主,灌、草结合,短、长期水保效益兼顾,从根本上防止水土流失。

需要指出的是,针对同一坡面可采用一种或同时采用几种防护形式组合,如锚杆框架内植草、挂网喷混凝土后在边坡平台处种植常绿爬藤植物等,即既要确保路基边坡稳定,又要兼顾美观。

路基防护工程施工总体要求如下:

(1)路基防护工程施工前,应对边坡进行修整,清除边坡上的危石、松石或松土。修整后的坡面应大面平顺,排水顺畅,并与周边地形相协调。

(2)路基防护工程宜与路基挖填方工程紧密、合理衔接,开挖一级防护一级,并及时进行养护。

(3)应根据开挖坡面地质水文情况逐段核实路基防护设计方案,如发现现场实际情况与设计图纸不相符,应及时反馈至相关方以便妥善处理。

(4)各类防护工程应置于稳定的基础或坡体上。坡面防护层应与坡面密贴结合,不得留有空隙。

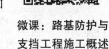

微课:路基防护与支挡工程施工概述

(5)路基防护工程施工中,应采取有效措施截排地表水和导排地下水。

(6)工程材料质量应符合设计及相关要求。

(7)每处坡面防护应设置检修通道及必要的安全扶栏。

(8)施工中应加强安全防护,确保人员及工程安全,严禁采取大爆破及大开挖。

任务一 路基坡面植物及工程防护

学习目标

(1)叙述路基坡面常用的防护措施。

(2)知道路基坡面防护类型的适用条件和施工工艺。

(3)分析路基坡面防护类型的优缺点,选择合适的防护类型。

(4)根据公路路基施工技术规范,完成坡面植物防护施工技术作业。

(5)针对具体的路基坡面选择适当的防护措施,编制施工工艺流程。

任务描述

通过完成本任务,明确公路路基坡面防护常采用的措施及各种措施的适用条件。针对具体的边坡实例，应能提出切实可行的坡面防护方案，编制出相应的施工流程和施工注意事项。

学习引导

本工作任务沿以下脉络进行学习：

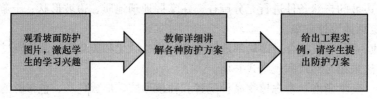

相关知识

路基坡面防护总体包括植物防护和坡面工程防护。植物防护有种花草（喷播或撒播）、铺草皮、植树、植生袋、三维植被网、骨架植物等防护形式；工程防护有喷浆或喷混凝土、锚杆挂网喷护、干砌片石、浆砌片石或浆砌混凝土预制块护坡、护面墙等防护形式。

对受自然因素作用易产生破坏的边坡坡面应根据气候条件、岩土性质、边坡高度、边坡坡率、水文地质条件、施工条件、环境保护、水土保持要求等因素，经技术经济比较后选择适宜的防护措施。坡面防护工程类型及适用条件见表 5-1-1。

表 5-1-1　坡面防护工程类型及适用条件

防护类型	亚类	适用条件
植物防护	植草或喷播植草	可用于坡率不陡于 1∶1 的土质边坡防护。当边坡较高时，植草可与土工网、土工网垫结合防护
	铺草皮	可用于坡率不陡于 1∶1 的土质边坡或全风化、强风化的岩石边坡防护
	种植灌木	可用于坡率不陡于 1∶0.75 的土质、软质岩石和全风化岩石边坡防护
	喷混植生	可用于坡率不陡于 1∶0.75 的砂性土、碎石土、粗粒土、巨粒土及风化岩石边坡防护，边坡高度不宜大于 10 m
骨架植物防护	—	可用于坡率不陡于 1∶0.75 的土质和全风化、强风化的岩石边坡防护
工程防护	喷护	可用于坡率不陡于 1∶0.5 的易风化但未遭强风化的岩石边坡防护，高速公路、一级公路和环境景观要求高的公路不宜采用
	挂网喷护	可用于坡率不陡于 1∶0.5 的易风化、破碎的岩石边坡防护，高速公路、一级公路和环境景观要求高的公路不宜采用
	干砌片石护坡	可用于坡率不陡于 1∶1.25 的土质边坡或岩石边坡防护
	浆砌片石护坡	可用于坡率不陡于 1∶1 的易风化的岩石和土质边坡防护
	护面墙	可用于坡率不陡于 1∶0.5 的土质和易风化剥落的岩石边坡防护

一、植物防护

1. 种草

（1）作用。种草是一种施工简单、造价经济而有效的坡面防护措施。草能覆盖地表土，防止雨水冲刷，调节土的温度，防止裂缝产生，固结表面土壤，防止坡面风化剥落，加强路基的稳定性（图 5-1-1）。坡面可允许缓慢流水（0.4~0.6 m/s）的短时冲刷。

种草防护能起到绿化、美化环境，使公路具有安全、舒适、美观、与环境相协调等特点。

(2)适用条件。

1)适用于草类生长的土质路堑和路堤边坡上，且边坡坡度较缓、边坡高度不高的路基。

2)对边坡土层不宜于种草者，可先铺一层有利于草生长的种植土，铺土厚度10～15 cm。为使种植土与边坡结合牢固，可沿边坡坡面每隔100 cm的距离挖20 cm宽的台阶，如图5-1-2所示。

3)对于经常浸水或长期浸水的路基边坡，草不易生长，不宜采用此种防护。

图5-1-1 坡面种草

(3)草种的选择。选用的草籽要适合当地土质和气候条件，通常应选择易成活、根系发达、茎干低矮、枝叶茂盛、生长能力强的多年生草种，如白茅草、毛鸭嘴、鱼肩草及两耳草等。

(4)施工流程。种草施工流程如图5-1-3所示。

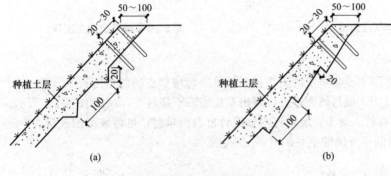

图5-1-2 种草护坡(单位：cm)　　图5-1-3 种草施工流程

(5)施工注意事项。

1)播种草籽可根据具体情况按撒播或行播进行。为使草籽均匀分布，可先将草籽与砂、干土或锯末混合播种。草籽埋入深度应不小于5 cm，种完后将土耙匀并适当拍实，使土盖住草籽，然后洒水，保持潮湿并覆盖。

2)路堤的路肩和路堑顶边缘应埋入与表层齐平的带状草皮，草皮厚度为5～6 cm，宽度为20～25 cm。

3)播种时间一般应在春季、秋季，不可在干燥的风季或暴雨季节播种。

4)播种前，必须将表土耙松，土块打碎、整平，清除石块、杂草及有害物质，并对表土进行均匀施肥，施肥量每1 000 m²不得少于70 kg。草籽的播撒量，在坡面每1 000 m²不少于9 kg。路堑边坡或路堤较高时，可通过试验采用草籽与含肥料的有机质泥浆的混合物，喷射于坡面上。

5)加强管理，经常检查成活率，必要时应进行补充播种。

2. 铺草皮

(1)作用。铺草皮对坡面的防护作用同种草防护，但效果更好，并可用在较高、较陡和坡面冲刷较重的边坡上，铺草皮比种草防护收效快，如图5-1-4所示。

(2)适用条件。铺草皮适用于坡面缓于1∶1的各种土质边坡及严重风化的软质岩石边坡。为防止表水冲刷产生冲沟、流泥等病害，在种草成活率低，且附近草皮来源较易的情况下，可用铺草皮防护。

(3)草皮选择与要求。

1)草皮应选择根系发达、茎矮叶茂的耐旱草种,如白茅草、假俭草、绊根草等。

2)草皮规格:草皮宜选用带状或块状。挖划皮时草皮的两端最好斜切,横断面呈扁平四边形,长 30 cm、宽 20 cm、厚 10 cm。干燥和炎热地区,草皮厚度可增加到 15 cm。

(4)施工流程。铺草皮施工流程如图 5-1-5 所示。

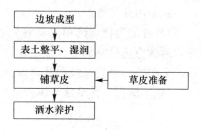

图 5-1-4 草皮铺设   图 5-1-5 铺草皮施工流程

(5)施工注意事项。

1)草皮应与坡面密贴,并用木槌将草皮的斜边拍紧拍平。每块草皮的四角用长 20~30 cm、直径 2~3 cm 的木桩或竹桩钉固,桩与坡面垂直,露出草皮表面不超过 2 cm,如图 5-1-6 所示。当边坡缓于 1∶1.5 时,可不钉桩。对于岩层,钉木桩或竹桩有困难时,可将坡面挖成深为 5~10 cm 的锯齿形,用浸湿变软的草皮块铺上并拍紧。

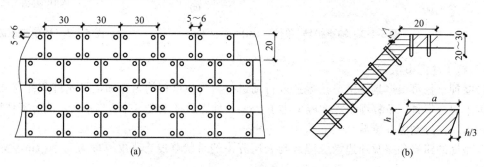

图 5-1-6 草皮铺设示意图(单位:cm)
(a)平面;(b)剖面

2)当为路堑时,草皮应铺过堑顶肩部至少 100 cm 或铺至截水沟,坡脚应选用厚度适当且整齐的草皮或做其他加固处理。

3)当草皮来源不足,而草根容易蔓延时,在高度不大的土质路堤边坡,可改用方格草皮结构。草皮应嵌入边坡 4~8 cm,草皮条宽 20~30 cm,在坡顶和坡脚 50~100 cm 高度内满铺草皮,也可在方格内撒播草籽。

4)铺草皮前,边坡表层要挖松整平,较大的坑凹或冲沟应填平,然后洒水,均匀湿润坡面。

5)铺草皮可自坡脚向上铺钉,也可自上而下铺钉。护坡顶部和两端的草皮应嵌入坡面内,草皮护坡的边缘与坡面衔接处应平顺,以防止水和雨水沿草皮与坡面间隙渗入而使草皮下滑。

6）铺草皮施工一般应在春季或秋季进行，气候干旱地区则应在雨季进行。

7）铺种的草皮应进行洒水养护，使坡面湿润，直至草皮成活。

3. 三维植被网

(1) 护坡机理。三维植被网防护是土工织物复合植被防护坡面的一种典型形式，如图5-1-7所示。

三维植被网以热塑料树脂为原料，采用科学配方及工艺制成。其结构分为上、下两层：下层为一个经双面拉伸的高模量基础层，强度足以防止植被网变形；上层是由具有一定弹性的、规则的、凹凸不平的网包组成，其材质疏松柔韧，留有90%以上的空间可填充土壤及草籽，将草籽及表层土壤牢牢固定在立体网中间。同时，由于网包表面凸凹不平，故可使风及水流在网包表层产生无数小涡流，起到缓冲消能作用，并促使其携带物沉积在网垫中，这样就有效地避免了草籽及幼苗被雨水冲走流失，大大提高了植草覆盖率。同时，三维网固定于坡面上，直接对坡面起到固筋作用。当植草生长茂盛后，植物根系可从网包中舒适均衡地穿过，深入地下达0.5m以上，与网包、泥土三者形成一个坚固的绿色保护整体，起到复合护坡的作用。

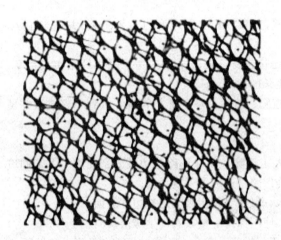

图 5-1-7　三维植被网

(2) 三维植被网的特点。

1）由于网包的作用，能降低雨滴的冲蚀能量，并通过凸出的网包降低坡面雨水的流速，从而有效地抵御雨水的冲刷。

2）在边坡表层土中起着加筋加固作用，从而有效防止表面土层的滑移。

3）在边坡防护中使用三维植被能有效地保护坡面不受风、雨、洪水的侵蚀。三维植被网的初始功能是有利于植被生长，随着植被的形成，它的主要功能是帮助草根系统增强其抵抗自然水土流失能力。

4）三维植被网能做成草毯进行异地移植，能解决快速防护工程的植被要求。

(3) 施工流程。三维植被网施工流程如图5-1-8所示。

1）边坡整型、细平整。当路基土方已经完工并经监理工程师验收后，放出路基边坡坡脚桩。直线路段路基边桩及坡脚桩每20m打桩，曲线路段加密到5~10m，以保证路基边坡线平滑顺畅。定出路基边桩及坡脚桩后，用白灰标出控制线，然后刷坡。刷坡采用人工配合挖掘机进行。刷坡后将边坡上的土块粉碎、平整，并施入底肥。

2）开挖沟槽。在坡顶及坡脚处，按照施工图纸设计尺寸，人工开挖预埋植被网的沟槽，并平整。

3)覆网。边坡整理完工并经监理工程师验收后,按照设计图纸和施工规范要求或工程师的指示,及时进行人工铺设EM3型三维植被网。覆网时,先将网置于坡顶沟槽内,然后从坡顶到坡脚依次进行。网块之间要重叠搭接,搭接宽度不宜小于 10 cm。

4)固定。覆网后按照一定的密度和方式,采用竹钉(长 25 cm)或 R 形钢筋(长 25 cm)打入边坡进行固定。

5)覆土。当三维植被网固定好以后,在网上覆一薄层土进入网包(可以用木条刮入),而土壤要求细碎、肥沃、pH 值适中。

6)播种。根据当地的气候、土质、含水率等因素,选择易于成活、枝叶茂盛、根系发达、茎低矮、多年生、便于养护和经济的草籽种类。为使草籽均匀分布,草籽应掺加细砂或细土搅拌均匀后播撒。

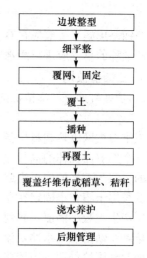

图 5-1-8　三维植被网施工流程

7)再覆土。撒播草籽后,在网上面再均匀覆盖一层薄土(总厚度约为 2 cm),并适当拍实,使边坡表面平整,并保证使土盖住草籽。

8)覆盖纤维布或稻草、秸秆。为了让草籽尽快发芽,边坡上面应考虑采用纤维布或稻草、秸秆等进行覆盖,使土壤保持湿润和适宜草籽生长的温度。

9)浇水养护。种植草籽后应适时进行洒水施肥、清除杂草等养护管理,直到草籽成活并覆盖坡面。

(4)施工注意事项。

1)用挖掘机刷坡时,要预留约 20 cm 宽由人工清除,以保证路基边坡的密实度。人工刷坡时要挂线,并用坡度尺检验路基边坡坡度,以确保路基边坡的外观线形。

2)开挖沟槽和刷坡一次不要过长,防止雨水、风沙等作用破坏路基边坡坡面。

3)植被网尽量与坡面贴附紧密,防止悬空,使网保持平整,不产生皱褶。

4)撒播草籽应在无风、气温在 15 ℃以上的天气进行,避免在干燥的风季和暴雨季节播种。

5)浇水时最好采用雾状喷施,防止形成径流,以免造成草籽分布不均匀而影响覆盖率和美观。

6)养护期加强管理,以有效地养护所有种植面上的植物,直到养护期终止。

实践证明,采用三维植被网进行公路边坡防护,施工简便、劳动强度小、效率高,大大降低了工程造价,同时又美化了公路沿线的环境,具有非常广阔的应用前景。

4. 植树

(1)适用条件。如图 5-1-9 所示,植树防护适宜于各种土质边坡和严重风化的岩石边坡,但在经常浸水、盐渍土和经常干润的边坡及粉质土边坡上不宜采用。

植树防护最好应用在 1∶1.5 或更缓的边坡上。

(2)树种选择和要求。

1)树种应为根系发达、枝叶茂盛、能迅速生长分蘖的低矮灌木,如紫穗槐、夹竹桃。

2)选择紫穗槐的树苗至少要有一年的树龄。挖掘树苗时,不得损伤大的根系,最好带些土,以利于成活。

3)夹竹桃是截枝插栽,用来截枝的夹竹桃树要有两年以上的树龄,每一根截枝最少要有四节,下端切成斜形,上端切齐平,并用泥土包好,防止水分蒸发。

4)植树布置有梅花形和方格形,植树间距 40~60 cm,植树坑深为 25 cm,坑直径为 20 cm,每坑内栽紫穗槐两棵、插夹竹桃三根。

(3)施工注意事项。

1)边坡如有不利于灌木生长的砂石类土,则栽种的坑内应换填宜于灌木生长的黏质土。

2)灌木栽种后,坑中应及时填土压实,并经常浇水,使坑内保持湿润,直到灌木发芽成活。

3)栽种灌木的边坡,在大雨过后要进行检查,发现问题应及时处理。

图 5-1-9　边坡植树

4)栽种灌木应当在当地的植树造林季节。

二、骨架植物防护

1. 浆砌片石骨架植草防护

(1)防护介绍。浆砌片石骨架植草防护,既能稳定路基边坡,又节省材料。其造价较低、施工方便、造型美观,能与周围环境自然融合,是目前高速公路边坡防护的主要形式之一,被广泛推广应用。其结构形式主要有方格形、人字形、拱形及多边混凝土空心块等,如图 5-1-10 所示。骨架内可以铺草皮、植草或栽砌卵石进行防护。

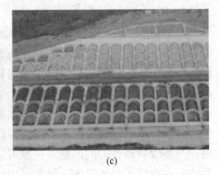

(a)　　　　　　　　　　(b)　　　　　　　　　　(c)

图 5-1-10　浆砌片石骨架护坡

(a)菱形骨架护坡;(b)人字形骨架护坡;(c)拱形骨架护坡

(2)适用条件。

1)浆砌片石骨架植草防护适用于土质和强风化岩石边坡,防止边坡受雨水侵蚀,避免土质坡面上产生沟槽。当边坡潮湿、发生溜坍及坡面受冲刷严重时,若采用草皮护坡易被冲毁脱落,则可采用浆砌片石骨架的加强措施。

2)骨架内铺草皮、植草或栽砌卵石,应根据土质情况和边坡坡度及当地材料来源等情况选用。

(3)施工流程。浆砌片石骨架植草防护施工流程如图 5-1-11 所示。

1)边坡整理成型。按设计坡度比刷坡成型,刷坡采用人工配合挖掘机进行。

2)浆砌片石骨架。按设计骨架尺寸 1∶1 放样挂线,并开挖砌槽。选择质地坚硬、无缝隙、无风化的优质石料自下而上砌筑骨架。骨架结构一般采用方格形，骨架间距为3～5 m。骨架底部坡脚1.0 m和顶部0.5 m范围用M5.0水泥砂浆砌片石镶边加固。

3）回填耕植土。主要针对岩质边坡或原边坡土壤不易于草种生长的边坡。

4）植草与养护。植草与养护方法与前种草防护方法相同，此处不再叙述。针对岩质边坡，骨架内多采用植生袋植草。

(4) 施工注意事项。

1）骨架表面与草皮表面应平顺，在降雨量大且集中的地区，骨架上可做成截水沟式，以分流排除地表水。

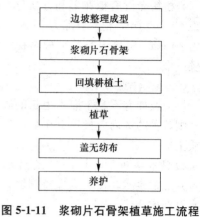

图 5-1-11　浆砌片石骨架植草施工流程

2）施工前应清理坡面浮土、碎石，填补坑凹地。

3）骨架内植草草皮下宜铺设50～100 mm厚种植土，草皮应与坡面和骨架密贴，以防地表水沿缝隙渗入，损坏防护工程。

2. 混凝土骨架植草防护

混凝土骨架植草防护与浆砌片石骨架植草防护类似，此处不再介绍。

三、工程防护

工程防护包括喷浆或喷射混凝土防护（简称喷护）、锚杆挂网喷护、干砌片石、浆砌片（卵）石护坡和护面墙等结构形式。工程防护用于路堑边坡防护时，应注意与边坡渗沟或排水孔配合使用，防止边坡产生变形破坏。

1. 喷护

(1) 适用条件。喷护（图 5-1-12）适用于边坡易风化、裂隙和节理发育、坡面不平整的岩石路堑边坡，且边坡较干燥，无流水侵入。对于高而陡的边坡，当需大面积防护时，采取此类型更为经济。

(2) 喷护的优缺点。喷护初期强度高、抗雨水冲蚀能力强，但造价高，缺乏景观效果，不符合"绿色环保"的要求。针对边坡喷护与环境协调性差的问题，一般可采取与攀爬植物配合使用的办法；在边坡工程实践中一般多采用锚杆框架替代其使用。

(3) 施工流程。喷护施工流程如图 5-1-13 所示。

1）施工准备。在边坡进行喷射前，先清理坡面杂物，清除浮石及松动岩石，并用水冲洗；采取相应措施，对泉水、渗水进行处治；对各种原材料进行试验检测，满足相关技术要求。

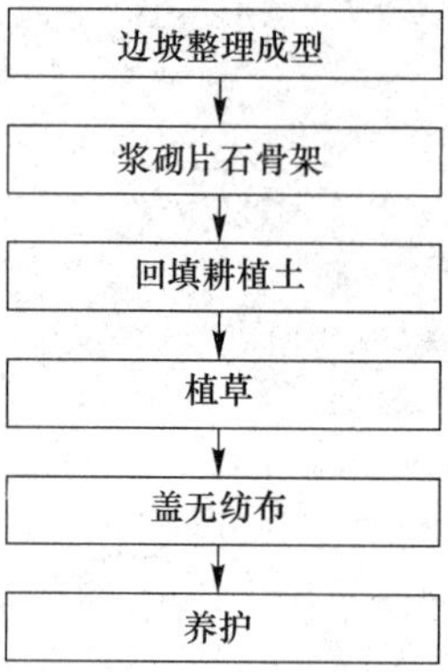

图 5-1-12　坡面喷射混凝土

①水泥：应采用强度等级不低于42.5的普通硅酸盐水泥。

②砂：喷浆采用粒径为0.1～0.25 mm的纯净细砂；喷射混凝土采用粒径为0.25～0.5 mm的中粗砂，砂的含量不得超过5%。

③混凝土粗集料：喷射混凝土的粗集料应采用纯净的卵石或碎石，最大粒径不得大于25 mm，大于15 mm的颗粒应控制在20%以下，针片状颗粒含量不得超过15%。

④速凝剂：速凝剂应采购信誉好的厂家生产的产品，掺量应根据需要通过试验确定。

2）配合比设计：水泥砂浆及混凝土的配合比应根据施工机械及当地材料供应情况通过试验

确定。常用的配合比(质量比),水泥:砂浆=1:4(水泥砂浆),水泥:石灰:砂=1:1:6(水泥石灰砂浆),水泥:砂:粗集料=1:2:2~1:2:3(混凝土)。

3)喷射机械。喷浆防护边坡常用机械喷护法施工。目前,喷浆工艺有三种:干喷、潮喷和湿喷,分别对应三种喷射机械,如图 5-1-14 所示。

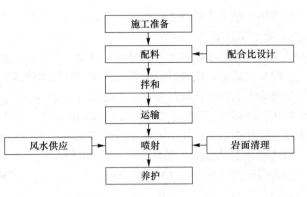

图 5-1-13 喷护施工流程

图 5-1-14 混凝土喷射机械
(a)干喷机;(b)潮喷机;(c)湿喷机

4)喷射。喷射砂浆强度不应低于 M10,厚度不宜小于 50 mm,一般为 50~70 mm;喷射混凝土的强度不应低于 C15,厚度不宜小于 80 mm,一般为 100~150 mm,当厚度大于 100 mm 时,宜分两次喷射,第二次喷射混凝土作业前,应清除结合面上的浮浆和松散碎屑。施工作业前,应通过试喷,选择合适的水胶比,以保证喷射坡面的质量。当喷浆水胶比过小时,灰体表面颜色灰暗,出现干裂,回弹量大,粉尘飞扬;当水胶比过大时,灰体表面起皱、拉毛、滑动,甚至流淌;当水胶比合适时,胶体呈黏糊状,表面光滑平整,回弹量小。在喷射作业过程中,除喷射手外,可根据坡面地形条件、输料管长度等情况安排人员辅助喷射手施工,如辅助理管、铲除回弹料等,如图 5-1-15 所示。

图 5-1-15 喷射作业

5)养护。砂浆或混凝土初凝后,应立即开始养护,养护期一般为5~7 d。

(4)施工注意事项。

1)喷射作业顺序应自下而上进行,喷枪嘴应垂直坡面,并与坡面保持0.6~1.0 m的距离。

2)喷浆完成后,应及时对喷浆层顶部进行封闭处理。

3)坡脚岩石风化比较严重时,应设高为1~2 m、顶宽为40 cm的浆砌片石护裙。

4)为防止堵塞,输料管直径以20~30 m为宜,其喷射工作压力为0.15~0.20 MPa。喷嘴供水压力要比喷射工作压力大0.05~0.10 MPa,以保证水与干料拌和均匀。

5)喷浆施工严禁在结冰季节或大雨中进行作业。

6)为保证施工安全,喷射手应佩戴防护面罩,穿防尘服,其他参加施工人员应戴防尘口罩。

7)喷射作业时应按要求制取试件,在标准条件下养护28 d后试压,作为喷浆或喷射混凝土的强度标准。

8)喷护工程应经常检查维修,有杂草及时拔除,开裂处要及时灌浆勾缝,脱落处要及时补喷。

2. 锚杆挂网喷护

(1)适用条件。当坡面岩体风化破碎严重时,为了加强防护的稳定性,则采用锚杆挂网喷护,如图5-1-16所示。锚杆挂网喷护是"锚杆+钢筋网+喷混凝土(喷浆)"的联合支护形式,锚杆常用直径为16~32 mm螺纹钢筋制作,钢筋网采用4~10 mm的光圆钢筋编制而成,孔径视边坡岩石情况而定,一般为10 cm。

图5-1-16 锚杆挂网喷护

(2)锚杆挂网喷护的优点。

1)技术先进,成本低。比浆砌防护先进,成本降低20%。

2)施工速度快。施工简便,不受部位和方向的限制,不像浆砌防护那样受影响条件多,加快了施工进度。

3)质量有保证。喷射混凝土具有较好的力学性能和整体性,可在坡面形成封闭的、具有较高强度的混凝土保护壳,防止雨水对坡面的冲刷破坏。

(3)施工流程。锚杆挂网喷护施工流程如图5-1-17所示。

1)清理坡面。将坡面上的危石、杂草、树木、浮渣等清理干净。

2)支架搭设。施工时采取逐级开挖,逐级防护。每级边坡垂直高度一般为10 m,防护施工为高空作业,因此要求施工排架必须牢固稳定,必要时要备安全绳及安全防护网。

3)锚杆孔成孔。除满足设计要求外,还要注意成孔角度,锚杆孔应尽量垂直自然坡面,以利于挂网。锚杆钻孔前应根据设计要求及坡面岩石情况,定出孔位并做标记。锚杆孔距误差不宜超过10 cm。锚杆成孔方法详见"锚杆混凝土框架植草防护"中锚杆施工方法,此处不再详述。

4)注浆。注浆前,应对注浆材料进行原材料试验检测。注浆材料及配合比应满足以下要求。

①水泥:应采用强度等级不低于42.5的普通硅酸盐水泥。

②砂:宜采用中细砂,粒径不大于2.5 mm,使用前应过筛。

③砂浆配合比:水泥∶砂=1∶1~1∶2(质量比),水胶比为0.38~0.45。

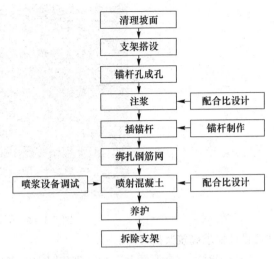

图 5-1-17 锚杆挂网喷护施工流程

砂浆应拌和均匀,并随拌随用。注浆开始或中途停止超过30 min时,应用水或稀水泥浆润滑注浆罐及其管路。注浆时,注浆管应插至距孔底5~10 cm处,随砂浆的注入缓慢匀速拔出。杆体插入后,若孔口无砂浆溢出,则应及时补注。一次拌和的砂浆应在初凝前用完,并严防石块及杂物混入。

5)插锚杆。成孔后先进行注浆,注浆时若孔上无砂浆溢出应及时补浆,之后插入锚杆,注意锚杆稳定后不要随意敲击,不准悬挂重物。锚杆杆体应平直、除锈、去污。

6)绑扎钢筋网。铺设钢筋网时要随坡面起伏变化而变化,钢筋网平铺于坡面上,与坡面距离不得小于20 mm,并用钢筋锚钉固定。钢筋网与锚杆连接牢固,最好焊接。

7)喷射混凝土和养护。详见"喷护"施工。

(4)施工注意事项。

1)锚杆应嵌入稳固基岩内,锚固深度根据设计要求结合岩体性质确定。锚杆孔深应大于锚固长度200 mm。

2)钢筋保护层厚度不宜小于20 mm。

3)固定锚杆的砂浆应捣固密实,钢筋网应与锚杆连接牢固。

4)铺设钢筋网前宜在岩面喷射一层混凝土,钢筋网与岩面的间隙宜为30 mm,然后再喷射混凝土至设计厚度。

5)喷射混凝土的厚度要均匀,钢筋网及锚杆不得外露。

6)做好泄、排水孔和伸缩缝。

7)养护过程中如发现剥落、外鼓、裂纹和露钢筋网时,应清理后补喷。

3. 干砌片石护坡

(1)适用条件。干砌片石护坡适用于坡度缓于1∶1.25的土质路堑边坡或边坡易受地表水冲刷以及有少量地下水渗出,而产生小型溜坍等病害的地段,如图5-1-18所示。

(2)施工注意事项。

1)干砌片石厚度一般为30 cm。当边坡为粉质土、松散的砂或粉砂土等易被冲蚀的土时,在干砌片石的下面应设厚度不小于10 cm的碎石或砂砾垫层。

2)干砌片石护坡基础应选用较大石块砌筑,如基础与排水沟相连,其基础应设在沟底以下,

图 5-1-18 干砌片石护坡

并按设计要求砌筑浆砌片石。

3)施工时,应自下而上进行立砌(栽砌),砌块间彼此镶紧,接缝要错开,缝隙间用小石块填满并塞紧。

4)干砌片石施工质量标准见表 5-1-2。

表 5-1-2 干砌片石施工质量标准

项次	检查项目	规定值或允许偏差/mm	检查方法和频率
1	厚度	±50	每 100 m² 抽查 8 点
2	顶面高程	±30	水准仪:每 20 m 抽查 5 点
3	外形尺寸	±100	每 20 m 或自然段,长、宽各测 5 点
4	表面平整度	50	2 米直尺:每 20 m 测 5 点
5	泄水孔间距	不大于设计值	每 20 m 测 4 点

4. 浆砌片石护坡

(1)适用条件。浆砌片石护坡适用于坡度缓于 1∶1 易风化的岩石边坡,以及坡面防护采用干砌片石不适宜或效果不好的边坡;填方边坡浸水部位及锥坡坡面较常采用。对于严重潮湿或严重冻害的土质边坡,在未进行排水措施以前,则不宜采用浆砌片石护坡,如图 5-1-19 所示。

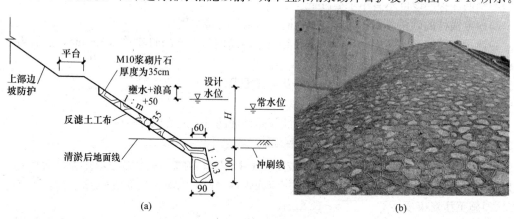

图 5-1-19 浆砌片石(单位:cm)

(a)护坡设计图;(b)完工后的护坡

(2) 一般规定。
1) 浆砌片石护坡一般采用等截面,其厚度视边坡高度及坡度而定,一般为 30~40 cm。
2) 边坡过高时应分级设平台,每级高度不宜超过 20 m,平台宽度视上级护坡基础的稳固要求而定。
3) 护坡沿线路方向每隔 10~15 m 应设置一道伸缩缝,缝宽 20~30 mm。在基底地质有变化处,应设沉降缝,可将伸缩缝与沉降缝合并设置。
4) 护坡应留泄水孔,一般采用直径为 100 mm PVC 圆管,间距 2~3 m,上下排交错布置。
5) 为便于养护维修检查,应在坡面适当位置设置 0.6 m 宽的台阶形踏步。
6) 勾缝施工应符合相关要求。
7) 浆砌片石施工质量标准见表 5-1-3。

表 5-1-3 浆砌片石施工质量标准

项次	检查项目	规定值或允许偏差		检查方法和频率
1	砂浆强度	在合格标准内		按《公路工程质量检验评定标准 第一册 土建工程》(JTG F80/1—2017)附录F检查
2	顶面高程/mm	料、块石	±30	水准仪:长度不大于 30 m 时测 5 点,每增加 10 m 增加 1 点
		片石	±50	
3	底面高程/mm	料石、块石	≤25	2 m 直尺:每 20 m 测 5 处
		片石	≤35	
4	坡度/%	≤设计值		坡度尺:长度不大于 30 m 时测 5 处,每增加 10 m 增加 1 个断面
5	厚度或断面尺寸/mm	≥设计值		尺量:长度不大于 50 m 时测 10 个断面,每增加 10 m 增加 1 处
6	墙面距路基中线/mm	±50		尺量:每 20 m 测 5 点
7	泄水孔间距/mm	≤设计值		尺量:每 20 m 测 4 点

(3) 施工注意事项。
1) 当用于路堤边坡,应待路堤完成沉降后再施工。
2) 当护坡面积大,且边坡较陡或坡面变形较严重时,为增强护坡自身稳定性,可采用肋式护坡。
3) 砂浆终凝前,砌体应覆盖,砂浆初凝后,立即进行养护。
4) 在冻胀变化较大的土质边坡上,护坡底面应铺设 100~150 mm 厚的碎石或砂砾垫层。

5. 浆砌片石护面墙

浆砌片石护面墙能防护治理比较严重的坡面变形,适用于各种土质边坡及易风化剥落而破碎的岩石边坡。在公路工程中,护面墙多用于覆盖各种软质岩石层和较破碎岩石的挖方边坡防护,如易风化的云母片岩、绿片岩、泥质页岩、千枚岩及其他风化严重的软质岩层和较破碎的岩石地段的坡面防护,以防止自然因素的影响继续风化破坏。护面墙在高速公路路堑边坡防护中应用比较普遍,且边坡稳定,效果较好,如图 5-1-20 和图 5-1-21 所示。

浆砌片石护面墙有实体护面墙、菱形窗孔式及拱形窗孔式护面墙、拱式护面墙及肋式护面墙,各种护面墙的具体适用条件见表 5-1-4。

图 5-1-20 菱形窗孔式护面墙

表 5-1-4 浆砌片石护面墙分类及适用条件

分类要素	名称	适用条件	备注
根据边坡的高度、坡度及岩石破碎情况	实体护面墙	土质及破碎岩石边坡	
	窗孔式护面墙	边坡缓于 1∶0.5 时	窗孔内采用植草或干砌片石
	肋式护面墙	边坡岩层较完整且坡度较陡时	

(1)实体护面墙。实体等截面护面墙厚度一般为 0.5 m,根据情况可适当加厚;其高度,当边坡为 1∶0.5 时不宜超过 6 m,当边坡缓于 1∶0.5~1∶1 时不宜超过 10 m。

实体护面墙采用浆砌片石时,其施工工艺与浆砌片石护坡相同,在此不再介绍。

(2)菱形窗孔式护面墙。根据预留窗孔形状可分为菱形窗孔式护面墙和拱形窗孔式护面墙,二者工程防护效果基本相同,一般仅外观有差异。

1)变截面护面墙墙顶宽度 b 一般为 0.4 m,底宽 B 根据墙高而定。

$$B=b+\frac{H}{10} \text{ 或 } B=b+\frac{H}{20} \quad (5\text{-}1\text{-}1)$$

采用 $\frac{H}{10}$ 还是 $\frac{H}{20}$,应根据边坡坡度及墙基承载力的要求确定。边坡陡于或等于 1∶0.5 时,采用前者;边坡为 1∶0.5~1∶0.75 时,采用后者。

2)变截面护面墙的高度,单级不宜超过 20 m,否则应采用双级或三级护面墙,但总高度一般不宜超过 30 m。双线或三级护面墙的上墙高不应大于下墙高,下墙的截面应比上墙大,上、下墙之间应设错台,其宽度应使上墙修筑在坚固、牢靠的基础上,错台宽度一般不宜小于 1 m。

3)护面墙基础。护面墙基础应置于冻结线以下,地基承载力一般不宜小于 0.3 MPa,否则应采取加固措施。一般将墙底做成倾斜的反坡,其倾斜度,土质地基采用 0.1~0.2,岩石地基采用 0.2 或等于墙面坡度。

4)耳墙。为增加护面墙的稳定性,当护面墙高度超过 8 m 时,在墙背中部设置耳墙一道;护面墙高度超过 13 m 时,设置耳墙两道,间距为 4~6 m。当墙背坡度陡于 1∶0.5 时,耳墙宽为 0.5 m;墙背坡度缓于 1∶0.5 时,耳墙宽为 1.0 m。

(3)拱形窗孔式护面墙。窗孔式护面墙的窗孔通常为半圆拱形,高度为 2.5~3.5 m,宽度为 2.0~3.0 m,圆拱半径为 1.0~1.5 m。

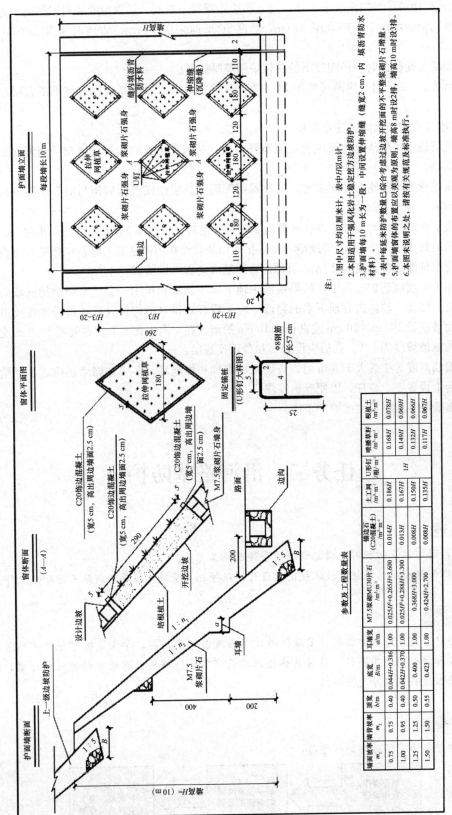

图5-1-21 菱形窗孔式护面墙

(4)拱式护面墙。当拱跨大于 5.0 m 时,多采用混凝土拱圈。拱圈厚度应根据拱圈上部护面墙垂直高度而定,墙高 5 m 时采用 20 cm,墙高 10 m 时采用 24 cm,墙高 15 m 时采用 30 cm。拱矢高为 81 cm。

当护面墙为变截面时,拱圈以下的肋柱采用等厚截面。

当拱跨为 2~3 m 时,拱圈可采用 M10 水泥砂浆砌块石。拱的高度视边坡下部岩层的完整程度而定。

(5)浆砌片石护面墙施工注意事项。

1)护面墙施工应先清除边坡风化层至新鲜岩面。对风化迅速的岩层,清挖到新鲜岩面后立即修筑护面墙。

2)护面墙背必须与路基坡面密贴,边坡局部凹陷处,应挖成台阶后用与墙身相同的圬工砌补,不得回填土石或干砌片石。

3)各式护面墙墙顶均应设置 25 cm 厚的墙帽,并使其嵌入边坡 20 cm,以防雨水灌入。

4)护面墙每 10~20 m 应设伸缩缝一道。护面墙基础建在不同地基上时,在相接处应设沉降缝。沉降缝及伸缩缝的宽度为 2 cm,可用沥青麻筋或沥青木板填塞。

5)在施工护面墙防护过程中,如果坡面中地下水不能顺利排出,会严重影响护面墙的稳定和使用寿命。因此,坡体内有地下水的路段,应采取有效排水措施,设置倾斜排水孔或边坡渗水沟。护面墙应设 10 cm×10 cm 或直径为 10 cm 的泄水孔,泄水孔上下左右间隔 2~3 m 交错布置,泄水孔纵坡坡度为 5%,孔后应备碎石和砂砾反滤层。

6)护面墙高度等于或大于 6 m 时,应设置检查梯和拴绳环,多级护面墙还应在上下检查梯之间的错台上设置安全栏杆,以便养护维修。

7)护面墙施工应重视洒水养护工作。

任务二 沿河路基防护

学习目标

(1)掌握沿河路基防护常用措施的适用条件及施工工艺。
(2)能够根据公路路基施工技术规范及设计图纸等相关资料,指导沿河路基防护施工作业。

任务描述

利用公路沿河路基防护案例、多媒体教学资源及教师的讲解,学生能够掌握沿河路基防护常用措施及各措施的适用条件。针对具体沿河路基实例,能够提出有效可行的防护方案,编制出相应的施工流程及指导现场施工。

学习引导

本工作任务沿以下脉络进行学习:

> **相关知识**

山区公路沿河路线或傍水库线路，因河流的天然演变，路基及岸坡会经常或周期性地受到水流的冲刷作用。为了保证公路路基及岸坡的稳固和安全，必须采取有效的冲刷防护措施，对路基进行防护。

沿河路基受水流冲刷，应根据河流特性、水流性质、河道地貌、地质等因素，结合路基位置经技术经济比较后选用适宜的防护工程类型或采取导流或改移河道等措施（见表 5-2-1）。

表 5-2-1　冲刷防护工程类型及适用条件

防护类型		适用条件
植物防护		可用于允许流速为 1.2～1.8 m/s、水流方向与公路路线近似平行、不受洪水主流冲刷的季节性水流冲刷地段防护。经常浸水的路堤边坡不宜采用
砌石或混凝土护坡		可用于允许流速为 2～8 m/s 的路堤边坡防护
土工织物软体沉排、土工模袋		可用于允许流速为 2～3 m/s 的沿河路基冲刷防护
石笼防护		可用于允许流速为 4～5 m/s 的沿河路堤坡脚或河岸防护
浸水挡墙		可用于允许流速为 5～8 m/s 的峡谷急流和水流冲刷严重的河段
护坦防护		可用于沿河路基挡土墙或护坡的局部冲刷深度过大、深基础施工不便的路段
抛石防护		可用于经常浸水且水深较大的路基边坡或坡脚以及挡土墙、护坡的基础防护
排桩防护		可用于局部冲刷深度过大的河湾或宽浅性河流的防护
导流	丁坝	可用于宽浇性河段，保护河岸或路基不受水流直接冲蚀而产生破坏
	顺坝	可用于河床断面较窄、基础地质条件较差的河岸或沿河路基防护，以调整流水曲度和改善流态

归纳起来，沿河路基防护一般分为直接防护和间接防护两类，常用防护措施详见表 5-2-2。

表 5-2-2　路基冲刷防护方法

序号	防护方法	方法名称	说明
1	直接防护	抛石(或堆石)防护	主要用于水下边坡，应用很广
2		干砌片石防护	适用于周期性浸水的、位于河滩或台地边缘的路基边坡
3		浆砌片石防护	适用于经常浸水的、受主流冲刷或受较强烈的波浪作用的路基边坡和河岸及水库边岸
4		石笼防护	具有较好的强度和柔性，采用垒砌形式
5		浸水挡土墙防护	适用于在峡谷急流的河段
6	间接防护	导流坝	常用的有挑水坝和顺水坝
7		植物防护	适宜于被防护的路基外侧有宽阔的河滩或仅在洪水时才被淹没的台地
8		改移河道	适用于山区及半山区河道弯曲不规则的河段

一、直接防护

所谓直接防护就是对边坡直接加固，以抵抗水流的冲刷及淘刷作用。

直接防护适用于水流流速不宜过大、流向与河岸路基接近平行的地段，或者路基位于宽阔的河滩、凸岸及台地边缘等水流破坏作用较弱的地段。若在山区河流狭窄的地段，虽然纵坡陡，流速大，破坏作用较强烈，但因受地形条件的限制，很难改变水流的性质，则不得不采取直接加固的方法。

1. 抛石(或堆石)防护

(1)适用条件与作用。抛石防护(图5-2-1)应用范围很广，主要用于稳固水下边坡，对于经常浸水且水较深地段的路基边坡防护及洪水季节防洪抢险更为常用。

抛石可以防止水下边坡遭受水流冲刷和波浪对路基边坡的破坏，以及淘空坡脚。

(2)一般规定。

1)石料选取。抛石防护类似在坡脚处设置护脚，所抛石料应选用坚硬不易风化的石料。抛石的粒径大小与水流速度、水深、浪高及边坡坡度有关，石料粒径一般为300～500 mm，其石料粒径与水深、流速的关系见表5-2-3。为了使抛石有一定的密实度，宜用大小不同的石块掺杂抛投。

图 5-2-1　抛石防护

表 5-2-3　抛石粒径与水深、流速的关系

抛石粒径/mm	水深/m				
	0.4	1.0	2.0	3.0	5.0
	容许流速/(m·s^{-1})				
150	2.70	3.00	3.40	3.70	4.00
200	3.15	3.45	3.90	4.20	4.50
300	3.50	3.95	4.25	4.45	5.00
400	—	4.30	4.45	4.80	5.05
500	—	—	4.85	5.00	5.40

抛石尺寸可按下式计算：

$$D=\frac{v^2}{(\Delta-\Delta_0)A^2\cos\alpha} \tag{5-2-1}$$

式中　D——石块平均粒径(m)；

　　　v——石块被水流移动的临界流速(m/s)；

　　　Δ,Δ_0——石块的重度(kN/m³)及水的相对密度；

　　　A——系数，块石在河底移动时，$A=3.8$，块石在抛石上移动时，$A=5.3$；

　　　α——抛石堆表面与水平线的倾角。

2)抛石坡度。抛石切忌乱抛，抛石坡度应根据水深、流速和波浪情况确定。抛石边坡坡度值见表5-2-4。

表 5-2-4　抛石边坡坡度值

水文条件	采用边坡	水文条件	采用边坡
水浅，流速较小	1∶1.2～1∶2.5	水深大于 6 m，在急流中施工	缓于 1∶2
水深 2～6 m，流速较大，波浪汹涌	1∶2～1∶3		

3）抛石厚度。抛石厚度宜为粒径的 3～4 倍，用大粒径时不得小于 2 倍。

4）抛石类型。常用的抛石类型有普通抛石和带反滤层抛石。反滤层的作用是在洪水退走后，使路堤本身迅速干燥，减少路基土被冲走，适用于黏质土路堤并应在枯水施工。反滤层一般分层设置，从里向外第一层可用 10～15 cm 厚的粗中砂，第二层可用厚 10～20 cm、粒径为 1～3 cm 的砾石，第三层可用厚度为 20 cm 的碎石或卵石。

(3) 施工注意事项。

1）抛石防护石堆的顶面高程，应为设计水位加上波浪侵袭、壅水高度及 0.5 m 的安全高度；基底埋设在冲刷深度以下不小于 1.0 m 或嵌入基岩内；顶部宽度应不小于 1.0 m，底部尺寸由抛石顶外侧，按抛石外侧坡度放坡与河底的交点到边坡坡脚的距离确定。

2）对于波浪很强烈的水库边岸防护或海岸防护，当需要的石块尺寸及质量过大时，可采用混凝土预制的异形块体作为护面抛投或铺砌材料。

3）除特殊情况外，抛石防护宜在枯水季节施工。

2. 干砌片石防护

(1) 适用条件。干砌片石适用于易受水流侵蚀的土质边坡、严重剥落的软质岩石边坡、周期性浸水及受冲刷轻且流速为 2～4 m/s 的河岸路基及边坡。根据护坡的厚度干砌片石常分为单层干砌片石和双层干砌片石两种。

(2) 一般规定。

1）石料应选用未风化的坚硬岩石。

2）干砌片石时，不得大面平铺，石块应彼此交错搭接，不得松动。

(3) 施工注意事项。

1）为了防止边坡内的细粒土被水流冲淘出来和增加护坡的弹性，以抵抗外力的冲击作用，在干砌护坡面层与边坡土之间设置 1～2 层砂砾垫层，垫层厚度为 10～15 cm。

2）干砌片石护坡砌筑前应先夯实整平边坡，砌筑石块要互相嵌紧，以增强护坡的稳定性。

3）干砌护坡顶的高度应为路基设计洪水位高加可能的壅水高、波浪侵袭高，再加 0.5 m 的安全高度。

4）护坡基础应按可能的最大冲刷深度处理。当冲刷深度为 1.0 m 时，可采用墁石铺砌基础，其断面常用倒梯形，表面宽度不小于冲刷深度的 1.5 倍。墁石铺砌表层石块宜用比护坡石块宽度更大的尺寸。当冲刷深度大于 1.0 m 时，宜用浆砌片石脚墙基础并埋置在冲刷深度线以下。

5）干砌护坡厚度等于或大于 35 cm 时，应采用双层铺砌。双层铺砌时注意上下层之间的石块要很好地咬合嵌紧，上层石块的尺寸应大于下层石块的尺寸。

3. 浆砌片石防护

(1) 适用条件。浆砌片石护坡适用于经常浸水的受水流冲刷或受较强烈的波浪作用的路基边坡防护和河岸及水库边岸防护，也可用于有流冰及封冻的河岸边坡防护。

(2) 一般规定。

1）砌筑护坡的石料宜选用坚硬、耐冻、未风化的石料，其抗压强度不小于 30 MPa。

2)用于冲刷防护的浆砌片石护坡的最小厚度一般不小于 35 cm，并采用双层浆砌，在非严寒地区可使用 M7.5 砂浆，在严寒地区应使用 M10 砂浆。

3)浆砌片石护坡应设适当厚度的垫层。当护坡厚度较大时，可采用厚度为 15～25 cm 的砂砾垫层。砌筑前坡面应整平拍实。

4)用于冲刷防护的浆砌片石护坡基础以脚墙为好。当冲刷深度小于 3.5 m 时，可将基础直接埋置在冲刷深度线以下 0.5～1.0 m，并考虑基础底面置于河槽最深点以下。当冲刷深度更深时，可将基础埋置在冲刷深度线以上较稳定的且有足够承载力的地层内，而在基脚前采用适当的平面防淘措施。

5)浆砌片石护坡应设置伸缩缝，间距为 10～15 m，缝宽度为 2 cm，用沥青麻筋或沥青木板填塞。

6)为了排除护坡可能的积水，应在护坡的中下部设置交错排列的泄水孔，可采用 10 cm×15 cm 的矩形孔或直径为 10 cm 的圆形孔，孔的间距为 2～3 m。泄水孔后附近范围内应设反滤层，以防淤塞。

4. 石笼防护

(1)适用条件。石笼是河床加固和路堤防止冲刷效果较好的柔性体防护。钢丝石笼能经受较高流速的冲刷，一般可抵抗 4～5 m/s 的流速，体积大的可抵抗 5～6 m/s 的流速，允许波浪高为 1.5～1.8 m 的水流。因此，石笼防护适用于水流含有大量泥沙及基底地质良好的路基边坡，如图 5-2-2 所示。

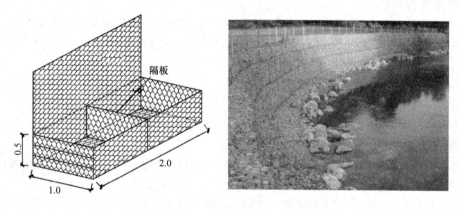

图 5-2-2　石笼防护(单位：m)

(2)石笼防护的优缺点。石笼防护的优点是具有较好的强度和柔性，而且可利用较小的石料。当水流中含有大量泥沙时，石笼中的空隙能很快淤满，而形成一个整体的防护层；其缺点是钢丝网易锈蚀，使用年限一般只有 8～12 年。当水流中带有较多的滚石时，容易将钢丝网冲破，此时一般不宜采用。

(3)石笼制作。

1)石笼网可用镀锌钢丝和普通钢丝编织。规则形状的石笼应用 6～8 mm 的钢筋组成框架，然后编织网格。网孔形状以六角形为好，常用的网孔尺寸有 6 cm×8 cm、8 cm×10 cm、10 cm×12 cm、12 cm×15 cm 等。具体采用何种规格应根据填充石料的最大粒径确定，网孔宜略小于最大粒径。编网时宜用双结，以防网孔变形。

2)石笼的外形一般为箱形和圆柱形。石笼的断面尺寸，长方体常采用宽 1.0 m、高 1.0 m，扁长方体一般采用宽 1.0 m、高 0.5 m，圆柱体的直径一般采用 0.5～1.0 m。

3)石笼的长度可按需要而定，但每隔 3～4 m 应设置横向框架一道。当石笼全长小于或等于

12 m时,纵向框架筋宜用6 mm钢筋;当石笼长大于12 m时,纵向框架筋宜用8 mm钢筋。横向框架可用6 mm钢筋。

4)底层为扁长方体石笼一端的上下纵向主骨架筋可做成挂环,以便于锚定石笼。骨架筋的连接宜采用环绕自身紧缠3圈的扭结,以防石笼受力下垂时被拉散。

5)长方体和扁长方体的笼盖与笼体的连接以及相邻石笼之间的连接,可沿连接线每隔0.2 m用钢丝对折成双线绕两圈扭三个花。

(4)一般规定。

1)应选用浸水不崩解、不易风化的石料。

2)基底应大致整平,必要时用碎石或砾石垫层找平。

3)石笼应做到位置正确,搭叠衔接稳固、紧密,以确保整体性。

4)石笼防护施工质量应符合表5-2-5的规定。

表 5-2-5 石笼防护施工质量标准

项次	检查项目	规定值或允许偏差/mm	检查方法和频率
1	平面位置偏位	不大于 300	全站仪:按设计控制坐标检查
2	长度	不小于设计长度−300	尺量:每个(段)量5处
3	宽度	不小于设计长度−200	尺量:每个(段)量5处
4	高度	不小于设计	水准仪或尺量:每个(段)测5处
5	底面高程	不高于设计	水准仪:每个(段)检查5点

(5)施工注意事项。

1)石笼防护用于防护岸时,一般采用垒砌形式,只有当边坡坡度等于或缓于1:2时才会采用平铺形式。

2)用于防护基础淘刷时,一般采用平铺于河床并与坡脚线垂直安放,同时将与基础连接处钉牢固定的形式,其铺设长度不宜小于河床冲刷深度的1.5~2倍。

3)贴近网孔的外层应用较大的石块仔细码砌,并使石块的棱角凸出网孔以外,以利于保护钢丝网;内层可用较小的石块填充。

4)为了施工方便,石笼防护应在枯水季节进行施工。

5. 浸水挡土墙防护

挡土墙是用来支撑陡坡以保持土体稳定的一种构造物,它所承受的主要荷载是土压力。浸水挡土墙是挡土墙众多种类中的一种,其作用是避免沿河路基挤缩河床,防止水流冲刷路基。因此,浸水挡土墙防护适用在峡谷急流的河段,因地形限制不宜设置其他类型的冲刷防护时,如图5-2-3所示。用于冲刷防护的挡土墙,应按浸水条件及所受土压力、水流作用力或波浪作用力等荷载的最不利组合进行设计。

浸水挡土墙应选用坚硬未风化且浸水不崩解的石料。

图 5-2-3 浸水挡土墙

浸水挡土墙的基础应妥善处理,最好埋置在不被冲刷的岩层上。对于可能被冲刷的河床地层,则应将基础埋置在冲刷深度线以下不小于1.0 m的地方。若冲刷深度很深,则应根据河床的地质情况采用桩基础或连续墙基础,或者在有条件时采用平面防淘措施。

为了减小墙后的渗透压力和排除墙后积水,应根据当地自然条件和墙后可能积水情况设置适当的集水和排水设施。

浸水挡土墙宜采用片石混凝土结构。

二、间接防护

间接防护是用导流或阻流的方法来改变水流的性质,或者迫使主流流向偏离被防护的地段,或者改变河槽中冲刷和淤积的部位,以间接地防护河岸路基。

间接防护的适用条件为河床较宽、冲刷和淤积大致平衡、水流性质较易改变的河段;有些地方可以顺河势布置横向导流建筑物时,可采用挑水坝;当防护地段较长时,则更适宜。其优点是防护效果好,而且工程费用也比直接防护少。对于不宜过多地侵占河槽的情况,则宜采用顺水坝使水流偏转,以达到防护的目的。

采用间接防护时,或多或少地侵占了一部分河床断面,因而不同程度地压缩和扰乱了原来的水流,加重了其他地方的冲刷和淘刷作用,所以应特别注意修建这类防护建筑物后对被防护地段上下游及对岸的影响,应防止对农田水利、居民点及重要建筑物造成损害而引起纠纷。

1. 导流坝

常用的导流坝有挑水坝和顺水坝两种,挑水坝也叫作丁坝。

(1)挑水坝。挑水坝的作用是迫使水流改变方向,离开被防护的河岸。挑水坝压缩水流断面较多,能强烈地扰乱原来的水流。单个挑水坝起不到防护作用,必须是成群布置。

挑水坝可由柴排及乱石堆砌而成,或砌片石。其断面一般采用梯形,坝身的顶宽一般为2～3 m,坝头顶宽为3～4 m,下游边坡较缓,一般为1:1.5～1:2,上游为1:1.0～1:1.5。坝的长度不宜太长,一般不超过稳定河宽的1/4。挑水坝的布置间距,山区弯曲河段可考虑为坝长的1～2.5倍,顺直河段则为坝长的3～4倍。

由于挑水坝坝根与河岸相接,容易被冲开而使挑水坝失去作用,所以应结合地质及水流特点将坝根嵌入岸边3～5 m,并在上下游加设防冲刷设施。

挑水坝群的布置形式有上挑、下挑及垂直布置。上挑式坝轴线与水流方向的夹角小于90°,下挑式坝轴线与水流方向的夹角大于90°,垂直布置坝轴线与水流方向的夹角为90°。按洪水淹没情况又分为漫水式和不漫水式。不漫水的挑水坝宜布置成下挑式,起到减轻水流对坝头的冲击作用。漫水的挑水坝宜布置成垂直或上挑式,以减低坝顶溢流的流速。在平原、半山区的宽浅河段,水流易于摆动,当流速和冲刷力不大时,也可将漫水水坝布置成垂直或上挑的形式,以促进坝间淤积,较快地形成新岸。

(2)顺水坝。顺水坝常与水流平行,导流建筑物的轴线大体沿治导线的边缘线布置。顺水坝的作用是使水流较匀顺和缓地改变方向,偏离被防护的河岸。

顺水坝压缩水流断面较少,并不扰乱或很少扰乱原来的水流,不致引起过大的冲刷,坝体和基础的防护均可较轻。但坝的全长与被防护地段的长度相等,故造价较高。

顺水坝的结构大体与挑水坝相同。坝头受力比挑水坝小,一般无须加宽,顶宽为1～2 m,迎水面边坡坡度为1:1.5～1:2.5,背水边坡坡度为1:1～1:1.5。坝的长度为防止冲刷河岸长的2/3。

顺水坝的起点应选择在水流匀顺的过渡地段,坝根应牢固嵌入河岸3～5 m,终点可与河岸连在一起，下游端与河岸留有缺口，以宣泄坝后水流。顺水坝一般以漫水式居多，坝顶与中水位齐平。

2. 防护林带

植林须有适宜的条件，主要应该有利于林带的成活和快速生长，适宜于被防护的路基外侧有宽阔的河滩或仅在洪水时才被淹没的台地，河滩及台地的土质适宜树木生成，有洪水时的流速不大于 3.0 m/s。

防护林带的作用是洪水期使流速降低，减缓冲刷，泥沙沉积，从而起到防护的效果。

防护林带最适宜栽植杨柳类的乔木和灌木。其特点是生长快，对土的要求低，根系发达，枝梢茂密，在长期经受水淹的情况下仍能成活。栽培时宜成行，行列可与水流方向成正交或逆水方向斜交约 45°。当水流流速小于 1.0 m/s 时，可用单棵插枝法；当流速大于 1.0 m/s 时，宜用成束插枝法，每束 5~6 棵。插枝时应插在预先挖好的小圆穴内并注意培土。林带的边缘部分易受水流冲击，应采用编笆插枝法。在预先挖好的引水沟内成束插枝并按棵距钉入木桩，用长 1.5~2.0 m 的柳条组成编笆。林带的行距宜为 0.8~1.5 m，棵距为 0.4~0.8 m。

沿河岸或路基护脚，宜采用灌木与乔木间植，并每隔 10~20 m 的相等间距设置编笆一道，以促使泥沙淤积，防止坡脚冲刷。

植树宜在秋末季节进行。

防护林带的布置应按导流堤设计原理，即应为顺上游流势的圆顺曲线，由水流的边缘轮廓线至被防护的河岸或路基坡脚之间，按规定的行距和棵距整片栽植，行列的方向宜逆水方向倾斜 45°。

3. 改移河道防护

改移河道防护适用于山区及半山区河道弯曲不规则的河段，通过改弯取直或将急转弯改圆顺，以达到路基防护的目的。

改移河道防护时，挖河道的工程量较大，施工时应组织机械设备赶在洪水期之前完成，以保证已施工路基的安全。

改移河道施工时，应按设计要求开挖河道及处理弃方。

任务三　边坡锚固防护

学习目标

(1) 掌握路基边坡锚固防护常用措施的适用条件及施工工艺。

(2) 能够根据公路路基施工技术规范及设计图纸等相关资料，指导路基边坡锚固防护施工作业。

任务描述

利用公路路基边坡锚固防护案例、多媒体教学资源及教师的讲解，学生能够掌握公路路基边坡常用锚固措施及各措施的适用条件。针对具体的路基边坡实例，能够提出有效、可行的边坡锚固防护方案，编制出相应的施工流程及指导现场施工。

学习引导

本工作任务沿以下脉络进行学习：

相关知识

公路滑坡、崩塌等不稳定边坡的加固处治主要应根据边坡稳定性分析资料鉴别边坡的破坏模式，确定边坡不稳定程度及范围，对锚固方案的合理性、安全性进行技术经济论证，选取适当的锚固及支挡措施。常见的锚固措施有预应力锚索和全黏结型钢筋锚杆两种。

一、预应力锚索防护

1. 岩土锚固原理

岩土锚固技术是把一种受拉杆件埋入地层中，以提高岩土自身强度和自稳能力的一门工程技术；由于这种技术大大减轻了结构物的自重、节约工程材料并确保工程的安全和稳定，具有显著的经济效益和社会效益，因而目前在工程中得到极其广泛的应用。

岩土锚固的基本原理就是利用锚杆(索)周围地层岩土的抗剪强度来传递结构物的拉力或保持地层开挖面的自身稳定。锚杆(索)可以作用于结构物上，以承受外荷的抗力；可以使锚固地层产生压应力区并对加固地层起到加筋作用；可以增强地层的强度，改善地层的力学性能；可以使结构与地层连锁在一起，形成一种共同工作的复合体，使其有效地承受拉力和剪力。在岩土锚固中，通常将锚杆和锚索统称为锚杆。

锚杆按是否预先施加应力，分为预应力锚杆(索)和非预应力锚杆(索)。预应力索是指锚索锚固后施加一定的外力，使锚索处于主动受载状态；预应力锚索在锚固工程中占有重要地位，图 5-3-1 是典型的预应力锚索(拉力型)结构示意图，预应力锚索的锚筋为钢绞线。目前，在公路滑坡处治中广泛采用预应力锚索加固技术。

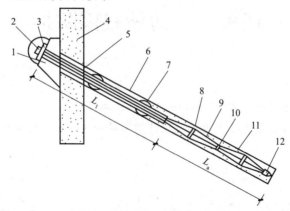

图 5-3-1　预应力锚索结构示意图

1—台座；2—锚具；3—承压板；4—支挡结构；5—自由隔离层；6—钻孔；7—对中支架；
8—隔离架；9—钢绞线；10—架线环；11—注浆体；12—导向帽；L_1—自由段；L_a—锚固段

2. 预应力锚索结构

预应力锚索是一种将拉力传至稳定岩层或土层的结构体系,主要由锚头、自由段和锚固段组成(图 5-3-1)。

1)锚头:锚索外端用于锁定锚索拉力的部件,由垫墩、垫板、锚具、保护帽和外端锚筋组成。

2)锚固段:锚索远端将拉力传递给稳定地层的部分锚固深度和长度,应按照实际情况计算获取,要求能够承受最大设计拉力。

3)自由段:将锚头拉力传至锚固段的中间区段,由锚拉筋、防腐构造和注浆体组成。

4)锚索配件:为了保证锚索受力合理、施工方便而设置的部件,如定位支架、导向帽、架线环、束线环、注浆塞等。

3. 预应力锚索适用条件

在边坡工程中,当潜在滑体沿剪切滑动面的下滑力超过抗滑力时,将会出现沿剪切面的滑移和破坏。在坚硬的岩体中,剪切面多发生在断层、节理、裂隙等软弱结构面上。在土层中,砂性土的滑面多为平面,黏性土的滑面一般为圆弧状。有时也会出现沿上覆土层和下卧基岩间的界面滑动。为了保持边坡的稳定,一种办法是采用大量削坡直至达到稳定的边坡角,另一种办法是设置支挡结构。在许多情况下,单纯采用削坡或挡土墙往往是不经济或难以实现的,这时可采用预应力锚索加固边坡,如图 5-3-2 所示。

图 5-3-2 预应力锚索防护边坡

4. 预应力锚索施工工艺流程

预应力锚索施工工艺流程如图 5-3-3 所示。

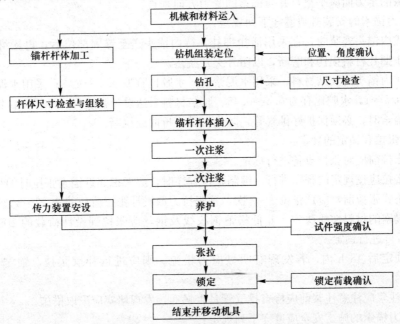

图 5-3-3 预应力锚索施工工艺流程

5. 预应力锚索施工基本要求

预应力锚索施工质量的好坏将直接影响锚杆的承载能力和边坡稳定、安全。因此，在正式施工前，应根据工程施工条件和地质条件选择适宜的施工方法，编制详细的施工组织设计，对施工人员进行技术培训，确保施工质量达到要求。

6. 预应力锚索施工要点

(1)锚索体加工和组装应遵守下列规定：

①锚索表面无损伤，除锈去污，并严格按设计尺寸下料。

②编排钢丝或钢绞线，应安设排气管；每股钢丝或钢绞线沿锚索轴线方向应平直、头齐，每隔1.0～1.5 m设置隔离架或内芯管，必要时可设置对中支架；锚索体应捆扎牢固，捆扎材料不宜用镀锌材料，图5-3-4所示为安装好的锚索体。

③锚索体与内锚头及外锚具(图5-3-5)的连接必须牢固，其强度应大于锚索的张拉力。

图5-3-4　安装好的锚索体　　　　　　图5-3-5　锚具

(2)孔口支承墩应符合下列规定：

①支承墩尺寸和强度，应根据所施加的预应力大小、岩体强度和施工场地等条件决定。

②支承墩的承力面应平整，并与锚索的受力方向垂直。

(3)预应力锚索的安装必须遵守下列规定：

①机械式内锚头安装时，宜采用活扣绑扎，待内锚头送至锚固部位后，再松绑固定；安装过程中应防止捆扎材料损伤和磨断，以防外夹片脱落。

②胶结式内锚头的胶结材料，采用水泥浆时，水胶比宜取0.5～0.55；采用水泥砂浆时，胶砂比宜采用0.5～1，水胶比宜为0.4～0.45。胶结材料未达设计强度时，不得张拉锚索。

③安装锚索时，必须保护好排气管，防止扭压、折曲或拉断。

(4)锚索张拉和锁定的规定：

①锚索张拉前应对张拉设备进行标定。

②锚索张拉应按规定的程序进行。编制张拉程序时，应考虑邻近锚索张拉时的相互影响。

③锚索正式张拉前，应预张拉1～2次，预张拉取设计张拉荷载的20%～30%，锚索是否超张拉应按锚索的材料性质决定。非低松弛钢绞线及钢丝应张拉到设计荷载的105%～110%，持荷2 min后再进行锁定。

④锚索锁定后48 h内，若发现有明显应力松弛，则应进行补偿张拉，锁定后的锚索如图5-3-6所示。

(5)封孔注浆应注意注浆前应检查排气管是否畅通，发现堵塞应采取措施。

(6)预应力锚索的施工安全应遵守下列规定：

①张拉锚索时，孔口前方严禁站人。

②施工面在上层作业时，下方严禁有人作业或停留。

③封口水泥砂浆未达到设计强度的70%时，不得在锚索端部悬挂重物或碰撞锚具。

二、预应力土层锚杆防护

预应力土层锚杆(图 5-3-7)是将预应力通过锚杆传递到土层的体系。锚杆的一端与结构物相连，另一端锚固在土层内，通过对锚杆施加预应力，以承受土压力并保证土体的稳定。

图 5-3-6 锁定后的锚索

1. 特点及适用范围

(1)受力合理，能充分利用土体的抗剪强度平衡结构物的拉力，因而较经济。

(2)主动抗衡土压力，能有效地限制土体的滑动。

(3)改善土体的受力状态，使锚固范围内土体处于压应力状态，增强了土体的稳定性，并能提高滑移面上的抗剪强度。

(4)锚固力的作用点和作用方向可以根据需要选取，从而获得最佳的稳定效果。

(5)施工过程中，当地层条件变化时，可及时调整设计参数。

(6)施工方便，无须使用大型机械。

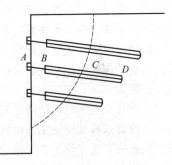

图 5-3-7 预应力土层锚杆

预应力土层锚杆适用于公路边坡及深基坑的支护。

预应力土层锚杆按锚固体结构形式分为圆柱形、端部扩大头形和连续球体形三种。圆柱形锚杆施工工艺简单，造价低，适于承载力较低的非黏质土、硬黏质土等；端部扩大头形锚杆可采用爆破扩孔或机械扩孔，适用于承载力较高、施工工艺较复杂的黏质土层；连续球体形锚杆是圆柱形锚杆在一次常压灌浆形成锚固体的基础上，利用设于锚固段上端的密封袋和隔一定距离开有环向小孔，并附有橡胶环的注浆套管，对其由下向上连续进行高压劈裂灌浆，使浆液冲开锚固体，向周围土体扩散、渗透、挤压，形成多个连续扩头体，增大了锚固体的体积，提高了锚杆的承载能力，改善了锚固体周围土体的力学性能，特别适用于饱和黏质土层。

2. 预应力土层锚杆施工

(1)施工材料及要求。预应力锚杆的预应力筋常用的材料为钢绞线、精轧螺纹钢筋及普通螺纹钢筋。常用的钢绞线强度不应低于有关技术规范规定的标准值，如常用的 7×5 mm($d=15.0$ mm)钢绞线强度按标准抽样检验的强度，不得低于 1 470 MPa。常用的精轧螺纹钢筋直径为 $d=25$ mm 及 $d=32$ mm，抽检的强度标准值 $d=25$ mm 的不得低于 900 MPa，$d=32$ mm 的不得低于 750 MPa。

锚杆灌浆浆液水胶比为 0.45~0.5，在加入砂时，应为粒径小于 2.0 mm 的洁净砂子。拌合水的要求为饮用水。当掺入外加剂时，应通过试验确定掺加量。

(2)施工工艺。预应力土层锚杆施工工艺流程如图 5-3-8 所示。

①钻机就位。一般采用修筑坡道靠钻机自身行走就位，当无法修坡道时，也可用起重机吊运。

②钻孔(图 5-3-9)。

图 5-3-8　预应力土层锚杆施工工艺流程

图 5-3-9　钻机钻孔

钻机开始钻孔时，应按设计位置先放出锚杆孔的位置并做出标记。

在硬黏土或不易坍孔的地层中进行钻孔，可采用干式螺旋钻成孔法；在易坍孔的地层中进行钻孔，则可采用水冲式带护壁套管的成孔法施工。钻孔前，现场要备好钻杆和套管，同时应有充足的水源，提供水源要有 0.6 MPa 的压力，可由水箱及水泵来保证供应。

施钻时应中速运转，根据土质的软硬而调整钻孔机的快慢。钻孔过程中，需经常使套管做往复进退动作，每接一次套管前至少做一次进退动作，以提高孔壁光滑度和减少孔壁与套管间的摩擦阻力。

当钻孔至底部时，稍微延长套管的转动时间，使孔底冲水充分，将悬浮土冲得比较干净，有利于放置锚杆和保证锚杆根部形成比较理想的水泥浆凝固体，从而提高锚杆的承拉力。

钻孔的主要工作量在于接装钻杆和套管。钻杆和套管一般为 1.5 m 的标准节，节间以丝扣连接。因此，操作时保护丝扣和及时涂抹掺石墨的润滑油是一项关键性的工作。

在土层锚杆施工现场常有大量含泥沙和水泥浆的泥浆水，对这部分泥浆水要及时予以处理。一般做法是使其经排水沟流至集水井，清水用水泵从上面抽走，下面的泥沙及时挖出，用专用的罐车运送到大容积的沉淀池，定期抽出池内上层浮水，再按计划处理下面的稀泥。

③预应力筋制作及安放。要在现场设置锚杆组装场地，需搭设组装工作案板和遮阳防雨篷。案板上有供钢索滑行的槽钢，钢索要装在特制的开卷笼内。锚杆组装程序为：接长注浆塑料管→安装钢索支架→绑扎钢索→焊钢索美帽→穿套自由段钢索套管→捆绑封口布袋。

锚杆柔软而细长，质量为 4～6 kg/m，适宜人力抬运，抬运时 3 m 左右一人。抬运锚杆的道路要求平整，现场坡度要小于 1:2。如修土坡有困难，为防止抬运锚杆时弄断注浆塑料管，则应搭设适当坡度的脚手架。

当锚杆抬运到位时，施工人员应检查一遍注浆塑料管是否完好，发现损坏应及时修理。把锚杆尖端对准套管口，再将锚杆徐徐放入套管内，孔口处要有人再次检查注浆塑料管是否有破损，发现问题应及时处理。

露出孔外的锚杆钢索要有足够的长度，根据现有张拉设备和锚固构造要求确定，一般不小于 2 m。遇有钻孔超过设计深度时，要采取措施将钢索拴住，直至第一次注浆的浆体达到一定强度后再松开，以防止锚杆顺坡下滑。

④拔套管。将锚杆杆体放好后，即开始拔套管。

⑤浆液的配合比、搅拌及压力注浆。水泥灰浆的配合比应经过试配并报批，一般使用的水胶比为 0.45～0.5，水泥的灰浆强度应符合设计规定。配制的灰浆：一要保证强度要求；二要保证灌注压浆的顺利操作。

搅拌灰浆要用机械搅拌,并随拌随用,以保证压浆时不堵塞。

连续球体形锚杆的注浆一般分为两次。第一次为填充注浆,主要目的是以水泥浆充满钻孔和封口布袋。注浆压力一般为 0.3~1.0 MPa,若注浆至封口布袋处,则需将注浆枪置于布袋中,至浆液充满布袋为止。第二次注浆为劈裂注浆,在第一次注浆后,以具有足够压力的水泥浆劈破已具强度的第一次注浆的浆体。一般在浆体强度达到 5 MPa 时即可进行,通常为一昼夜左右;第二次注浆压力为 2.0~4.0 MPa。

连续球体形锚杆注浆是以一硬质塑料管连接注浆泵出口与特制注浆枪来完成的。注浆从锚杆下端开始,每 50 cm 移动一次定点注浆,直至封口布袋处。

⑥ 外锚头制作。围檩用 H 型钢为好,因为 H 型钢双向刚度均大,故无须另行加固,使用方便。也可采用工字钢作围檩。

⑦ 锚杆张拉。当水泥浆体强度达到 15 MPa 时,可对锚杆进行张拉。锚杆张拉由专用设备进行,如油泵、穿心式千斤顶和锚具等。

锚杆张拉应按张拉程序进行,张拉时由专人操纵机械,记录和观测数据,并随时画出锚杆荷载-变位曲线图,以供判断锚杆质量之用。

⑧ 锚杆张拉控制应力。永久性锚杆张拉控制应力 σ_{con} 不应超过 $0.6f_{ptk}$,临时性锚杆张拉控制应力 σ_{con} 不应超过 $0.65f_{ptk}$。

(3)施工注意事项。

①为保证施工质量,应加强技术管理工作,建立质量保证体系,制定岗位职责及工序检验制度,以确保按设计要求及施工技术规范施工。当施工过程中出现异常情况需变更设计时,应履行设计变更审批手续。

②认真填写施工原始记录,按要求办理检验签认手续并妥善保管,作为竣工档案资料。

③做好施工现场的组织管理工作及试验检测工作。注浆时按要求制取试件并在标准条件下养护 28 d 试压,作为灰浆强度的凭证。

④在锚杆张拉前,应对张拉设备进行标定,符合要求后方可用于张拉作业。张拉时应严格按张拉程序及设备操作规程操作,并及时填写施工记录,发现问题及时与施工技术负责人联系解决。

⑤应高度重视施工安全工作,除建立安全施工措施外,应确保在施工过程中落实。这里强调预应力张拉施工的安全,施工脚手架搭设牢固,防止钻机设备倾斜、掉落,以及高压注浆的安全。

三、锚杆混凝土框架植草防护

1. 防护介绍

锚杆混凝土框架植草防护(图 5-3-10)是近年来在总结锚杆挂网喷浆(混凝土)防护的经验教训后发展起来的,它既保留了锚杆对风化破碎岩石边坡的主动加固作用,防止岩石边坡经开挖卸荷和爆破松动而产生的局部破坏,又吸收了浆砌片石(混凝土)骨架植草防护造型美观、便于绿化的优点,适用于土质边坡和坡体中无不良结构面、风化破碎的岩石路堑边坡。

锚杆混凝土框架植草防护的形式有多种组合:锚杆混凝土框架+喷播植草、锚杆混凝土框架+挂三维土工网+喷播植草、锚杆混凝土框架+土工格室网+喷播植草、锚杆混凝土框架+混凝土空心块+喷播植草等。

2. 适用条件

锚杆混凝土框架植草防护适用于边坡高度较大、稳定性较差的土质边坡和岩石路堑边坡。坡体中无不良结构面、风化破碎的岩石路堑边坡,宜采用非预应力的系统锚杆。

3. 施工流程

锚杆混凝土框架植草防护施工流程如图 5-3-11 所示。

图 5-3-10　锚杆混凝土框架植草防护

(1) 坡面成型。对于高陡边坡,施工时边坡应从坡顶向下逐级开挖、逐级加固,即开挖一级、防护一级,不得一次开挖到底。

(2) 测定孔位。根据施工设计图,计算出锚杆布设范围内控制孔位点坐标,用仪器将其测放于坡面上,并用固定桩固定。坡面其他孔位点定位,以已测放出的控制孔位点为基准,用钢尺丈量即可。孔位允许偏差不大于 50 mm。

(3) 钻机选择。根据锚固地层的类别、锚杆孔径、锚杆深度以及施工场地条件等来选择钻孔设备。

(4) 钻机就位并调整角度。锚杆孔位确定后,搭设钻机平台,并用锚杆将其与坡面固定。根据坡面测放孔位,准确安装固定钻机,并调整机位,确保开孔位准确。除锚杆孔位准确外,还须按设计调整钻孔倾角和方向,倾角允许误差不大于 3°。

(5) 钻孔。钻孔要求干钻,禁止采用水钻,以确保锚杆施工不会恶化边坡岩体的工程地质条件和保证孔壁的黏结性能。钻孔速度根据使用钻机性能和锚固地层严格控制,防止钻孔扭曲和变径,造成下锚困难或其他意外事故。钻孔深度应不小于设计值。

(6) 清孔。钻进达到设计深度后,不应立即停钻,应继续稳钻 1~2 min,以防孔底尖灭、达不到设计孔径。钻孔孔壁不得有沉渣及水体黏滞,必须清理干净。在钻孔完成后,使用高

图 5-3-11　锚杆混凝土框架植草施工流程

压空气(风压 0.2~0.4 MPa)将孔内岩粉及水体全部清除出孔外,以免降低水泥砂浆与孔壁岩土体的黏结强度。

(7) 安装锚杆。锚杆有预应力和非预应力两种。杆体应严格按照设计图纸加工制作,若锚杆与混凝土框架钢筋相干扰,则可局部调整框架钢筋间距。要确保每根钢筋顺直,并除锈、除油污。杆体入孔前需核对锚孔编号,确认无误后再人工缓慢将锚杆体放入孔内,用钢尺测量杆体孔外露长度,确保锚杆锚固长度。

(8) 锚孔注浆。注浆常采用二次高压劈裂注浆。一次常压注浆从孔底开始,如一次注浆不满,要补充注浆,直至注满为止。注浆压力宜不低于 0.2 MPa,浆液宜按水胶比 0.4~0.45、胶砂比 0.5~1.0 配制。二次注浆在一次注浆形成的水泥结石体强度达到 5.0 MPa 后,分段依次由下至上进行,注浆压力、注浆数量和注浆时间根据锚固体的体积及锚固地层情况确定。注浆结

束后,将注浆管、注浆枪和注浆套管清洗干净,同时做好注浆记录。

(9)混凝土框架施工。混凝土框架施工流程如图 5-3-12 所示。锚杆施工完后,测量放出框架位置,采用人工开挖框架槽体,石质坡面使用风镐开凿。框架钢筋绑扎先竖梁、后横梁。如为非预应力锚杆,锚杆尾部不需外露、不需加工丝口、不用螺母和混凝土锚头封块,只需将锚杆尾部与竖梁钢筋相焊接成一整体。模板采用短钢筋固定在坡面上,线条美观。混凝土浇筑时,尤其在锚孔周围钢筋较密集,需充分振捣,以保证混凝土质量。

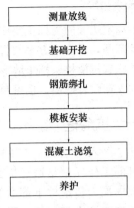

4. 施工注意事项

(1)当岩层破碎或松软饱水等易于塌、缩孔及卡钻、埋钻的地层中采用跟管钻进技术。

图 5-3-12 混凝土框架施工流程

(2)钻孔时,如遇塌、缩孔等不良钻进现象时,须立即停钻,及时进行固壁灌浆处理(灌浆压力 0.1~0.2 MPa),待水泥砂浆初凝后重新扫孔钻进。

(3)钻进过程中,应对每个孔的地层变化、钻进状态(钻压、钻速)、地下水及一些特殊情况做好现场施工记录。

(4)清孔时,除相对坚硬完整的岩体锚固外,不得采用高压水冲洗。

任务四　边坡支挡防护

学习目标

(1)叙述路基边坡支挡防护常用的防护类型。
(2)知道路基边坡支挡防护类型的适用条件和施工工艺。
(3)分析路基边坡支挡防护类型的优缺点,选择合适的防护类型。
(4)根据公路路基施工技术规范,完成边坡支挡防护施工技术作业。
(5)正确完成给定的具体路基工程,选择适当的边坡支挡防护措施,编制施工工艺流程。

任务描述

通过完成本任务,明确公路路基支挡防护常采用的措施及各种措施的适用条件。针对具体的路基实例,应能提出切实可行的防滑支挡防护方案,编制出相应的施工流程和施工注意事项。

学习引导

本工作任务沿以下脉络进行学习:

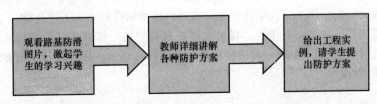

相关知识

不稳定边坡的支挡主要应根据边坡稳定性分析资料鉴别边坡的破坏模式,确定边坡不稳定程度及范围,对支挡方案的合理性、安全性进行技术经济论证,选取适当的支挡措施。常见的支挡措施有抗滑桩、挡土墙等。当然,对于复杂的不稳定边坡,如滑坡等地段的防护一般采用锚固和支挡联合使用,也可单独采用锚固或支挡。

一、抗滑桩

桩是深入土层或岩层的柱形构件。抗滑桩的工作原理是通过桩身将上部承受的坡体推力传给桩下部的侧向土体或岩体,依靠桩下部的侧向阻力来承担边坡的下推力,而使边坡保持平衡或稳定,如图 5-4-1 和图 5-4-2 所示。抗滑桩与一般桩基类似,但主要是承担水平荷载,抗滑桩是边坡工程中常用的处治方案。

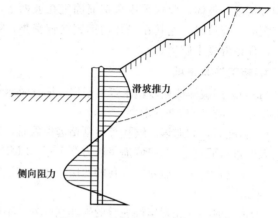

图 5-4-1 抗滑桩工作原理示意图

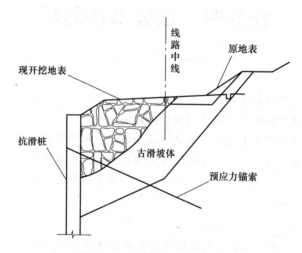

图 5-4-2 抗滑桩设计剖面图

1. 抗滑桩的类型

抗滑桩按材质分类,有木桩、钢桩、钢筋混凝土桩(本书主要介绍的类型)和组合桩。

抗滑桩按成桩方法分类,有打入桩、静压桩、就地灌注桩。就地灌注桩分为沉管灌注桩和钻孔灌注桩两大类。在常用的钻孔灌注桩中,又分为机械钻孔桩和人工挖孔桩。

抗滑桩按结构形式分类,有单桩、排桩、群桩和有锚桩。排桩常见的有椅式桩墙、门式刚架桩墙、排架抗滑桩墙(图 5-4-3),有锚桩常见的有锚杆和锚索,锚杆常见的有单锚和多锚,锚索抗滑桩多用单锚(图 5-4-4)。

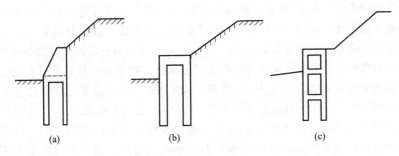

图 5-4-3 抗滑排桩形式
(a)椅式；(b)门式；(c)排架式

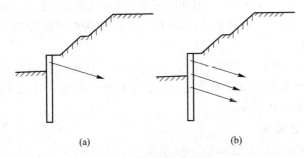

图 5-4-4 有锚抗滑排桩
(a)单锚；(b)多锚

抗滑桩从桩的埋入情况分类，有全埋式和半埋式(悬臂桩)；从布置形式分类，有密排桩(桩顶以混凝土承台连接的为承台式桩)和互相分离的单排桩(图 5-4-5)及多排桩。

目前，公路边坡工程中较多采用人工挖孔钢筋混凝土就地灌注抗滑桩进行防护。因此，本书将详细介绍此类抗滑桩的施工。

2. 抗滑桩的适用条件

抗滑桩常设置在边坡浅层及中层滑坡的前缘，适用于以下两种情况：

(1)当采用重力式支挡建筑时，工程量大、不经济的边坡；

(2)当施工开挖滑坡前缘时，易引起滑坡体剧烈滑动的边坡。

图 5-4-5 成型的抗滑桩

3. 抗滑桩的布设

(1)抗滑桩的平面布置。抗滑桩的平面布置是指桩的平面位置和桩间距。一般根据边坡的地层性质、推力大小、滑动面坡度、滑动面以上的厚度、施工条件、桩型和桩截面大小以及可能的锚固深度、锚固段的地质条件等因素综合考虑决定。

对一般边坡工程，根据主体工程的布置和使用要求确定布桩位置。

对滑坡治理工程，抗滑桩原则上布置在滑体的下部，即在滑动面平缓、滑体厚度较小、锚固段地质条件较好的地方，同时还应考虑到施工是否便利的问题。对地质条件简单的中小型滑坡，一般在滑体前缘布设一排抗滑桩，桩排方向应与滑体垂直或接近垂直。对于轴向很长的多级滑动或推力很大的滑坡，可考虑将抗滑桩布置成两排或多排，进行分级处治，分级承担滑坡推力；也可考虑在抗滑地带集中布置2～3排、平面上呈品字形或梅花形的抗滑桩或抗滑排架。对滑坡推力特别大的滑坡，可考虑采用抗滑排架或群桩承台。对于轴向很长的具有复合滑动面的滑体，应根据滑面情况和坡面情况分段设立抗滑桩，或采用抗滑桩与其他抗滑结构组合布置方案。

(2)抗滑桩的间距。抗滑桩的间距受滑坡推力大小、桩型及断面尺寸、桩的长度和锚固深度、锚固段地层强度、滑坡体的密实度和强度、施工条件等诸多因素的影响，目前尚无较成熟的计算方法。合适的桩间距应该使桩间滑体具有足够的稳定性，在下滑力作用下不致从桩间挤出。可按在能形成土拱的条件下，两桩间土体与两侧被桩所阻止滑动的土体的摩阻力不少于桩所承受的滑坡推力来估计。一般桩间距最大为15 m，常用的间距为6～10 m。若桩间采用了结构连接来阻止桩间楔形土体的挤出，则桩间距完全决定于抗滑桩的抗滑力和桩间滑体的下滑力。

当抗滑桩集中布置成2～3排排桩或排架时，排间距可为桩截面宽度的2～3倍。

4. 抗滑桩的断面

抗滑桩的桩身断面有圆形、方形、矩形、工字形等，应根据作用在桩背上下滑力的大小、施工要求、土石性质和水文等条件来选定。一般采用矩形断面，其尺寸以1.5 m×2.0 m及2.0 m×3.0 m两种截面使用较多。

5. 抗滑桩施工工艺流程

人工挖孔抗滑桩施工工艺流程如图5-4-6所示。

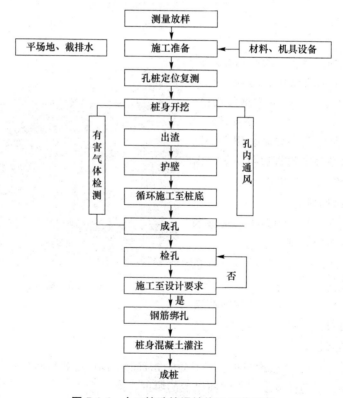

图5-4-6 人工挖孔抗滑桩施工工艺流程

6. 基本要求

钢筋混凝土灌注桩是一项质量要求高、施工工序较多，并须在短时间内连续完成的地下隐藏工程。因此，施工应严格按程序进行，备齐技术资料，编制施工组织设计，做好施工准备。应按设计要求，有关规范、规程及施工组织设计，建立各工序的施工管理制度，保证施工有序、快速、高质量地进行。

7. 抗滑桩施工

(1)施工中稳定滑坡的措施如下：

①清顺滑坡坡面，铲除陡坡、陡坎壁，填塞裂缝。如有可能，可根据设计需要，先在滑体范围内外分别浆砌圈形截水沟，以减少地表水下渗。

②在抗滑桩施工范围，应大致整平地面，靠山一侧刷出宽度不小于 2 m 的平台，另一侧若是弃渣或松散滑体，应填平夯实，避免对桩产生侧压。

③桩孔开挖，应视下滑力的大小、滑体的土石结构破坏程度及地下水等不同情况，采用全面同时开挖或跳跃式间隔开挖。

④根据地质条件，护壁可采用混凝土、钢筋混凝土、木质和喷护等方法，如地质条件许可且开挖不深，能确保施工安全，可不设支护，一直挖至设计高程，符合桩基已置于较好的基岩上，井孔垂直且不小于设计尺寸和已达最低一层滑动面下 5 m 以上时，立即绑扎钢筋(或下预制钢筋笼)，灌注桩身混凝土，不容拖延时间。

⑤桩孔孔口 10 m 内不应存放大堆材料，弃渣亦应在 30 m 以外，产生振动大的机械应设在 50 m 以外。

(2)桩孔开挖的准备工作：

①现场核对设计，按设计测定桩位，进行施工放样。放样时，要根据工地具体情况和施工可能发生的误差，每边较设计尺寸略大一些(一般为 5 cm)。然后，整平孔口场地。

②在井口上竖立井架式三脚架或摇头扒杆出渣、进料，起吊高度应高出井口 3 m 以上，搭设临时防雨篷，做好井口排水沟。为了保证施工人员的人身安全，井口设栏杆(薄壳支护高出地面者可不设)及供起吊人员装卸料用的脚踏板和井口开关门。

③备置起吊用箩筐或特制的活底箱、桶及 0.5 t 的卷扬机。当桩间距离较短(5~7 m)时，要考虑开挖与护壁混凝土灌注的工序间隙时间。

④配置井内开挖用的短镐、铲、锹和钻岩机、风镐与空压机及管道，供人员上下用的梯子。

⑤配备井内用的高压送电线路及低压照明、发电机和变配电设备、爆破器材、通风设备及管路和安装材料。

⑥当井内有地下水时，还应配备潜水泵或其他类型的高扬程抽水机。

(3)抗滑桩孔开挖。

①劳动力组织。根据开挖、提升、出渣及断面形式等条件，一般每孔配 10 人，其中分配如下：井内开挖作业 4 人，卷扬机及抽水机驾驶员 1 人，制作、安装支撑 2 人，井口接卸、拴套重物 1 人，接运出渣 2 人，如图 5-4-7 所示。另组织混凝土班 1 个，人数视具体情况而定(无混凝土工作时转作备料)，钢筋加工也应有专业小组负责。

②井下放炮。在开挖中常会遇到孤石或基岩，须进行放炮，在滑动面以下土质坚硬的地方，为加快施工进度，也需爆破松土。爆破时要注意眼孔布置和装药量。

③井壁塌方处理。在施工过程中，因土层软弱、松散、地下水作用，或因放炮作用引起塌方面积较小时，必须严格控制井内及邻近孔的放炮，立即进行护壁支护，在塌空处填充块石，护壁适当加筋，浇灌混凝土未达到设计强度 80% 前不宜拆除模板顶撑；当塌方严重，土地过于松软和地下水作用继续坍塌时，必须加强观察，清除危石及悬土，在塌方处搭制托梁暗柱，并用木楔、长钉加固钉牢，里面用块石或废木填充，以阻止土石继续坍塌并立即支护，适当加密塌方处钢筋。浇灌混凝土未达到设计强度 80% 前，不宜拆除模板顶撑。

④井孔的开挖支护有混凝土薄壳护壁和木支护两种。

(a)   (b)

图 5-4-7 抗滑桩孔开挖
(a)孔口提土；(b)孔底挖土、装土

a. 混凝土薄壳护壁。混凝土薄壳护壁的每节开挖深度为 0.6～2 m，护壁厚度可参考表 5-4-1。

表 5-4-1 护壁厚度

顺序	土质类别	每节挖深/m	护壁厚/m	说明
1	扰动松散土或弃渣	0.6～1.0	0.25～0.30	含水地层灵活掌握
2	中密土夹石	1.0～1.5	0.20～0.25	井口一节宜高出地面 0.3～0.5 m
3	密实黏土、砂黏土夹卵石、碎石	1.5～2.0	0.2	

b. 木支护。当桩孔位于堆积层中或土质松散地点时，则需使用木质支撑，随挖随支，井口密、下部稀，底部挖出岩石后视情况可少支或不支。

⑤安全注意事项应对照竖井施工办理，尤其应注意下述各点。

a. 工具必须放在吊斗内。上班时先送工具后送人入井，下班时，先送人后吊工具出井。工作人员上下井时，必须空手扶稳钢筋梯，严禁借用起吊绳索或吊斗上下。

b. 井口必须设专人值班看守防护，不准任何料具、小石块落入井内伤人。

c. 装料时，吊斗不能装得太满。起吊架子、安全栅、绳索、滑轮、辘轳、机具等，每班操作前要认真检查，发现问题及时处理。

d. 注意检查木支撑和已成护壁有无变形，如有问题，立即撤出工作人员并报告有关部门。

(4)灌注抗滑桩身混凝土。

①核对断面尺寸及桩底地质资料，放出桩底十字线。当混凝土护壁作为桩身断面时，护壁必须清刷干净。

②钢筋绑扎、焊接定位(图 5-4-8)。绑扎钢筋有两种做法，一种是单根钢筋放到井下定位绑扎。但井下绑扎，电焊工作量大，对工人健康不利；另一种是根据起吊设备和抗滑桩深度情况，整体吊装，将钢筋预制成每节 5～7 m 的钢筋笼，逐节放到井下搭接焊牢。为防止钢筋笼在搬运和下井过程中变形，每节钢筋笼可增设直径 25～28 mm 加劲箍筋两道或增加钢轨、型钢等，钢筋笼就位后，其与护壁的间距应以混凝土块楔紧。

③灌注桩身混凝土。最好使用输送泵搅拌机置于井口，应随时观察井内情况，以防止意外发生。当钢筋笼定位后，以串筒漏斗将混凝土传送至井中捣固。

图 5-4-8 桩身钢筋绑扎

一般混凝土灌至一节钢筋笼外露部分 40 cm 时，进行下节钢筋笼搭接电焊（要注意上下节钢筋笼长短钢筋对口面），经检查合格后方可继续灌注混凝土。如此反复循环直到灌完桩身混凝土，如图 5-4-9 所示。

④抗滑桩的承台施工。当设计为承台式抗滑桩时，在灌完桩身混凝土后，根据承台底面高程及承台底面轮廓尺寸进行放样，开挖土石方。凿除高出承台底面的桩孔混凝土护壁，安装承台模板，绑扎钢筋，分层灌注承台混凝土。

⑤所用钢筋加工、绑扎、焊接及混凝土的配合比选定与拌和、捣固、脱模、养护、用料要求等，均应按有关规定执行。

(5) 施工注意事项：

①施工过程中，为确保施工人员的安全和建筑物部位的准确性，应建立观测系统，布置对滑坡体、建筑物位置的准确观测，防止发生突发事故。

图 5-4-9 桩身混凝土灌注

② 抗滑体若有支挡建筑物、永久排水和防渗设施等，应使这些建筑设施与抗滑桩体正确连接，配套完成。

③ 桩基开挖过程中，应随时核对滑动面情况，及时进行岩性资料编录。当其实际情况与设计不符时应及时反馈，以便及时处理。

二、挡土墙

挡土墙是公路路基中常见的一种支挡结构形式，其应用十分广泛。当山区地面横坡过陡时，常在下侧边坡设置挡土墙；或在靠山侧，由于刷坡过多，不仅土石方工程数量大，而且破坏了天然植被容易引起灾害，因此设置挡土墙以降低路堑高度；在平原地区多为良田，为了节约用地，往往也在路基一侧或两侧设置挡土墙；当高路堤、深路堑土石方数量大，取、弃土困难时，也可设置挡土墙以减少土石方数量；挡土墙还经常用来整治崩塌、滑坡等路基病害等。

根据在路基横断面上的位置，挡土墙可分为路肩墙、路堤墙及路堑墙。当墙顶置于路肩时，称为路肩式挡土墙；若挡土墙支撑路堤边坡，墙顶以上尚有一定的填土高度，则称为路堤式挡土墙，又称为坡脚式挡土墙；如果挡土墙用于稳定路堑边坡，则称为路堑式挡土墙；设置在山坡上用于防止山坡覆盖层下滑的挡土墙，称为山坡挡土墙。各类挡土墙的图式和适用场合见表 5-4-2。

表 5-4-2　挡土墙图式和适用场合

序号	名称	示意图	适用场合
1	路肩挡土墙	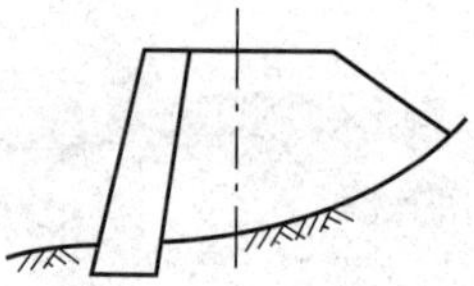	陡山坡上，为保证路堤稳定，收缩坡脚。 压缩路堤坡脚，减少占用土地或避免与其他建筑物发生干扰。 防止沿河路堤水流冲刷、淘刷
2	路堤挡土墙	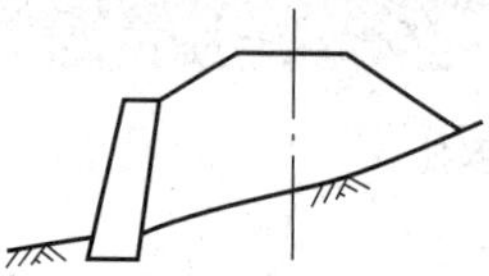	受地形限制或其他建筑物干扰，必须约束坡脚时。 防止陡坡路肩下滑
3	路堑挡土墙	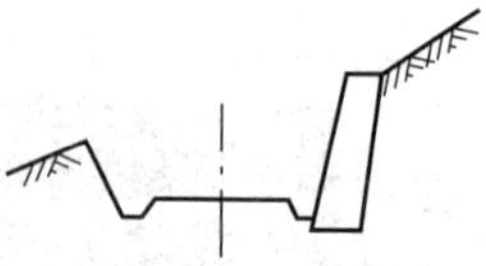	山坡陡峻，用以降低边坡高度，减少山坡开挖，避免破坏山体平衡。 地质条件不良，用以支挡可能坍塌的山坡土体
4	山坡挡土墙	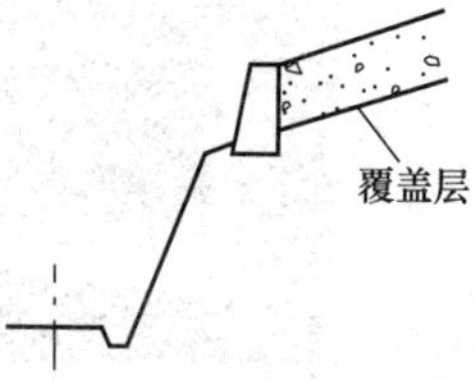	用以支挡山坡上有可能坍滑的覆盖层土体或破碎岩层。 根据山坡情况可分设数道，以满足实际需要
5	浸水挡土墙	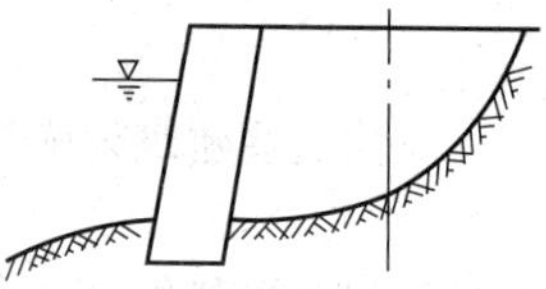	沿河路堤，须收缩坡脚，以免水流冲刷和淘刷
6	抗滑挡土墙	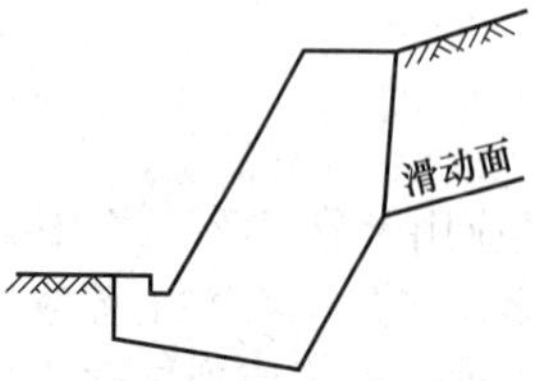	滑坡地段，用以稳定滑动土体

根据墙体材料的不同，挡土墙有石砌挡土墙、砖砌挡土墙、混凝土块砌挡土墙、混凝土挡土墙、钢筋混凝土挡土墙及木质挡土墙，如图 5-4-10 所示；根据挡土墙的结构，常见的形式有重力式、半重力式、衡重式、悬臂式、扶壁式、加筋土式、锚杆式、锚定板式和桩板式，此外，还有柱板式、垛式、竖向预应力锚杆式及土钉式等类型。下面介绍常见的浆砌重力式挡土墙的施工。

图 5-4-10 挡土墙

(a)浆砌片(块)石重力式挡土墙；(b)混凝土挡土墙

1. 重力式挡土墙的特点

重力式挡土墙依靠自重支撑土压力来维持其稳定。一般多用片(块)石砌筑，挡土墙高度较大及在缺乏石料的地区可用混凝土修建。重力式挡土墙结构简单、施工方便、取材容易，但由于墙背侧向土压力主要是依靠墙身的自重来保持平衡，故墙身断面尺寸较大，圬工量较大，对地基承载力要求也较高。

为适应不同地形、地质条件及经济要求，重力式挡土墙具有多种墙背形式。其中，墙背为直线形的是普通重力式挡土墙，如图 5-4-11(a)、(b)所示，其断面形式最简单，土压力计算简便。带衡重台的挡土墙，称为衡重式挡土墙，如图 5-4-11(c)所示。衡重式挡土墙由上墙、下墙和衡重台三部分组成，其主要稳定条件仍凭借于墙身自重，但由于衡重台上填土的重力使墙的重心后移，增加了墙身的稳定性，且因其墙前胸坡很陡，下墙背仰斜，所以可以减小墙的高度，减少开挖工作量，避免过分牵动山体的稳定，有时还可以利用台后净空拦截落石。衡重式挡土墙在山区公路中常采用，但由于其基底面积较小、对地基承载力要求较高，故应设置在坚实的地基上。不带衡重台的折线形墙背挡土墙则介于上述两者之间，如 5-4-11(d)所示。

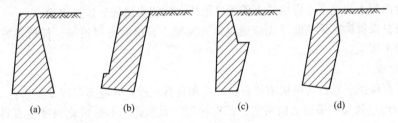

图 5-4-11 重力式挡土墙

(a)、(b)普通重力式挡土墙；(c)衡重式挡土墙；(d)折线形墙背挡土墙

2. 重力式挡土墙的施工工艺流程

浆砌片(块)石重力式挡土墙施工工序主要有基坑开挖、基底处理与检测、砂浆配合比设计与拌制、基础砌筑、墙身砌筑、墙背填料填筑与压实等，其施工工艺流程如图 5-4-12 所示。

3. 重力式挡土墙的施工

(1)施工准备。

①测量放样，恢复路基中线，精确测定挡土墙基座主轴线和起讫点两端的衔接是否顺适。一般在直线段 20 m 设一桩，曲线段 10 m 设一桩，并可根据地形需要适当加桩。测定的重要控

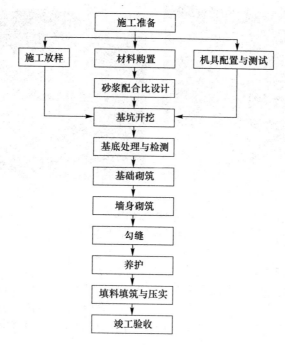

图 5-4-12　浆砌重力式挡土墙施工工艺流程

制桩应有护桩，并至少由 2~3 组构成，以便相互核对，确保精度。护桩需保留到工程结束，因此要设在施工干扰地区之外，埋置应稳固。

②按施工放样的实际需要增补横断面桩，测量中桩和挡土墙各点的地面高程，并设置施工水准点。

③熟悉设计文件，会同设计单位进行现场核对。根据核对的工程量、工地特点、工期要求及施工条件，结合自身设备能力，做出实施性施工组织设计，包括施工方法、工程数量、开工及完工日期、需要劳力、机械设备、材料数量，以及其他临时工程和场地布置等，以便全面落实。

④在受地面积水和地下水影响的土质不良地段，应切实做好场地排水设施。

⑤外购及自采材料在采集前，先应通过试验鉴定，合格后方可进场。提前做好砂浆配合比及墙背填料的击实试验。

(2) 材料要求。

①石料。石砌挡土墙石料可采用片石、块石和料石三种，并应满足以下要求：

a. 石料应经过挑选，采用结构密实、石质均匀、无裂缝、不易风化的硬质石料。在冰冻地区，还应具有耐冻性。

b. 石料的抗压强度不低于 25 MPa，在地震区及严寒地区应不低于 30 MPa。

c. 片石应只有两个大致平行的面，其厚度不宜小于 15 cm（卵形薄片者不得使用），宽度及长度不小于厚度的 1.5 倍，质量约为 30 kg。用作镶面的片石应表面平整，尺寸较大，并应稍加修整。

d. 块石一般形状大致方正，上下面也大致平整，厚度不小于 20 cm，宽度宜为厚度的 1~1.5 倍，长度为厚度的 1.5~3.0 倍，如有锋棱锐角应敲除。块石用作镶面石时，应由外露面四周向内加以修凿，后部可不修凿，但应略小于修凿部分。

e. 料石是由岩层或大块石料开裂并经粗略修凿而成，外形方正呈六面体，厚度为 20~30 cm，宽度为厚度的 1~1.5 倍，长度为厚度的 2.5~4 倍，表面凹陷深度不大于 2 cm。用作镶面的料石，丁石长度应比相邻顺石宽度至少大 15 cm。修凿面每 10 cm 长须有錾路 4~5 条，侧面修凿面应与外露面垂直，正面凹陷深度不超过 1.5 cm，外露面应有细凿边缘，宽度为 3~5 cm。

②砂浆。

a. 砂浆的组成。砂浆一般由水泥、砂和水拌和而成，也可用水泥、石灰、砂与水拌和而成，或用石灰、砂与水拌和而成。它们分别简称为水泥砂浆、混合砂浆和石灰砂浆。

水泥一般采用硅酸盐水泥和普通水泥，也可采用矿渣、火山灰、粉煤灰水泥。由于砂浆的强度较低，所以水泥的强度不宜太高；否则，水泥的用量太少，会导致砂浆的保水性不良。通常水泥的强度等级应为砂浆强度等级的 4~5 倍，水泥砂浆采用的水泥强度等级不宜大于 42.5 级，水泥混合砂浆采用的水泥强度等级不宜大于 52.5 级。

砂浆用砂一般采用洁净的中、粗砂，若中、粗砂缺乏，则可在增加适量水泥后采用细砂。拌和砂浆砌筑片石砌体时，砂的粒径不应超过 5 mm；块石、料石砌体不应超过 2.5 mm；强度等级大于 M10 的砂浆，含泥量不应超过 5%；小于 M10 的砂浆，不应超过 10%；砂浆用石灰应纯净，燃烧均匀，熟化透彻，一般采用石灰膏和熟石灰。淋制石灰膏时，要用网过滤，要有足够的熟化时间，一般为 15 d 以上，未熟化的颗粒大于 0.6 mm 以上者，不得超过 10%；熟石灰粉应用 900 目/cm² 以上的筛子筛分过，其筛余量不得大于 3%。

拌和用水应干净，不含酸、盐、有机质等杂质，一般饮用的水均能满足砂浆的拌和要求，但工业废水、污水、沼泽水以及 pH 值小于 5 的酸性水和硫酸盐量超过 0.27 mg/cm³ 的水，不能使用。

b. 砂浆的拌制。砂浆强度等级代表其抗压强度。拌制砂浆必须符合设计要求，一般不得低于 M5。严寒地区、地震烈度 8 度、墙高大于 10 m(宜采用片石混凝土挡墙)和地震烈度 9 度以上的地震区，应较非地震区砂浆提高 1 级；勾缝用砂浆应比砌筑用提高 1 级。砌石砂浆强度主要取决于水泥强度和水胶比，可用下式表示：

$$f_{m,0} = A \cdot f_{ce} \left(\frac{C}{W} - B \right) \tag{5-4-1}$$

式中　$f_{m,0}$——砂浆 28 d 的抗压强度(MPa)；

f_{ce}——水泥 28 d 的抗压强度(MPa)；

$\frac{C}{W}$——灰水比；

A、B——经验系数，用普通水泥时可采用 $A=0.29$、$B=0.4$。

稠度：稠度主要包括和易性与流动性。一般情况下，将砂浆用手捏成小团，松手后不松散或以不由灰刀上流下为度。水泥砂浆的水胶比应控制在 0.60~0.70。

配合比：配合比用质量或体积比表示，可由试验确定，还可根据已有的经验和资料参考决定。

拌制方法：拌制方法可用人工或机械拌和。人工拌和不如机械拌和均匀，人工拌和至少应拌 3 遍，拌至颜色均匀为止。砂浆应随拌随用，保持适宜的流动性，在运输中已离析的砂浆应重新拌和。

c. 砂浆塑化剂的应用。砂浆塑化剂是掺入水泥砂浆中能使其增加工作度的材料，常用的有非水硬石灰砂浆塑化剂和加气型砂浆塑化剂两种。加气塑化剂是一种加入水泥砂浆后产生微气泡状空气的外加剂，微气泡在砂浆中出现后，会与水泥颗粒一起填满较粗的砂粒间的孔隙，使砂浆获得较高的工作度。

(3)工艺方法。浆砌原理是利用砂浆胶结砌体材料使其成为整体的人工构筑物，一般砌筑方法有坐浆法、抹浆法、挤浆法和灌浆法四种。

坐浆法：又叫铺浆法，砌筑时先在下层砌体面上铺一层厚薄均匀的砂浆，压下砌石，借助石料自重将砂浆压紧，并在灰缝上加以必要的插捣和用力敲击，使砌石完全稳定在砂浆层上，直至灰缝表面出现水膜。

抹浆法：用抹灰板在砌石面上用力涂上一层砂浆，尽量使其贴紧；然后，将砌石压上，辅助以人工插捣或用力敲击，使浆挤后灰缝平实。

挤浆法：挤浆法是综合坐浆法与抹浆法的砌筑方法。除基底为土质的第一层砌体外，每砌一块石料，均应先铺底浆，再放石块；经左右轻轻揉动几下后，再轻击石块，使灰缝砂浆被压实；在已砌筑好的石块侧面安砌时，应在相邻侧面先抹砂浆，后砌石，并向下及侧面用力挤压砂浆，使灰缝挤实，砌体被贴紧。

灌浆法：把砌石分层水平摆放，每层高度均匀，空隙间填塞碎石，在其中灌以流动性较大的砂浆，边灌边捣实，直至砂浆不能渗入砌体空隙为止。

(4) 基坑开挖。根据测量放线定出的位置，采用人工或机械开挖挡土墙基础基坑。公路建设条件，特别是地质条件，随着高速公路建设，变得越来越复杂，要求施工单位施工前不但要熟悉设计文件，而且要熟悉基础资料。基坑开挖过程中，要保证基坑边坡和施工人员的安全。基础开挖大多采用明挖，开挖时不宜全段贯通，而应采用跳槽方法开挖，以防止上部失稳。当坑内有积水时，应随时将其排干。当采用倾斜基底时，基底高程应按设计控制，不得超挖填补。

在天然地基土层上挖基，如深度在 5 m 以内，施工期又较短，基底处于地下水水位以上且土的湿度正常，构造均匀，其开挖坑壁坡度可参考表 5-4-3 选定。当基坑深度大于 5 m 时，应加设平台，这不仅利于基坑边坡的稳定，也利于基坑开挖。

表 5-4-3　基坑坑壁坡度

坑壁土类	坡度		
	顶缘无荷载	顶缘有静载	顶缘有动载
砂类土	1∶1	1∶1.25	1∶1.5
碎卵石土	1∶0.75	1∶1	1∶1.25
砂性土	1∶0.67	1∶0.75	1∶1
黏性土、黏土	1∶0.33	1∶0.5	1∶0.75
极软岩	1∶0.25	1∶0.33	1∶0.67
软质岩	1∶0	1∶0.1	1∶0.25
硬质岩	1∶0	1∶0	1∶0

注：1. 如土的湿度过大，会引起坑壁坍塌时，坑壁坡度可采用该湿度下的天然坡度；
　　2. 通过不同土层时，边坡可分层选定，并酌情留平台；
　　3. 山坡上开挖基坑，如地质不良时，应注意防止滑塌；
　　4. 岩石的饱和单轴极限强度(MPa)在小于 5、5～30 及大于 30 时，分别定为极软岩、软质岩、硬质岩。

基坑开挖大小，需满足基础施工的要求。渗水土的基坑要根据基坑排水设施（包括排水沟、集水坑、网管）和基础模板等大小而定，一般基坑底面宽度应比设计尺寸各边增宽 0.5～1.0 m，以免施工干扰。基坑开挖坡底按地质、深度、水位等情况而定。

当排水挖基有困难或具有水中挖基的设备时，可采用下列水中挖基方法：

①挖掘机水中挖基适用于各种土质，但开挖时不要破坏基坑边坡的稳定性，可采用反铲挖

掘和起重机配合抓泥斗挖掘。

②水力吸泥机适用于少类土及砾卵石土，不受水深限制，其出土效率随水压、水量的增加而提高。

③空气吸泥机适用于水深 5.0 m 以上的砂类土或有少量碎石、卵石的基坑，在黏土层使用时，应与射水配合进行，以免破坏土层结构。吸泥时应同时向基坑内注水，使基坑内水位高于河水位约 1.0 m，防止流沙或涌泥。

(5)基底处理与检验。任何土质基坑挖至设计高程后不得长时间暴露、扰动或浸泡而削弱其承载能力。一般土质基坑挖至接近设计高程时，保留 10～20 cm 的厚度，在基础施工前以人工突击挖除。因此，基坑开挖完成后，应及时对基底进行承载力检验(图 5-4-13)。检验合格后，应及时进行下道工序施工。当基底土质为碎石土、砂砾土、砂性土、黏性土等时，应将其整平夯实。当遇有基底软弱或土质不良地段时，可按以下方法进行处理：

图 5-4-13　基底承载力检验

①当地基软弱、地形平坦、墙身又超过一定高度时，为减少地基压应力，增加抗倾覆稳定性，可在墙趾处伸出一台阶，以拓宽基础。如地基压应力超过地基承载力过多，为避免台阶过多，可采用钢筋混凝土底板。

②如地层为淤泥质土、杂填土等，可采用砂砾、碎石、矿渣、灰土等材料予以换填或用砂桩、石灰桩、碎石桩、挤淤法、土工织物及粉喷桩等方法分别予以处理。

③若发现岩层有孔隙裂缝，应以水泥砂浆或小石子混凝土浇筑饱满；若基底岩层有外露软弱夹层，宜在墙趾前对此层做封面保护。墙趾地面纵坡较大时，为减少圬工，挡土墙的基底可做成不大于 5% 的纵坡。如为岩层，则可在纵向做成台阶，台阶尺寸随地形变动而定，一般宽度不小于 50 cm、高度比不宜大于 1∶2。

(6)基础砌筑。基坑完成后，按基底纵轴线结合横断面放线复验，确认位置、高程正确无误后方可进行基础砌筑，砌筑方法同墙身。基础砌筑应注意以下问题：

①砌筑前，应将基底表面风化、松散土石清除干净。

②砌筑基础的第一层砌块时，如基底为岩层或混凝土基础，应先将基底表面清洗、湿润，再坐浆砌筑，这样可使第一层砌块与基底黏结牢固，保证砌体与基底间的抗弯能力和抗剪能力；如基底为土质，则可直接坐浆砌筑。

③对于土质基坑或风化软岩基坑，在雨期施工时，应于基坑挖至设计高程，立即满铺砌筑一层。

④硬质岩石基坑，基础宜紧靠坑壁砌筑并插浆塞满间隙，使其与岩层形成整体。

⑤采用台阶式基础时，台阶转折处不得砌成竖向通缝，砌体与台阶壁间的缝隙应插浆塞满。

⑥砌筑基础时，应保证砌体砂浆不受水冲刷。

⑦在岩层破碎、土质松软或有水的地段，宜择旱季分段集中施工。

⑧基础完成后应立即回填，以小型压实机械分层夯实并在表面留3%的向外斜坡，防止积水渗入基底。

(7)墙身砌筑(图 5-4-14)。砌筑前应将砌块表面泥垢清扫干净并用水保持湿润，基础顶面也应洒水湿润。砌筑时必须两面立杆挂线或样板挂线，外面线应顺直、整齐，逐层收坡，内面线应大致顺适，以保证砌体各部尺寸符合设计要求，所以在砌筑过程中应经常校正线杆。砌块底面应卧浆铺砌，立缝填浆补实，不得有空隙和立缝贯通现象。砌筑工作中断时，可将砌好的砌块层孔隙用砂浆填灌。再砌时，表面要仔细清扫干净，洒水湿润。工作段的分段位置宜在伸缩缝和沉降缝处，各段水平缝应一致。分段砌筑时，

图 5-4-14　墙身砌筑

相邻段的高差不宜超过 1.2 m。砌筑砌体外皮时，浆缝需留出 1～2 cm 的缝槽，以便砂浆勾缝。隐蔽面的砌缝可随砌随刮平，不另行勾缝。

砌筑时砌块及砂浆的供应方法：当工程零散、作业点距地面不高时，可用简单的马凳跳板直接运送；距地面较高时，可根据工地条件采用开架式起重机、固定式动臂起重机或桅杆式动臂起重机，各种木质扒杆或绳索吊机等小型起重设备及铁链、吊筐、夹石钳等捆装设备运送；当工程量较大时，可采用卷扬机带动轻轨斗车上料或摇头摆杆式垂直提升。

下面对浆砌片石、浆砌块石和浆砌料石三种情形分别加以阐述。

①浆砌片石。浆砌片石的一般砌石顺序为先砌角石，再砌面石，最后砌腹石。角石应选择比较方正且大小适宜的石块，否则应稍加清凿。角石砌好后即可将线移挂到角石上，再砌筑面石(即定位行列)。面石应留一个运送填腹石料的缺口，砌完腹石后再封砌缺口。腹石宜采取往运送石料方向倒退砌筑的方法，先远处，后近处。腹石应与面石一样，按规定层次和灰缝砌筑整齐且砂浆饱满。上下层石块应交错排列，避免竖缝重合，砌缝宽度一般不应大于 4 cm。

砌体外侧定位行列与转角石应选择表面较平且尺寸较大的石块，浆砌时应长短相间并与里层石块咬紧，分层砌筑应将大块石料用于下层，每处石块形状及尺寸均应搭配合适。竖缝较宽者可塞以小石子，但不能在石块下用高于砂浆层的小石块支垫。排列时，石块应交错、坐实挤紧，尖锐凸出部分应敲除。

浆砌片石一般采用挤浆法和灌浆法砌筑。

挤浆法：挤浆法应分层砌筑，分层的高度宜在 50～100 cm(2～3 层)。分层与分层间的砌缝应大致找平，即每隔 2～3 层找平一次。分层内的每层石块不必铺通层找平砂浆，可按石块高低不平形状，逐块或逐段铺浆。砌筑时，每一块石料均应先铺砂浆再安放石块，然后经左右揉动再用手锤轻击，将下面的砂浆挤压密实。在已砌好的片石侧面继续安放砌筑时，除坐浆外，应在相邻石块侧面铺抹砂浆，再砌石块，并向下面及抹浆的侧面用手挤压，用锤轻击，将下面和侧面的砂浆挤实，挤出的砂浆可刮起再用。分层内各层间石块的砌缝应尽可能错开，但不强求。分层与分层间的砌缝则必须错开，不得贯通。

灌浆法：此法与挤浆法不同之处在于，每层石块应选高度大致相同的石块，每一层应用砂

浆砌平整理，而不是砌 2~3 层石块再找平。具体砌法是：先铺一层坐浆，将石块安放在砂浆上，用手摊紧。每层高度视石料尺寸确定，一般不应超过 40 cm 并随时选择厚度适宜的石块，用作砌平整理，空隙处先填满较稠的砂浆，用灰刀或捣棒插实，再用适当的小石块填塞紧密；然后，铺上层坐浆，以同样方法继续砌上层石块。

浆砌片石时，除按上述方法砌筑外，还应注意以下几点：

a. 应利用片石的自然形状，使其相互交错地衔接在一起。因此，除最下一层石块应大面朝下外，上面的石块不一定必须大面朝下，做到犬牙交错、搭接紧密即可。同时，在砌下层石块时，即应考虑上层石块如何接砌。

b. 石块应大小搭配、相互错叠、咬接紧密，并备有各种尺寸的小石块，作挤浆填缝用。

c. 片石与片石之间均应有砂浆隔开，不得直接接触。

d. 片石砌筑时应设置拉结石，并应均匀分布、相互错开，一般每 0.7 m² 至少设一块。

e. 石料的供应和砌石的配合也很重要，在砌角石、面石时，应供应比较方正的石块；砌腹石时，可采用不规则形状而尺寸适宜的石块。

f. 使用片石应有计划。角石、面石应首先选出备用。砌体下层应选用较大石块，向上逐渐用较小尺寸石块。

g. 1 d 中完成的砌体高度不宜超过 1 m。冬季寒冷时，砂浆强度增长很慢，当天的砌筑高度还应减小。

② 浆砌块石。浆砌块石同样采用铺浆法和挤浆法。具体砌法是：先铺底层砂浆并打湿石块，安砌底层。分层平砌大面向下，先砌角石，再砌面石，后砌腹石，上下竖缝错开，铺缝距离不应小于 8 cm，铺面石的垂直缝应用砂浆填实饱满，不能用稀浆灌注。填腹石也应采用挤浆法，先铺浆，再将石块放入挤紧，垂直缝中应挤入 1/3~1/2 的砂浆，不满部分再分层插入砂浆。厚大砌体，若不易按石料厚度砌成水平，则可设法挤配成较平的水平层，块石铺面。为使面石与腹石连接紧密，可采用丁顺相间、一丁一顺排列，有时也可采用两丁一顺排列。

浆砌块石时应注意以下几点：

a. 块石应平砌，应根据墙高进行层次配料，每层石料高度大致齐平。

b. 用作铺面的块石，表面四周应加以修整，使尾部略小，以利于安砌，铺面石应丁顺排列。

c. 镶面石灰缝宽为 2~3 cm，不得有干缝和瞎缝。上、下层竖缝应铺开不小于 8 cm。

d. 填腹块石水平灰缝的宽度不应大于 3 cm，垂直灰缝的宽度不应大于 4 cm，灰缝也应错开，灰缝中可以填塞小石块，以节省砂浆。

③ 浆砌料石。浆砌料石的砌筑过程中应注意以下几点：

a. 每层镶面料石均应按规定的灰缝宽度及错缝要求配好石料，再用铺浆法顺序砌筑，边砌边填立缝，并应先砌角石。

b. 按砌体高度确定砌石层数，砌筑料石时依石块厚薄次序，将厚的砌在下层、薄的砌在上层。

c. 当一层镶面石砌筑完毕后，方可砌填腹石，其高度与镶面石齐平。

d. 每层料石均应采用一丁一顺砌置，砌缝宽度均匀，缝宽不应大于 2 cm。相邻两层的竖缝应错开不小于 10 cm，在丁石的上层和下层不得有竖缝。水平缝为通缝。

e. 竖缝应垂直，砌筑时须随时用水平尺及铅垂线校核。

(8) 勾缝。勾缝有平缝、凹缝和凸缝等。勾缝具有防止有害气体和风、雨、雪等侵蚀砌体内部，延长构筑物使用寿命及装饰外形美观等作用。在设计无特殊要求时，勾缝宜采用凸缝或平缝，勾缝宜用 1:1.5~1:2 的水泥砂浆，并应嵌入砌缝内约 2 cm。勾缝前，应先清理缝槽，用水冲洗湿润，勾缝应横平竖直、深浅一致，不应有瞎缝、丢缝、裂纹和黏结不牢等现象，片石砌体的勾缝应保持砌后的自然缝。

(9)墙顶处理。路肩式浆砌挡土墙墙顶宜用粗料石或现浇混凝土(C15)做成顶帽,其厚度通常为 40 cm,顶部帽檐悬出的宽度为 10 cm;不做墙帽的路肩墙或路堤墙和路堑墙,墙顶面宜以大块石砌筑,采用 M5.0 以上砂浆勾缝和抹平顶面,厚 2 cm。

(10)沉降缝、伸缩缝砌筑。沉降缝、伸缩缝的宽度一般为 2~3 cm。为保证接缝的作用,两种接缝均须垂直,并且缝两侧砌体表面需要平整,不能搭接,必要时缝两侧的石料须加修凿。

砌筑接缝砌体时,最好根据设计规定的接缝位置设置,采用跳段砌筑的方法,使相邻两段砌块高度错开,并在接缝处挂线砌筑,使外露面又直又平。

接缝中尚需填塞防水材料,防止砌体漏水。当用胶泥作填缝料时,应沿墙壁内、外、顶三边填塞并捣实;当填缝材料为沥青麻筋或沥青木板时,可贴置在接缝处已砌墙段的端面,也可在砌筑后再填塞,但需沿填壁内、外、顶三边填满、挤紧。不论填哪种材料,填塞深度均不得小于 15 cm,以满足防水要求。

(11)砌体养护。对浆砌砌体应加强养护,以便砌体砂浆强度的形成和提高。养护时,应注意以下几点:

①不可在砌体上抛掷或凿打石块。已砌好但砂浆尚未凝结的砌体,不可使其承受荷载。

②如所砌石块在砂浆凝结后有松动现象,应予拆除,刮净砂浆,清洗干净后重新安砌。拆除和重砌时,不得撞动邻近石块。

③新砌圬工前一段落或收工时,须用浸湿的草帘、麻袋等覆盖物将砌体盖好。一般气温条件下,在砌完后 10~12 h 以内,炎热天气在砌完后 2~3 h 以内即须洒水养护。养护时间一般不少于 7~14 h。

④养护时须使覆盖物经常保持湿润,在一般条件下(气温在 15 ℃及以上),最初的 3d 内,昼间至少每隔 3 h 浇水一次,夜间至少浇水一次;以后每昼夜至少浇水三次。

⑤新砌圬工的砂浆,在硬化期间不应使其受雨水冲刷或水流淹浸。

⑥在养护期间,除抗冻砂浆外,一般砂浆在强度尚未达到设计强度的 70%以前,不可使其受力。

水泥砂浆及混合砂浆的强度与硬化温度和时间有关,具体关系见表 5-4-4。

表 5-4-4 砂浆强度增长与龄期关系

龄期/d	不同温度(℃)下砂浆强度百分率/%									
	1	5	10	15	20	25	30	35	40	50
1	1	4	6	9	13	18	23	27	32	42
1.5	2	6	9	14	19	24	31	37	45	61
2	3	8	12	18	24	30	38	45	54	75
3	5	11	18	24	33	42	49	58	66	85
5	9	19	28	37	45	54	61	70	77	94
7	15	26	37	47	56	64	72	79	87	99
10	23	34	48	58	68	75	82	89	94	—
14	31	45	59	71	79	86	92	96	100	—

续表

龄期/d	不同温度(℃)下砂浆强度百分率/%									
	1	5	10	15	20	25	30	35	40	50
21	42	58	74	85	92	96	100	103	—	—
28	52	68	83	94	100	104	—	—	—	—

注：以在 20 ℃时养护 28 d 的强度为 100%。

(12)墙背填料。待砌体砂浆强度达 75%以上时，应及时分层回填墙背填料，并应优先选择渗水性好、抗剪强度高且稳定、易排水的砂砾土填筑。严禁使用腐殖质土、盐渍土、淤泥、白垩土和硅藻土作为填料，填料中不得含有机物、冰块、草皮、树根等杂物和生活垃圾。如确有困难需采用不透水土壤时，必须做好砂砾反滤层，并与砌体同步进行。浸水挡土墙背应全部用水稳性和透水性较好的材料填筑。

墙背回填要均匀摊铺平整，并设不小于 3%的横坡逐层填筑、逐层夯实，不允许向着墙背斜坡填筑，严禁使用膨胀性土和高塑性土。每层压实厚度不宜超过 20 cm，碾压机具和填料性质应进行压实试验，确定填料分层厚度及碾压遍数，以便正确指导施工。路肩挡土墙顶面高程应略低于路肩边缘高程 2~3 cm，挡土墙顶面做成与路肩一致的横坡度，以排除路面水。

压实时应注意勿使墙身受较大的冲击影响，在距墙背 0.5~1.0 m 范围内，应采用小型压实机具碾压，不得采用重型振动压路机。小型压实机械有蛙式打夯机、内燃打夯机、手扶式振动压路机、振动平板夯等。

4. 施工注意事项

施工应与设计要求相配合，并严格按施工规范的规定执行，同时还应注意以下事项：

(1)施工前，应安排好截水、排水及防渗设施。

(2)在岩体破碎、土质松软或地下水丰富地段修建挡土墙，宜避开雨期施工。

(3)当基础完成后立即回填，以小型机械分层压实并在表层稍留向外的斜坡，以免积水渗入，浸泡基础。

(4)墙趾部分基坑，在基础施工完成后应及时回填夯实并做成外倾斜坡，以免积水下渗，影响墙身的稳定。

(5)挡土墙的外墙应用规格块、料石砌筑，并采用丁顺相间的方法，同时还应保证砂浆饱满，防止出现"墙体里外两层皮"的现象。

(6)注意泄水孔和排水层(即反滤层)的施工操作，保证排水通畅。

(7)浆砌挡土墙需待砂浆强度达 70%以上时，方可回填墙背填料，且墙背填料应符合设计要求，避免采用膨胀土和高塑性土，并做到逐层填筑、逐层夯实。不允许向着墙背斜坡填筑，夯实时应注意勿使墙身受较大冲击影响。墙后地面横坡陡于 1:3 时，应先做基底处理(如挖台阶)，然后再回填。

(8)浆砌挡土墙的墙顶，可用 M5 砂浆抹平，厚 2 cm，下砌挡土墙墙顶 50 cm 厚度内，用 M2.5 砂浆砌筑，以利稳定。

5. 挡土墙常见病害

挡土墙常见病害和破坏的形式有滑移、倾覆、沉陷、墙身竖向开裂和横向断裂等，如图 5-4-15 和图 5-4-16 所示。此外，还有勾缝脱落、表面破损、墙背填土沉陷、基础冲刷淘空、变形缝破损等病害形式。

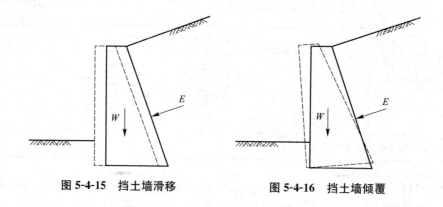

图 5-4-15 挡土墙滑移　　图 5-4-16 挡土墙倾覆

(1)勾缝脱落。勾缝脱落是砌体挡土墙比较普遍的一种病害。砂浆勾缝在雨水表面径流作用下，砂浆被冲刷散失，水泥混凝土预制块或片(块)石砌缝外露。

(2)裂缝。裂缝是挡土墙比较常见的病害之一。挡土墙裂缝根据严重程度有两种，即贯通裂缝和未贯通裂缝。若发生了贯通裂缝，则墙体可能发生断裂，很可能已失去支挡作用，危害程度较大，应及时加以处理。

(3)表面破损。表面破损主要是指浆砌片(块)石或预制砌块破碎松动、砂浆脱落，如维修不及时，将使雨水冲刷下渗，导致大面积散失、脱空和剥落，使得挡土墙的支挡作用降低甚至丧失。

(4)墙背填土沉陷变形。挡土墙背填土发生沉降变形是一种比较普遍的严重病害。由于填料选择不当，加之施工压实不足，在墙背排水不利的情况下，地表径流汇集、雨水下渗，在潜蚀作用下引起沉陷变形。当墙体泄水孔畅通时，土颗粒将随下渗水流移动，被水流带走，逐渐形成陷穴，使墙背脱空，影响行车的舒适性和安全性；若泄水孔被堵塞，则墙背将积水，填土含水率增大，强度大大减弱，土压力增大，极易使墙背填土发生沉陷变形，甚至会使土体发生溜坍、滑坡，导致挡土墙失稳和破坏。

(5)泄水孔堵塞。挡土墙中设置合理的泄水孔，有利于排除墙背填土积水，降低孔隙水压力，维持其稳定性。但由于施工质量问题，如反滤层设置不合理或泄水孔结构施工不符合设计要求等，在使用过程中随水流的作用，可能使泄水孔的排水通道被细颗粒材料堵塞，从而形成墙背填土积水，容易导致冻胀、湿陷、滑塌等严重病害的产生。

(6)基础冲刷淘空。基础冲刷淘空是公路水毁的一种主要形式，而且危害较大。处于暴雨集中、雨水冲刷严重或沿河、冲沟地段的挡土墙，常因雨水急速局部冲刷基础，使底部材料被形成的涡流冲蚀、卷起带走，随着冲刷深度和范围的增大，导致基础脱空。如不及时处理，则会进一步导致结构物失稳破坏。

(7)沉降缝、伸缩缝破损变形。沉降缝、伸缩缝破损变形主要是指缝在施工中未按要求完全封闭、设计中设置位置不合理或设置数量不足，从而在自然因素和人为因素作用下，导致缝被颗粒材料填充、变形量不足而被挤裂或拉开。

思考与练习

一、填空题

1.坡面植物防护包括_____、_____、_____等形式。

2. 坡面工程防护包括_____、_____、_____、_____、_____等形式。

3. 浆砌预制块防护适用于石料缺乏地区，预制块的混凝土强度不应低于_____，在严寒地区不应低于_____。

4. 直接防护包括_____、_____、_____、_____等形式。

5. 间接防护包括_____、_____、_____、_____等形式。

6. 边坡锚固防护包括_____、_____等形式。

7. 边坡支挡防护包括_____、_____等形式。

8. 重力式挡土墙由_____、_____、_____和沉降、伸缩缝等几部分组成。在距墙背_____以内，不宜用_____碾压。

9. 喷浆和_____防护适用于边坡易风化、裂隙和节理发育、坡面不平整的岩石挖方边坡。

10. 护面墙用于封闭各种软质岩层和较破碎的挖方边坡以及坡面易受侵蚀的土质边坡。用护面墙防护的挖方边坡不宜陡于_____。

11. 框格防护适用于对土质或风化岩石边坡进行防护，框格防护可采用_____、_____等做骨架。

二、单项选择题

1. 用于宽浅变迁河段，用以挑流或减低流速，减轻水流对河岸或路基冲刷的间接防护构筑物是（　　）。
   A. 护坝　　　　　B. 丁坝　　　　　C. 顺坝　　　　　D. 格坝

2. 下列结构设施中可用于路基挖方边坡防护的是（　　）。
   A. 护肩　　　　　B. 护面墙　　　　C. 护脚　　　　　D. 护坝

3. 墙背所受土压力较小的重力式挡土墙墙背形式是（　　）。
   A. 俯斜式　　　　B. 仰斜式　　　　C. 垂直式　　　　D. 凸折式

4. 下列沿河河堤冲刷防护工程中属于间接防护的是（　　）。
   A. 石笼　　　　　B. 顺坝　　　　　C. 挡土墙　　　　D. 砌石

5. 在修筑砌石护坡时，由于片石料源紧张，拟改用其他类型石料，下列适合的石料是（　　）。
   A. 碎石　　　　　B. 条石　　　　　C. 块石　　　　　D. 卵石

6. 下列挡土墙结构类型中，受地基承载力限制最大的是（　　）。
   A. 重力式挡土墙
   C. 柱板式锚杆挡土墙
   B. 加筋挡土墙
   D. 壁板式锚杆挡土墙

7. 某软岩路堑路段缺乏合格石料，该路堑最适合修建的挡土墙是（　　）。
   A. 加筋挡土墙
   C. 浆砌块石衡重式挡土墙
   B. 锚杆挡土墙
   D. 护臂式挡土墙

8. 宜修建加筋挡土墙的路段是（　　）。
   A. 挖方路段
   C. 半填挖路段
   B. 地形陡峭的山坡路段
   D. 地形平坦宽阔的填方路段

9. 关于水泥混凝土空心块护坡施工的说法，错误的是（　　）。
   A. 预制块应与坡面紧贴，不得有空隙并与相邻坡面平顺
   B. 预制块铺置应在路堤填筑工程中施工
   C. 预制块经验收合格后方可使用
   D. 预制块铺置前应将坡面整平

10. 边坡防护施工中，关于喷射混凝土防护施工的说法错误的是（　　）。

A. 作业前应进行试喷，选择合适的水胶比和喷射压力

B. 喷射混凝土宜自下而上进行

C. 施工中应做好泄水孔和伸缩缝

D. 喷射混凝土终凝后应立即养护，养护期一般为7~10 d

11. 下列结构设施中既可用于坡面冲刷防护，又可用于路基边坡支撑，还可用于堤岸支挡的是( )。

A. 石笼　　　　　B. 浆砌片石护坡　　C. 挡土墙　　　　D. 喷射混凝土封面

12. 某路段挖方边坡由风化较严重的软质石构成，另一路段挖方边坡由易受侵蚀的土质边坡构成，两者都能采用的措施是( )。

A. 干砌片石护坡　　B. 浆砌片石护坡　　C. 混凝土框格护坡　D. 护面墙

13. 下列关于路基防护的规定说法错误的是( )。

A. 路基防护应根据公路功能，结合当地气候、水文、地质等情况，采取相应防护措施，保证路基稳定

B. 路基防护应采取工程防护与植物防护相结合的防护措施，并与景观相协调

C. 深挖、高填路基边坡路段必须查明工程地质情况，针对其工程特性进行路基防护设计。对存在稳定性隐患的边坡应进行稳定性分析，采用加固、防护措施

D. 沿河路段必须查明河流特性及其演变规律，采取防止冲刷路基的防护措施。凡侵占、改移河道的地段，均应采取专门防护设计

三、多项选择题

1. 路基加固工程类型按路基加固的不同部位，可分为( )。

A. 坡面防护加固　　B. 边坡支挡　　　C. 湿弱地基加固　D. 直接加固

E. 间接加固

2. 锚杆挡土墙的锚固工序包括( )。

A. 养护　　　　　　B. 钻孔　　　　　C. 灌浆　　　　　D. 插入锚杆

E. 勾缝

3. 锚杆挡土墙是利用锚杆与地层间的锚固力来维持结构物稳定的一种挡土结构物。其优点有( )。

A. 结构重量轻，可节约大量的圬工和节省工程投资

B. 利用挡土墙的机械化、装配化施工，以提高劳动生产率

C. 少量开挖基坑，克服不良地基开挖的困难，并利于施工安全

D. 施工工艺要求较高，要有钻孔、灌浆等配套的专用机械设备

E. 要耗用一定的钢材

4. 关于加筋挡土墙施工要求的表述中，正确的有( )。

A. 安装直立式墙面板应按不同填料和拉筋预设仰斜坡

B. 拉筋应有粗糙面，并按设计布置呈水平铺设

C. 连续敷设的拉筋接头应置于其头部

D. 墙背拉筋锚固段填料宜采用粗粒土或改性土等填料

E. 填料摊铺、碾压应从拉筋两端同时进行碾压

5. 在各种防护工程中，种草防护适用于( )。

A. 边坡稳定、坡面冲刷轻微的路堤

B. 需要迅速绿化的土质边坡

C. 1∶1.5或更缓的边坡上

D. 易风化的软质岩石挖方边坡
6. 路基边坡坡面防护可以防止和延缓软弱岩土的( )。
   A. 崩塌　　　　　B. 碎裂　　　　　C. 风化　　　　　D. 剥蚀
   E. 搬运
7. 路基防护工程中的封面形式包括( )。
   A. 喷浆　　　　　B. 抹面　　　　　C. 喷射混凝土　　D. 植被
8. 适于采用干砌片石护坡的情况有( )。
   A. 易受水流侵蚀的土质边坡　　　　B. 严重剥落的软质岩石边坡
   C. 周期性浸水及受水流冲刷较轻的河岸　D. 水库岸坡的坡面防护
   E. 波浪作用较强,有流水、漂浮物等撞击的边坡
9. 沿河路基抢修工程常采用抛石,它的作用有( )。
   A. 防护护坡基础　　　　　　　　　B. 防护挡土墙基础
   C. 防护浸水路基坡脚　　　　　　　D. 防护深水路基坡脚
   E. 防护绿化带
10. 适于采用锚杆钢丝网喷浆或喷射混凝土护坡的情况有( )。
    A. 坡面为碎裂结构的硬岩
    B. 层状结构的不连续地层
    C. 坡面岩石与基岩分开有可能下滑的挖方边坡
    D. 填方边坡
    E. 软土边坡
11. 可以采用植树防护的路段有( )。
    A. 缓于1∶1.5的边坡　　　　　　　B. 陡于1∶1.5的边坡
    C. 边坡外的河岸处　　　　　　　　D. 边坡外的漫滩处
    E. 边坡外的河床处

四、简答题

1. 坡面植物防护有哪些种类?
2. 简述种草防护的适用条件与施工工艺。
3. 简述三维植被网的适用条件与施工工艺。
4. 坡面骨架植物防护有哪些种类?
5. 简述浆砌片石骨架植草防护的施工流程与施工要点。
7. 简述坡面圬工防护的种类。
8. 简述喷射混凝土防护的施工流程与施工要点。
9. 简述锚杆挂网喷护的施工流程与施工要点。
10. 简述浆砌片石护面墙种类。
11. 根据防护方法的不同,路基冲刷防护可分为哪两类?各类又有哪些具体的防护措施?
12. 简述抛石防护的适用条件。
13. 简述抛石防护的施工方法。
14. 简述浸水挡土墙的适用条件。
15. 简述导流坝的作用。
16. 简述防护林带的适用条件。
17. 简述改移河道的适用条件。
18. 简述边坡锚固的原理。

19. 简述边坡锚固的施工流程。
20. 简述锚杆混凝土框架植草防护的施工流程与施工要点。
21. 如何保证边坡锚固效果？
22. 边坡锚固与土钉支护有哪些区别？
23. 简述路基滑坡防护常用的工程措施。
24. 简述抗滑桩的作用与适用条件。
25. 简述抗滑桩的施工工艺流程。
26. 简述抗滑桩成孔方法。
27. 简述挡土墙的类型与特点。
28. 简述挡土墙的施工流程。
29. 简述挡土墙的施工要点。

学习情境六 特殊路基施工

特殊路基是指位于特殊土(岩)地段、不良地质地段及受水、气候等自然因素影响强烈的路基，主要包含滑坡地段路基、崩塌地段路基、岩堆地段路基(堆积体)、泥石流地段路基、岩溶地区路基、软土地区路基、红黏土与高液限土地区路基、膨胀土地区路基、黄土地区路基、盐渍土地区路基、多年冻土地区路基、风沙地区路基、雪害地段路基、涎流冰地段路基、采空区路基、滨海路基、水库地段路基、沿河地段路基、季节冻土地区路基19种类型。由于这些土体的性质与一般路基土体有较大区别，因此在设计、施工时应单独对待。

总体来说，特殊路基施工应遵循以下规定。

(1)特殊路基施工，应进行必要的基础试验，核对地质资料、设计处理范围、设计参数等，编制专项施工组织设计，批准后实施。

(2)施工中如实际地质情况与设计不符或设计处治方案因故不能实施，应及时向相关方反馈处理。

(3)特殊路基施工宜采用动态监控，发现问题及时处理。

任务一 软土地区路基施工

学习目标

(1)掌握软土的特点、分布，软土地基加固常用措施的适用条件及施工工艺。
(2)能够根据公路路基施工技术规范及设计图纸等相关资料，指导软土地基加固施工作业。

任务描述

利用公路软土地基加固案例、多媒体教学资源及教师的讲解，学生能够掌握公路软土地基加固常用措施及各措施的适用条件。针对具体的软土地基实例，能够提出有效、可行的加固方案，编制出相应的施工流程及指导现场施工。

学习引导

本工作任务沿以下脉络进行学习：

相关知识

软土是指滨海、湖沼、谷地、河滩沉积的天然含水率高、孔隙比大、压缩性高、抗剪强度低的细粒土。从广义上来说，软土包括松砂、淤泥、淤泥质土、软弱吹填土和杂填土等。软土地基工程地质勘察可按表 6-1-1 的特征指标综合鉴别软土。

表 6-1-1 软土鉴别

特征指标名称	天然含水率 /%	尽力触探比贯入阻力/kPa	天然孔隙比	十字板剪切强度/kPa	压缩系数 $a_{0.1-0.2}$ /MPa^{-1}	标准贯入试验锤击数/击
指标值	≥液限	≤750	≥1.0	<35	>0.5	<3

软土的分类，按成因可分为内陆盆地沉积和海洋沿岸沉积两大类；按其沉积环境及特性的不同，可分为七种类型，其类型分布见表 6-1-2。

表 6-1-2 软土类型分布概况

生成类型		特征	一般物理力学性质	分布概况
海洋沿岸沉积	潟湖相沉积	颗粒极细，孔隙比大，强度低，常有泥炭薄层，分布范围广，厚度为 2~25 m，最大可达 60 m	表层硬壳：0~3 m 天然重度：14.71~17.65 kN/m³ 孔隙比：1.0~2.3 含水率：40%~100% 快剪黏结力：0.2~2.0 Pa 内摩擦角：1°~7° 压缩系数：(12~30)×10^{-4} kPa^{-1}	东海、黄海、渤海等沿海岸地区
	弱谷相沉积	孔隙比大，结构疏松，含水率高，分布范围较窄		
	滨海相沉积	常有砂砾掺杂，组成较乱且不均匀，极疏松渗透性较好，易于固结压缩，面积广，厚度大于 60 m，有时达 200 m		
	三角洲相沉积	分选性差，结构不稳定，带有交错的粉砂薄层的层理，水平渗透性较好		
内陆盆地沉积	湖相沉积	粉土颗粒，含水率高，层理均匀、清晰，厚度一般小于 20 m	表层硬壳：0~5 m 天然重度：14.71~18.63 kN/m³ 孔隙比：0.9~1.8 含水率：35%~70% 快剪黏结力：0.5~2.5 Pa 内摩擦角：0°~11° 压缩系数：(8~30)×10^{-4} kPa^{-1}	洞庭湖、洪泽湖、鄱阳湖、太湖等周边，古云梦泽边缘地带
	河漫滩相沉积	沉积零乱，岩性复杂，富有中细层细砂交错层，呈透镜状分布	天然重度：14.71~18.63 kN/m³ 孔隙比：0.8~1.8 含水率：30%~60% 快剪黏结力：0.5~3.0 Pa 内摩擦角：0°~10° 压缩系数：(8~30)×10^{-4} kPa^{-1}	长江中下游河口、珠江下游、淮河平原、闽江下游等地
	丘陵谷地相沉积	呈片带状分布，厚度变化大，底部具有较大横坡，颗粒由山前到谷中逐渐变细，厚度一般为 7~10 m		

软土地基就是指压缩层主要由淤泥及淤泥质土、吹填土、杂填土或其他高压缩性土层组成的地基。一般来说，只要外荷载加在土基上，就有可能出现有害的过大变形和强度不够等问题，使建筑物(路基、桥涵等构造物)出现下沉、裂缝甚至破坏，这种地基都应该视为软土地基。在公路建设中，软土地基可引起以下几个大的问题：

(1)由于道路等级高，路堤填土高，引起路基的沉降、路堤的失稳。

(2)桥头路堤与桥台的沉降差，在高速行驶的情况下，引起跳车。

(3)软基沉降量超出工后允许范围。

(4)软基上结构物的沉降、涵管弯曲。

(5)软基上各类路面结构类型的设计与施工存在的问题。

从软基加固角度来说，一般砂类土地基承载力比黏质土地基承载力高，沉降也比黏质土小，并且由于砂类土较易透水，它在外荷载作用下产生的沉降能在短时间完成，不像黏质土那样有一个漫长的过程。但是砂类土，特别是松散的细砂或粉砂，在地震作用下会发生液化，所以砂类土加固如何防止液化是一项重要内容。

应根据软土厚度和性质、路堤高度、路基稳定与工后沉降控制标准、施工机具、材料、环境等条件及工期要求进行技术经济比较，依据先简后繁、就地取材的原则，综合分析并确定软土地基加固处理方案。对软土性质差、地基条件复杂或工期紧、填料缺乏或有特殊要求的软土地基宜采用综合处理措施。治理措施主要有：浅层置换、浅层改良、抛石挤淤、爆炸挤淤、砂砾或碎石垫层、铺设土工合成材料、袋装砂井、塑料排水板、真空预压或真空堆载联合预压、粒料桩(砂桩、碎石桩)、加固土桩、水泥粉煤灰碎石桩(CFG桩)、混凝土管桩、钢管桩、加固土桩、水泥搅拌桩、强夯与强夯置换等方式。处治措施可单独使用，部分措施也可合理联合使用。

施工前，应了解工程地质、地下管线及构筑物等情况，进行必要的土工试验，复核设计方案的可行性，编制专项施工方案。

一、换填土法及砂砾碎石垫层施工

1. 换填土法施工

当软土地基的承载力和变形满足不了设计要求，而软土层的厚度又不是很大时(通常软土厚度在3 m以内)，将路基底面下处理范围内的软弱土层部分全部挖除(图6-1-1)，然后分层换填强度较大的砂、碎石、挖方石料或其他强度较高、性能稳定、无侵蚀性的材料(图6-1-2)，并用人工或机械方法压(夯、振)实至要求的密实度为止，这种地基处理的方法称为换填土法。

机械碾压、重锤夯实、振动压实作为压(夯、振)实的不同施工方法，不但可以处理分层回填材料，同时又可加固地基表层土。

图6-1-1 软弱土层挖除

换填土法适用于淤泥、淤泥质土、素填土、杂填土地基及暗沟、暗塘等浅层和低洼区域处理，还适用于处理湿陷性黄土、膨胀土和季节性冻土等一些区域性特殊土。

换填料宜因地制宜、就地取材，宜采用砂砾、石渣、碎石土等水稳性及透水性好的材料，并按路基填筑施工方法分层回填、压实。

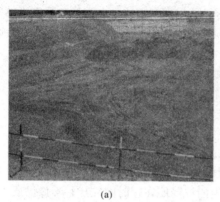 

图 6-1-2　软土地基换填
(a)换填土；(b)换填石

2. 砂砾或碎石垫层施工

根据计算和试验结果，满足相关要求时（特别是填方高度相对较小）也可在软土地基上铺筑垫层的方法进行处理。

(1)垫层材料的选择。换填土法的垫层常用材料为砂、砂石、碎石等无黏性土，因为这类土的强度大、压缩性小、透水性好，比较容易使其密实，且在不少地区料源丰富，因而广泛使用。垫层材料宜采用无杂物的中、粗砂，含泥量应小于5%；也可采用天然级配砂砾料，其最大粒径应小于50 mm。垫层应水平分层摊铺并压实，碾压到规定的压实度。垫层采用砂砾料时，应避免粒料离析。垫层宽度应宽出路基边脚0.5～1 m，两侧宜用片石护砌或采用其他方式防护。

(2)垫层施工方法。

1)当地基表层具有一定厚度的硬壳层，其承载力较好，能上一般运输机械时，一般采用机械分堆摊铺法，即先堆成若干砂堆，然后用机械或人工摊平。

2)当硬壳承载力不足时，一般采用顺序推进摊铺法。

3)当软土地基表面很软，如新沉积或新吹填不久的超软地基，首先要改善地基表面的持力条件，使其能上施工人员和轻型运输工具。工程上常采用以下措施：

①地基表面铺荆笆。搭接处用钢丝绑扎，以承受垫层等荷载引起的拉力，搭接长度取决于地基土的性质，一般搭接长20 cm。当采用两层荆笆时，应将搭接处错开，错开距离以搭缝的一半为宜。

②表面铺设塑料编织网或尼龙纺织网，纺织网上再铺砂垫层。

③表面铺设土工合成材料，土工合成材料上再铺排水垫层。

以上为目前超软地基上施工常用的方法，它们可单一使用，也可混合使用，还可根据当地材料来源选择具有一定抗拉强度、断面小的材料。但应注意：饱水后，材料要有足够的抗拉强度；当被加固地基处在边坡位置或将来有水平力作用时，由于材料腐烂而形成软弱夹层，给加固后地基的稳定性带来潜在影响。

④尽管对超软地基表面采取了加强措施，但持力条件仍然很差，一般轻型机械上不去。在这种情况下，通常采用人工或轻便机械顺序推进铺设，如用人力手推车运砂铺设或用轻型小翻斗车铺垫。

无论采用何种施工方法，在排水垫层的施工过程中都应避免对软土表层的过大扰动，以免造成砂和淤泥混合，影响垫层的排水效果。

3. 施工中的注意事项

(1)换填土法施工的关键是将填筑材料压实到设计要求的密实度。常用的压实方法有机械碾压法、重锤夯实法和振动压实法。这些方法要求材料分层铺设,然后逐层振密或压实。

1)机械碾压法是采用压路机、推土机、羊足碾或其他压实机械,利用机械自重压实地基土。施工时先将一定深度内的软弱土挖去,开挖的深度和宽度应根据设计的具体要求确定。先在基坑底部碾压,再将砂石等在基坑内分层铺筑,然后逐层压实。机械碾压法施工时,应根据压实机械的压实能量控制碾压土的最佳含水率,选择适当的碾压分层厚度和碾压的遍数。

2)重锤夯实法。重锤夯实法是用起重机械将夯锤提升到一定高度,自由落锤,以重锤自由下落的冲击能来夯实浅层地基和垫层填土。重锤夯实分层填土时,每层的虚铺厚度以相当于锤底直径为宜,夯实完成后应将路基表面修整至设计高程。

重锤夯实的现场试验应确定最少夯击遍数、最后2遍平均夯沉量和有效夯实深度等。夯实遍数一般为8~12遍,一般重锤夯实的有效夯实深度可达1m左右,并可消除1.0~1.5m厚土层的湿陷性。

3)振动压实法是用振动压实机械在地基表面施加振动力以振实浅层松散土的地基处理和垫层压实的方法。实践证明,振动压实法适宜于处理砂、砂石、碎石等渗透性较好的无黏性土为主的松散填土,也适宜处理黏粒含量少、透水性较好的松散杂填土。

振实范围应从路基边缘放出0.6m左右,先振两边,后振中间,其振实的标准是以振动机原地振实不再继续下沉为合格。地下水位过高会影响振实效果,当地下水位距振实面小于60cm时,应降低地下水位。另外,施振前应对工程场地周围环境进行调查。一般情况下,振源与邻近建筑物、地下管线或其他设施的距离应大于3m。如有危房和重要地下管线,应事先进行加固处理。

(2)以黏性土为主的软弱土,宜采用平碾或羊足碾;对杂填土,可用平碾;对砂土、砂石料、碎石土和杂填土,宜采用振动碾或振动压实机;对于狭窄场地、边角及接触带,可用蛙式夯实机。压实效果、分层铺填厚度、压实遍数、最佳含水率等,应根据具体施工方法及施工机具通过现场试验确定。一般情况下,用平板振动器时,最佳含水率为15%~20%;用平碾及蛙式夯时,最佳含水率为8%~12%;用插入式振动器时,宜对饱和的碎石、卵石或矿渣充分洒水湿透后进行夯压。

(3)垫层施工前必须对下卧地基进行检验,如发现局部软弱土层,应予挖除,用素土或灰土填平夯实。对垫层底部有古井、古墓、洞穴、旧基础、暗塘等软硬不均的部位时,应先予清理后再用砂石逐层回填夯实,并经检验合格后方可铺填上一层砂石料后再行施工。

(4)严禁扰动垫层下卧的软土,为防止践踏、受冻、浸泡或暴晒过久,坑底可保留200mm厚土层暂不挖去,待铺砂石料前再挖至设计高程,如有浮土必须清除,当坑底为饱和软土时,须在土面接触处铺一层细砂起反滤作用,其厚度不计入砂垫层设计厚度内。

(5)砂石垫层的底面宜铺设在同一高程上,如深度不同,基底土层面应挖成阶梯或斜坡搭接,各分层搭接位置应错开0.5~1.0m距离,搭接处注意捣实,施工应按先深后浅的顺序进行。垫层竣工后,应及时施工上层路面。

(6)垫层施工应注意控制分层铺填厚度。每层压实遍数宜通过试验确定。分层松铺厚度可按采用的压实机具现场试验来确定,一般情况下松铺30cm,分层压实厚度为20cm。为保证分层压实质量应控制机械碾压速度,一般平碾为2km/h,羊足碾为3km/h,振动碾为2km/h,振动压实机为0.5km/h。

(7)人工级配的砂石应拌和均匀。用细砂作填料时,应注意地下水的影响,且不宜使用平振法、插振法和水振法。

(8)当施工中地下水位高于挖土底面时,宜采用排水或降水措施,注意边坡稳定,以防止坍土混入砂石垫层中。

二、抛石挤淤法施工

抛石挤淤法就是通过向流塑状、高灵敏度的饱和软土中抛入较大的片石、块石,使片石、块石强行挤出饱和软土并占据其位置,以此来提高地基承载力,减小沉降量,提高土体稳定性的地基处理方法,如图6-1-3所示。

图 6-1-3 抛石挤淤

在修建道路处,若是常年积水的洼地,排水困难,地基为软弱土,承载力极小,而且近于流塑状态,采用置换施工困难且附近又有石料可资利用,经济上适宜时,可考虑采用抛石挤淤法修筑路基。

采用抛石挤淤法,地基的地质条件除土接近流塑、承载力极小之外,软弱土的厚度一般不宜大于 3 m,且其下有较硬的承载层,表层无硬壳层,所抛片石能沉达底部。

石料的选择,应选用不易风化的片石、块石,石料直径不宜小于 300 mm。

抛石挤淤应按照路堤断面及所处的地形进行施工。一般情况下,当软土地层平坦(缓于1:10)时,应从路堤中线向前呈等腰三角形抛填,使中部先从积水洼地露出之后,再逐渐向两侧对称抛填至全宽,将淤泥挤至两侧。当软土或泥沼底面有较大横坡(陡于1:10)时,抛石则应自高侧向低侧抛填,并在低侧坡脚外一定宽度内同时抛填形成宽度不小于 2 m 的平台,使所筑路堤处于稳定状态。

在片石抛填出水面之后,宜用强力振实设备进行振实,使片块落位稳定。然后,在已稳定的片块石层上铺填一层碎石,再次进行强力振实和碾压,使碎石嵌入片石缝中,反复进行,以使填石密实。此层完成之后,按一般路堤施工方法进行路堤的填筑。抛石挤淤的断面如图6-1-4所示。

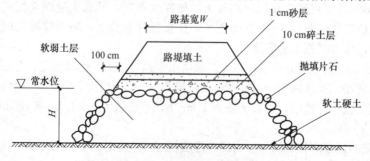

图 6-1-4 抛石挤淤断面图

三、其他施工方法

除上述换填土法和抛石挤淤法两种常用的处理方法外,软土路基的处理方法还有很多,下面简要介绍。

1. 排水固结法

排水固结法是对天然地基,或先在地基中设置砂井(袋装砂井或塑料排水带)等竖向排水体,然后利用建筑物本身重量分级逐渐加载;或在建筑物建造前在场地上先行加载预压,使土体中的孔隙水排出,逐渐固结,地基发生沉降,同时强度逐步提高的方法。该法常用于解决软黏土地基的沉降和稳定问题,可使地基沉降在加载预压期间基本完成或大部分完成,使建筑物在使用期间不致产生过大的沉降和沉降差。同时,可增加地基土的抗剪强度,从而提高地基的承载力和稳定性。

微课:塑料排水板施工

排水固结法由排水系统和加压系统两部分共同组合而成,如图 6-1-5 所示。

排水固结法适用于处理各类淤泥、淤泥质土及冲填土等饱和黏性土地基,其具体方法包括砂井与袋装砂井预压固结法、排水板预压固结法和真空预压排水固结法。

2. 复合地基加固法

复合地基是指天然地基在地基处理过程中部分土体得到增强,或被置换,或在天然地基中设置加筋材料,加固区是由基体(天然地基土体)和增强体两部分组成的人工地基。

(1)砂桩挤密法:指用振动、冲击或水冲等方式在软弱地基中成孔后,再将砂挤压入已成的孔中,形成大直径的砂所构成的密实桩体。

(2)碎石挤密桩法:碎石挤密桩加固软弱地基主要是利用夯锤垂直夯击填入孔中的碎石,夯击能量通过碎石向孔底及四周传递,将孔底及桩周围的土挤密,并有一些碎石挤入碎石桩四周的软土中,形成碎石桩的同时,桩周也形成一个与碎石胶结的挤密带,以提高原地基的承载力,且碎石桩与桩间地基土形成复合地基,共同承担上部荷载。

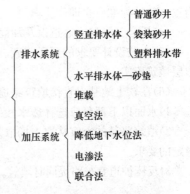

图 6-1-5 排水固结法

(3)CFG 桩法:水泥粉煤灰碎石桩(Cement Flyash Gravel Pile),简称 CFG 桩,是在碎石桩基础上加进一些石屑、粉煤灰和少量水泥,加水拌和制成的一种具有一定黏结强度的桩,和桩间土、褥垫层一起形成复合地基,也是近年来新开发的一种地基处理技术。

(4)树根桩法:树根桩是一种用压浆方法成桩的微型桩。树根桩是指桩径在 70~250 mm,长径比大于 30,采用螺旋钻成孔、加强配筋和压力注浆工艺成桩的钢筋混凝土就地灌注桩。

微课:振动沉管法碎石桩加固地基施工

(5)夯实扩底桩与混凝土薄壁管桩法:夯实扩底灌注桩(简称夯实扩底桩)通过击入沉管全部现浇混凝土,利用重锤夯击桩端新灌混凝土,在最大限度地扩大桩头的同时,对桩端地基强制夯实挤密。通过桩端截面的增大和对地基土的挤密,显著提高桩头地基承载能力,进而提高桩端竖向承载力。然后,现浇混凝土桩身,形成桩侧摩阻力。

混凝土薄壁管桩复合地基采取自动排土振动灌注成桩技术,即依靠沉腔上部锤头的振动力将内外双层钢套管所形成的环形腔体在活瓣桩靴的保护下打入预定的设计深度,在腔体内现浇混凝土，然后振动拔管，在环形区域中土体与外部土体之间便形成混凝土管桩。

（6）水泥搅拌桩法：指利用喷浆型搅拌机或喷粉型搅拌机将水泥浆或水泥粉喷入软土中形成水泥土，通过水泥土的物理化学反应，水泥土硬化后使软土地基的承载力得以提高，减少沉降量。

（7）石灰搅拌桩法（Deep Lime Mixing）：简称DLM法，是将磨细后的生石灰颗粒用压缩空气通过竖管送入土中，同时开动电动机，通过传动轴转动装于竖管下端的搅拌轮叶，使石灰与软土混合，改善软土的性质。

（8）高压旋喷桩法：是利用钻机把带有喷嘴的注浆管钻至土层的预定位置后，以高压设备使浆液成为20~40 MPa的高压射流从喷嘴中喷射出来，冲击破坏土体；同时，钻杆以一定速度渐渐向上提升，将浆液与土粒强制搅拌混合，浆液凝固后在土中形成一个固结体，从而加固地层。

四、软土地区路堤施工注意事项

软土地区路堤施工应符合下列规定：

（1）软土地区路堤施工应尽早安排，施工计划中应考虑地基所需固结时间。

（2）填筑过程中应严格控制填筑速率，并应进行动态观测。

（3）施工期间，路堤中心线地面沉降速率24 h应不大于10~15 mm，坡脚水平位移速率24 h应不大于5 mm。应结合沉降和位移观测结果综合分析地基稳定性。填筑速率应以水平位移控制为主，超过标准应立即停止填筑。

（4）桥台、涵洞、通道以及加固工程应在预压沉降完成后，再进行施工。

（5）应按设计要求的预压荷载、预压时间进行预压。堆载预压的填料宜采用上路床填料，并分层填筑压实。

（6）在软土地基上直接填筑路堤，应符合下列规定：

1）水面以下部分应选择透水性好的填料，水面以上可用一般土或轻质材料填筑。

2）填筑路基的土宜从取土场取用。当在两侧取土时，取土坑距路堤坡脚的距离应满足路堤稳定的要求。

3）反压护道宜与路堤同时填筑。当分开填筑时，应在路堤达到临界高度前完成反压护道施工。

任务二　膨胀土地区路基施工

学习目标

（1）掌握膨胀土的特点、分布，膨胀土地区路基处治常用措施的适用条件及施工工艺。

（2）能够根据公路路基施工技术规范及设计图纸等相关资料，指导膨胀土地区路基施工作业。

任务描述

利用膨胀土地区路基案例、多媒体教学资源及教师的讲解，学生能够掌握膨胀土地区路基处治常用措施及各措施的适用条件。针对具体的膨胀土地区路基实例，能够提出有效、可行的处治方案，编制出相应的施工流程及指导现场施工。

学习引导

本工作任务沿以下脉络进行学习：

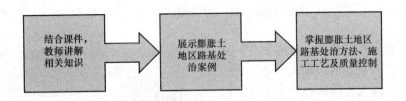

相关知识

膨胀土是指黏粒成分主要由强亲水性矿物蒙脱石和伊利石组成的多裂隙并具有显著胀缩性的高塑性黏土。我国由于膨胀土地基致害的建筑面积达 1 000 万 m^2 以上，公路工程中因膨胀土发生的边坡失稳、路基变形、路面破坏、构造物开裂、倒塌等公路病害造成的经济损失是十分巨大的。

在自然条件下，膨胀土多呈硬塑或坚硬状态，颜色为黄、红、灰白色，裂隙发育，常见光滑面和擦痕。其吸水膨胀、失水收缩并且反复变形的性质（图 6-2-1），以及土体中杂乱分布的裂隙，对路基、轻型建筑、机场、岸坡及堤坝等都有严重的破坏作用。在我国，膨胀土在黄河流域及其以南地区分布较广泛。

图 6-2-1 失水收缩后的膨胀土

一、膨胀土的工程性质

膨胀土因其组成含有大量的强亲水性黏土矿物，故具有吸水量大、高塑性、快速崩解性、很强的胀缩性、多裂隙性和强度衰减性。同时又因膨胀土沉积时代较早，历史上承受过较现在更大的上覆压力，因此，其压缩性不大，并多具有超固结性。这些性质构成了膨胀土区别于其他土类的独有的工程地质性质。它们是对膨胀土进行工程性质评价比较重要的基本技术指标。

二、膨胀土地区路基施工

1. 路堤填筑

(1)铺筑试验路段。膨胀土地区路堤施工前，应按规定做试验路段，为路堤的正式施工提供数据资料和经验。

(2)原地面处理。在膨胀土地区修建公路，特别是修建高速及一级公路时，在路堤填筑前必须对原地面进行处理，并应满足以下要求：

1)填高不足 1 m 的路堤，必须挖去地表 30～60 cm 的膨胀土，换填非膨胀土，按规定压实。

2)地表为潮湿土时，必须挖去湿软土层，换填碎、砾石土，砂砾或挖方坚硬岩石碎渣，或将土翻开掺石灰处理。

(3)填筑材料及作业要求。强膨胀土稳定性差，不应作为路堤填料；中等膨胀土宜经过加工、改良处理后作为填料；弱膨胀土可根据当地气候、水文情况、道路等级及路基范围加以应用。对于直接使用中、弱膨胀土填筑路堤时，应及时对边坡及顶部进行防护。

1)掺灰（一般为石灰）改性处理后的膨胀土可作为高速、一级、二级公路的路堤填料。

2)限于条件，高速、一级公路用中等膨胀土填筑路堤时，路堤填成后，应立即加固及封闭边坡。当填至路床底面时，应停止填筑，改用符合强度要求的非膨胀土填至路床顶面设计高程并进行严格压实。路基完成后则应加做封层,封层的填筑厚度不宜小于20 cm,并设不小于2%的横坡。

3)使用膨胀土作填料时,为增加其稳定性,可采用石灰处治,石灰剂量可通过试验确定,掺灰处理后的膨胀土其胀缩总率接近零为佳,图6-2-2所示为膨胀土填筑。

4)公路可用接近最佳含水率的膨胀土填筑路堤,但两边边坡部分要用非膨胀土作为封层。路堤顶面也要用非膨胀土形成包心填方。

2. 路堑开挖

(1)施工前的准备。路堑施工前,先开挖截水沟并铺设浆砌圬工,其出口应延伸至桥涵进出口。

图6-2-2 膨胀土填筑

(2)开挖作业及要求。膨胀土地区路堑开挖应按下列要求办理:

1)挖方边坡不要一次挖到设计线,沿边坡预留厚度30~50 cm的一层,待路堑挖完时再分段削去边坡预留部分,并立即进行加固和封闭处理。

2)如路基与路面不连续施工,二级及以下公路的挖方地段挖到距路床顶面以上30 cm时,应停止向下开挖,并挖好临时排水沟,待做路面时,再挖至路床顶面以下30 cm,用非膨胀土回填,并按要求压实。如路基与路面连续施工,则对高速、一级公路应一次性超挖路床30~50 cm,并立即用粒料或非膨胀土分层回填,按规定压实。

3. 路基碾压

(1)先要根据膨胀土自由膨胀率的大小,选用工作质量适宜的碾压机具。一般地,自由膨胀率越大的土应采用的压实机具越重。

(2)由于膨胀土遇水易膨胀,因此压实时,应在最佳含水率时进行。

(3)压实土层不宜过厚,一般不得大于30 cm。

(4)土块击碎至37.5 mm粒径以下,使土块中水分易于蒸发,减少土块本身的膨胀率,以利于提高压实效率。

(5)路堤与路堑分界处,即填挖交界处,两者土内的含水率不相同,原有的密实程度也不相同,压实时应使其压实得均匀、紧密,避免发生不均匀沉陷。因此,填挖交界处2 m范围内的挖方地基表面的土应挖成台阶,翻松,并检查其含水率是否与填土含水率相近,同时采用适宜的压实机具将其压实到规定的压实度。

(6)因膨胀土路基压实后的紧密程度比一般土填筑的路段更重要,所以,压实度的检验频率应增加1倍,为每2 000 m^2 检查16点。

4. 施工注意事项

(1)膨胀土地区的路基施工,应避开雨季作业,加强现场排水,保证地基和已填筑的路基不被水浸泡。

(2)膨胀土地区路基施工,开挖后各道工序要紧密衔接,连续施工,分段完成,特别是高速、一级公路更应如此,路基填筑后不应间隔太久或越冬后做路面。

(3)路堤、路堑边坡按设计修整后,应立即浆砌护墙、护坡,防止雨水直接侵蚀。

(4)膨胀土地区路床土的强度及压实标准应符合有关规定。

(5)中等膨胀土、弱膨胀土的适用范围应符合相关规定。膨胀土掺拌石灰改良后可用作路基填料，掺灰处置后的膨胀土不宜用于高速公路、一级公路的路床和二级公路的路床。

(6)高填方、陡坡路基不宜采用膨胀土填筑。

(7)强膨胀土不得作为路基填料。

(8)路基浸水部分不得用膨胀土填筑。

(9)桥台背、挡土墙背、涵洞背等部位严禁采用膨胀土填筑。

5. 施工中的控制要点

由于膨胀土在一般情况下不宜作为路堤填料，但公路所经膨胀土地区常常由于路线长，膨胀土分布范围广，难以找到非膨胀土，这就提出了改善膨胀土特性、满足填方要求的课题。在实际施工中，除强膨胀土不宜使用外，对中等和弱膨胀土可以采取相应的治理措施，增加其稳定性，主要的方法是在膨胀土中加入稳定剂(石灰)和冲稀材料(砾石或粉煤灰)。在膨胀土中加入石灰进行改性处理，主要是针对黏土矿物中易亲水的蒙脱石、伊利石，使其与石灰发生物理、化学作用，进行离子交换。施工中要控制好以下几个要点：

(1)掺加石灰对膨胀土进行改性处理。膨胀土中加入石灰后，由于石灰水化产生大量钙离子，与膨胀土中的蒙脱石、伊利石等矿物层起吸附水作用，同时也把大量钙离子和溶液中析出的 $Ca(OH)_2$ 粒子吸附到其颗粒周围，这些作用形成石灰的水化物在膨胀土矿物颗粒表面聚集，经硬化结晶，形成一种防止膨胀土颗粒内水化散和外水内侵的固化层。其结果将使膨胀土减弱亲水性，增加自身的稳定。

(2)加强土的粉碎和拌和的均匀性。自取土坑挖出的土块，一般粒径都较大，大的达 5~10 cm，经风吹日晒形成外硬内塑的状态，施工时必须将土块击碎在 5 cm 以下，通常在土块外表的含水率略大于最佳含水率时旋耕、粉碎效果较好。同时要求石灰要与土拌和均匀，为了避免出现素土夹层和大块集中区，碾压厚度应控制在旋耕机一般旋耕深度(25 cm)以内。

(3)加强压实。与一般路基相比，压实机具应选重型压路机、振动压路机或 35~50 t 的轮胎压路机。压路机的行驶速度不宜超过 4 km/h。碾压时，直线段由双边向中央，小半径曲线由内侧向外侧，纵向进退式进行；横向接头处振动压路机要重叠 0.4~0.5 m，对三轮压路机一般重叠后轮的 1/2，前后两相邻区段纵向重叠 1~2 m，做到无漏压、无死角。在路堤与路堑分界地段更应碾压密实。考虑到膨胀土路堤的沉降，路堤边缘两侧应各加宽 30~50 cm，路基成型后刷坡整平。

由于雨水的侵入，路基会出现表面隆起、膨胀，因此，雨后及时复压，对保证路基密实度也很有必要。

(4)路堤填筑要连续施工。完工之后，路堤两侧边坡的防护封闭工程必须及时施工，做好膨胀土路基的防水、保温和防风化工作。

(5)有条件的地方对黏土路基顶面 80 cm，应选用非膨胀土回填。

任务三　黄土地区路基施工

学习目标

(1)掌握黄土的特点、分布，黄土地区路基处治常用措施的适用条件及施工工艺。

(2)能够根据公路路基施工技术规范及设计图纸等相关资料,指导黄土地区路基施工作业。

任务描述

利用黄土地区路基案例、多媒体教学资源及教师的讲解,学生能够掌握黄土地区公路路基处治常用措施及各措施的适用条件。针对具体的黄土地区公路路基实例,能够提出有效可行的处治方案,编制出相应的施工流程及指导现场施工。

学习引导

本工作任务沿以下脉络进行学习:

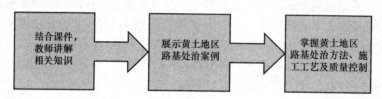

相关知识

黄土是第四纪的一种特殊堆积物,颜色以淡黄色为主,有黄、褐等色,颗粒组成以粉土颗粒为主,富含硫酸盐,具有大孔隙,黄土地貌如图 6-3-1 所示。黄土在我国主要分布在北纬 34°~41°大陆内部干旱和半干旱地区,即西北、华北、内蒙古等地区。其中以黄土高原的黄土沉积最为典型。黄土高原主要位于秦岭以北、长城以南、太行山以西、日月山以东的黄河中游地区的陕、甘、宁、豫、晋等省,河北、山东、青海及新疆等地亦有所分布。

图 6-3-1　黄土地貌

一、黄土的工程特性

1. 黄土的结构特征

(1)黄土的颗粒组成以粉粒为主,其含量可达 50% 以上,其中粗粉粒(0.01~0.05 mm)含量又大于细粉粒(0.005~0.01 mm)含量。

(2)黄土孔隙率为 35%~60%,从地理分布上则自东向西、自南向北孔隙率逐渐增大。黄土中的孔隙呈垂直或倾斜的管状,以垂直为主,上下贯通。其内壁附有白色的碳酸钙薄膜。碳酸钙的胶结对黄土起着加固的作用。

(3)黄土的节理。黄土的节理以垂直节理为主,一般在干燥而固结的黄土层中比较发育,土层上部比下部发达。黄土中的斜节理是由新构造运动造成的。

2. 黄土的渗水、收缩、膨胀和崩解

由于黄土孔隙率大并且节理垂直,所以垂直方向的透水性比水平方向大。即使经压实后孔隙及节理被破坏,因黄土中的粗粒含量高,其渗水也比一般黏质土强。

黄土遇水后便膨胀,干燥后又收缩,经多次胀缩后,容易形成裂缝及剥落。由于土的自重作用使粉粒在垂直方向的间距变小,所以具有天然湿度的黄土在干燥后,水平方向的收缩量比垂直方向的收缩大。不同类别黄土的崩解情况相差很大。新黄土浸入水中很快就崩解,而老黄土要经过一段时间才全部崩解,红色黄土基本不崩解。

3. 黄土的物理特性

(1)黄土的抗剪强度。黄土的抗剪强度以水平方向最大,垂直方向最小;冲积、洪积有水平层理关系的黄土,则正好相反,水平方向小而垂直方向大。

(2)黄土的湿陷性。黄土可分为两类,一类为湿陷性黄土,另一类为非湿陷性黄土。

(3)黄土的液塑限。从黄土的液塑限试验结果看,黄土是一种特殊的黏质土或粉质土。

(4)黄土的击实特性。黄土的最大干密度为 $1.85 \sim 1.89 \text{ g/cm}^3$,最佳含水率为 $13.8\% \sim 15.0\%$。高等级公路使用黄土填筑路堤时施工含水率的控制范围很小,这就是黄土填筑高等级公路路堤的困难所在。

二、黄土地区路基施工

1. 常规路堤施工方法及注意事项

黄土路堤施工除采用常规路堤的施工方法外,应特别注意以下事项。

(1)施工含水率的控制。黄土压实对水很敏感,含水率的施工控制较难。施工时,应通过击实曲线确定达到某一压实标准干密度相应的含水率范围,并应在取土场控制。如取土场天然含水率低于施工要求含水率范围,则可在取土场采用闷土的方法提高土的含水率。闷土时,在取土场表面修筑网状水渠,浇水使其均匀渗入土中,若干天后即可使用。

黄土地区大多干旱少雨,路基施工的主要困难是水源缺乏。因此,在求得最佳含水率后,摊铺厚度应控制在 25~30 cm,可将现场含水率控制在低于最佳含水率的 1~2 个百分点以内,并选用 15 t 以上的压路机进行碾压。这样既减少了用水量,也可以达到要求的密实度。

在施工中为防止和减少水的蒸发,上路的土要及时碾压,洒水后的土达到最佳含水率时也要及时进行碾压。

(2)摊铺。路基土运到现场后应及时摊铺(图 6-3-2)。当使用普通振动压路机时,必须保证摊铺厚度在 30 cm 以内,厚度应在现场经过试验路段试验后确定。施工中常见的问题是摊铺厚度超厚,摊铺的平整度问题也一直被忽视。如果路基不平整,碾压后各个点上土的受力就不同,造成路基强度不均匀,日后会形成不均匀变形及沉降。路基刚碾压完时平整度很好,而经过一段时间行车后就会出现凸凹不平。

(3)碾压。同一种土的最佳含水率随压实功能的增加而减少,而最大密度则随压实功能的增加而增大。当含水率一定时,压实功能越大,则密实度越高。黄土路堤施工中选择适当的压路机非常重要。一般情况下,应选择 18 t 以上的重型压路机。当采用振动式压路机时,配合以静碾光轮压路机可弥补表层密度不够的缺陷。

黄土路堤试验路资料显示,宽填尺寸不小于 50 cm 时,路基边缘压实度才可保证。所以,施工中宽填尺寸应不小于 50 cm,以保证路基的整体压实度达标。同时,尽可能增加光轮压路机在边缘的压实遍数(图 6-3-3)。

图 6-3-2　黄土摊铺　　　　　　　　图 6-3-3　黄土碾压

(4)压实度的检测。黄土路堤施工压实度的检测要及时、快速，发现不符合要求的地段应及时进行补压处理，以确保填筑质量。

(5)黄土路堤施工注意事项。

1)严格控制黄土的含水率，使其接近最佳含水率。

2)选用大吨位的压实机具。

3)因黄土的压实对含水率很敏感，施工时在多雨季节要注意防雨和排水；摊铺时要做成2%~4%的路拱，以防填筑面积水；上料时随上随摊铺并及时碾压；当水分过大出现弹簧现象时，应换填砂砾或用石灰粉处理。

4)做好排水设施。因黄土易受水冲蚀，为防止下雨时路拱汇集的水冲刷路堤边坡，要及时修筑边坡防护工程，以确保已施工的路堤边坡不被冲出深沟，影响路堤的安全。

2. 路堑的施工

(1)边坡。黄土路堑边坡，应严格按设计坡度开挖，如设计为陡坡时，施工中不得放缓，以免引起边坡冲刷。

黄土路堑边坡受各种因素的影响，容易产生变形，因此，施工中应采取措施进行边坡的防护加固，如图6-3-4所示。

(2)路床。路堑施工，当挖到接近设计高程时，应对上路床部分的土基整体强度和压实度进行检测。

如路堑路床土质不符合设计规定，则应将其挖除，另行取土，分层摊铺、碾压至规定的压实度。挖除厚度根据道路等级对路床的要求

图 6-3-4　施工完的黄土边坡

而定，高速公路、一级公路宜挖除50 cm，其他公路可挖除20 cm。

如路堑路床的密实度不足，土质符合设计规定，则视其含水率的情况或经洒水或经翻松晾晒至要求含水率后，再进行整平碾压至规定压实度。

三、湿陷性黄土地区路基施工

1. 湿陷性黄土的分布

湿陷性黄土占我国黄土地区总面积的60%以上，而且又多出现在地表上层，主要分布在山西、陕西、甘肃大部分地区以及河南西部，其次是宁夏、青海、河北的部分地区，新疆、山东、

辽宁等地局部也有发现，分布十分广泛。

2. 湿陷性黄土的特性

湿陷性黄土具备黄土的一般特征，如黄色或黄褐色，粒度成分以粉土颗粒为主，约占50%以上，具有肉眼可见的孔隙等。另外，它呈松散多孔结构状态，孔隙比常在1.0以上，天然剖面具有垂直节理，含水溶性盐(碳酸盐、硫酸盐类)较多，垂直大孔性、松散多孔结构，遇水后土颗粒间的加固凝聚力即降低或消失而沉陷。

3. 湿陷性黄土地基的处理

湿陷性黄土地基的处理目的是改善土的性质，减少土的涌水性、压缩性，控制其湿陷性的发生，以保证工程质量。对路基原地表土层应采取必要的措施，如重机碾压、重锤夯实、石灰挤密加固、换填土等，提高土层承载力，减少下沉量。路基地基处理面积大、范围广，如采用重锤夯实、石灰挤密加固、换填土的办法，对Ⅰ、Ⅱ级湿陷性黄土处理，则工程量大、造价高、工期长。因此，国内许多高速公路都采用冲击压路机，如图6-3-5所示。冲击压路机具有作用力大、作用深度深的优点，其压实有效深度能达到1 m以上，

图6-3-5　冲击压路机

一般合理的压实遍数在12~15遍，作业速度快，对4 000 m²路基地基连续作业15遍仅需3 h。

对涵洞、通道构造物湿陷性黄土地基的处理，常用的方法有灰土(或素土)垫层、重锤夯实、灰土(或素土)挤密桩，可根据地基湿陷等级、结构物的要求处理厚度、施工技术条件等选择使用。

(1)灰土(或素土)垫层处理湿陷性黄土地基。将基底以下湿陷性土层全部挖出或挖至设计的深度，然后以灰土(3∶7)或素土(就地挖出的黏质土)分层回填，分层夯实。它消除了垫层范围内的湿陷性，减轻或避免了地基附加压力产生的湿陷，施工简易，效果显著，适用于处理厚度较小的湿陷性黄土。Ⅰ级湿陷性黄土段落构造物基底多采用超挖80 cm素土回填压实再换填30~50 cm灰土垫层。

(2)重锤夯实处理湿陷性黄土地基。重锤夯实法适用于地下水位以上的湿陷性黄土，重锤夯实能增加土的密实度，减少或消除地基土的湿陷变形，并可提高地基承载力，如图6-3-6所示。

一般采用锤重100~200 kN，落距10~20 m夯击湿陷性黄土，可消除4~8 m深度内黄土的湿陷性。

(3)灰土(或素土)挤密桩处理湿陷性黄土地基。灰土(或素土)挤密地基是桩间挤密土和填夯的桩体组成的人工复合地基，如图6-3-7所示。沉桩时土的侧向挤密效应，单桩的影响半径通常为1.0~1.5倍的桩径。挤密桩通过桩与桩之间的挤密效果的叠加使桩与桩间土共同作用，以保持地基的稳定性。灰土(或素土)桩承担的荷载是通过桩的摩擦力向桩周围的土传递，其深度一般为6~10倍桩径。

施工中采用沉管法成孔，使用柴油打夯机，锤重25 kN，落距250 cm。桩孔填夯采用安装在自卸汽车上行走的偏心轮夹杆式夯实机，夯锤重1 000 kN，落距100 cm，每分钟击40~50次。

灰土(或素土)挤密桩可处理厚度较大的湿陷性黄土，最大处理深度可达15 m。实践证明，

复合地基承载力较高，施工操作方便且经济。

图 6-3-6　黄土地基重锤夯实

图 6-3-7　挤密桩施工

任务四　盐渍土地区路基施工

学习目标

（1）掌握盐渍土的特点、分布，盐渍土地区路基处治常用措施的适用条件及施工工艺。

（2）能够根据公路路基施工技术规范及设计图纸等相关资料，指导盐渍土地区路基施工作业。

任务描述

利用盐渍土地区路基案例、多媒体教学资源及教师的讲解，学生能够掌握盐渍土地区路基处治常用措施及各措施的适用条件。针对具体的盐渍土地区路基实例，能够提出有效可行的处治方案，编制出相应的施工流程及指导现场施工。

学习引导

本工作任务沿以下脉络进行学习：

相关知识

盐渍土是指易溶盐含量超过 0.3% 时的土层。

土中最常遇到的易溶盐类主要有氯化钠、氯化镁、氯化钙、硫酸钠、硫酸镁、碳酸钠、重碳酸钠，有时也会遇到不易溶解的硫酸钙和很难溶解的碳酸钙。

一、盐渍土的分布

盐渍土的分布见表 6-4-1。

表 6-4-1　盐渍土分布

依据	名称		说明
按地理分布区域	沿海盐渍土区		包括辽宁、河北、山东、江苏等省的沿海地区，主要由于受海水浸渍或海岸退移形成。主要是氯盐渍土，一般含盐量在 5% 以下；该区气候比较湿润，地下水位较高，水对这些地区的盐渍土的稳定性影响最大；在修长路基中要特别关注水的影响
	内陆盐渍区	半干旱与干旱盐渍土亚区	包括新疆、青海、甘肃、内蒙古、宁夏、陕西、河北、河南、山东、辽宁、吉林、黑龙江等省(自治区)荒漠、半荒漠地区和部分草原、森林草原地区，其界限大致为 $0.05<$ 湿润系数 $K<0.75$；盐渍土常再现于某些河道附近与平原低洼地带，以及一些灌渠附近。这一亚区面积最大，盐渍化类型多种多样，盐渍化程度相差悬殊，气候、地质条件也各不相同，因此，水对这一亚区盐渍土稳定性的影响也有很大的差别，在修筑路基中要特别关注水对路基稳定性的不同影响
		过干盐渍土亚区	包括新疆、青海、甘肃、内蒙古等省(自治区)中最干旱的一些荒漠地区，主要有塔里木盆地、柴达木盆地、阿拉善荒漠等；界限大致确定为：年降水量小于 100 mm 及其他地区少见的硝酸盐和硼酸盐；因气候非常干燥，故水对盐渍土的稳定性影响最小；在一定条件下，可利用盐渍土和岩盐修筑路基或铺筑低、中级路面

二、盐渍土的分类

盐渍土的分类见表 6-4-2。

表 6-4-2　盐渍土分类

依据	名称	说明
按形成条件	盐土	盐土是指以含有氯盐及硫酸盐为主的盐渍土。往往是地下水位很高时，水中盐分由于毛细管作用，经过蒸发而聚集在土的表层。海水浸渍也能形成盐土。在草原和荒漠中的洼地，由于带有盐分的水流入，经过蒸发后也可形成盐土
	碱土	碱土是由盐土因地下水位降低而形成或由地表水的渗入多于土中水的蒸发时形成。其特点是在表土层中含有少量的碳酸钠和重碳酸钠，不含或仅含微量的其他易溶盐类，黏土胶体部分为吸附性钠离子所饱和。碱土常具有明显的层次，表层为层状结构的淋溶层，下层为柱状结构的沉淀层。在深度 $40\sim60$ m 的土层内含易溶盐最多，同时也聚积有碳酸钙和石膏
	胶碱土（龟裂黏土）	生成于荒漠或半荒漠的地形低洼处，大部分是黏性土或粉性土，表面平坦，不长植物，干燥时非常坚硬，干裂成多角形；潮湿时立即膨胀，裂缝挤紧，成为不适水层，非常泥泞。胶碱土的整个土体内易溶盐的含量均较少，盐类被淋溶至 0.5 m 以下的地层内，而表面往往含有吸附性的钠离子

三、盐渍土路基的主要病害

盐渍土路基的主要病害见表 6-4-3。

表 6-4-3 盐渍土路基主要病害

序号	病害名称	说明
1	溶蚀	主要是氯盐渍土,其次是硫酸盐渍土,浸水后土中盐分溶解,可形成雨沟、洞穴,甚至湿陷、坍陷等
2	盐胀	硫酸盐渍土盐胀作用强烈。在冷季,土基内的盐胀可导致路面不平、鼓胀、开裂,是盐渍地区高等级公路最突出的病害。路基边坡及路肩表层在昼夜温度变化所引起的盐胀反复作用下,变得疏松、多孔,易遭风蚀,并易陷车
3	冻胀	氯盐渍土,当含盐量在一定范围内时,由于冰点降低、水分聚流时间加长,可加重冻胀。但含盐量更多时,由于冰点降低多,路基将不冻结或减少冻结,从而不产生冻胀或只产生轻冻胀。硫酸盐渍土对冻胀具有和氯盐渍土类似的作用,但冰点降低不如氯盐渍土多,影响不如氯盐渍土显著。碳酸盐渍土由于透水性差,故可减轻冻胀
4	翻浆	氯盐渍土,当含盐量在一定范围内时,不仅可加重冻胀,也可加重翻浆。当含盐量更多时,也因不冻结或减少冻结而不翻浆或减轻翻浆。硫酸盐渍土,在降低冰点方面,其作用和氯盐渍土类似,可加重翻浆,但不如氯盐渍土显著。春融时,结晶硫酸钠脱水可起到加重翻浆的作用

四、盐渍土地区路基施工

1. 施工季节的选择及施工程序安排

在盐渍土地区筑路,应尽可能地考虑当地盐渍土的水盐状态特点,力求在土的含水率接近于最佳含水率的时期不发生冻结,也不在积水季节进行施工。根据这一原则,一般认为:当地下水位高,对黏性土的盐土地区,以夏季施工为宜;对砂性土的盐土地区,以春季和夏初施工为宜;强盐渍土地区,应在表层含盐量降低的春季施工为宜;对于不冻结的土,可以考虑冬季施工。

盐渍土路基要分段一次做完。自基底清除过盐土开始,要连续施工,一次做到路堤的设计高程,不可间断。在设置隔离层的地段,至少也要一次做到隔离层的顶部,以避免路基的再盐渍化和形成新的盐壳。

2. 基底(包括护坡道)处理

盐渍土路基基底的处理应视含盐量、含水率及地下水位而定。

从含盐量方面看,由于一般盐渍土地区的含盐量往往表层最大,故当路堤底部表层盐渍土含有过量盐分(含盐量大于8%),或表土松软有盐壳时,应在填筑前将路堤基底与取土坑范围内的表层过盐渍土铲除,铲除深度应根据土的试验资料决定,一般为 0.1~0.3 m。如路堤高度小于 1.0 m,则除应将基底含盐量较重的表土挖除外,还应换填渗水性土,其厚度对高速公路、一级公路不应小于 1.0 m,其他公路不应小于 0.8 m。

当路堤高度小于表 6-4-4 的规定时,除应将基底土挖除外,还应按设计要求换填透水性较好的土。

表 6-4-4 盐渍土地区路堤最小高度

土质类别	高出地面/m		高出地下水位或地表长期积水位/m	
	弱、中盐渍土	强、过盐渍土	弱、中盐渍土	强、过盐渍土
砾类土	0.4	0.6	1.0	1.1

续表

土质类别	高出地面/m		高出地下水位或地表长期积水位/m	
	弱、中盐渍土	强、过盐渍土	弱、中盐渍土	强、过盐渍土
砂类土	0.6	1.0	1.3	1.4
黏性土	1.0	1.3	1.8	2.0
粉性土	1.3	1.5	2.1	2.3

注：1. 高速公路、一级公路应按表列数值乘以系数 1.5～2.0，二级公路应乘以系数 1.0～1.50。
2. 氯盐渍土及亚氯盐渍土可取低值。

从含水率及地下水位方面看，当含水率超过液限的土层在 1.0 m 以内时，必须全部换填渗水性；如含水率介于液限和塑限之间，则应铺 0.1～0.3 m 的渗水性土后再填黏性土；如含水率在塑限以下，则可直接填筑黏性土。当清除软弱土体达到地下水位以下时，应铺填渗水性土，并应高出地下水位 0.3 m 以上，再填黏性土。在修建高级路面或次高级路面的地段，除路床填料符合规定要求外，还应在路堤下部设置封闭隔水层(材料如沥青砂、防渗薄膜、聚丙烯薄膜编织布等)以隔断地下水的上升后患。

清(铲)除表层后地表应做成由路基中心向两侧约 2% 的横坡，整平压实，沿横坡均匀铺平，以利排水；铲除的表层过盐渍土应堆置在较远处，最好堆置在低处，以免水流浸渍后又流回到路基范围内。

3. 路基填料

在盐渍土地区施工时，路基填料应符合下列要求。

(1)路基填料的含盐量不得超过表 6-4-5 的规定，不得夹有盐块和其他杂物。

表 6-4-5　盐渍土地区路基填料容许含盐量

路面等级	填料容许含盐量(以质量百分数计)/%		
	氯盐渍土及亚氯盐渍土	硫酸盐渍土及亚硫酸盐渍土	硫酸盐渍土
次高级路面	≤8	≤2	≤0.5
高级路面	≤5	≤1	≤0.5

(2)路堤填筑的具体位置对盐渍土的要求见表 6-4-6。

(3)在内陆盆地干旱地区，如当地无其他适用的填料，需用易溶盐含量超过规定值的土、砾等作填料时，应根据当地气候、水文地质等条件，通过试验决定填筑应采取的措施。

表 6-4-6　盐渍土地区路堤填料的可用性

土类	盐类	盐渍化程度	高速公路、一级公路			二级公路			三、四级公路	
			路床	上路堤	下路堤	路床	上路堤	下路堤	路床	上路堤
细粒土	氯盐渍土	弱盐渍土	×	○	○	○	○	○	○	○
		中盐渍土	×	×	○	×	▲2	○	×	○
		强盐渍土	×	×	×	×	×	▲3	×	▲3
		过盐渍土	×	×	×	×	×	▲3	×	×
	硫酸盐渍土	弱盐渍土	×	○	○	○	○	▲2	○	○
		中盐渍土	×	×	○	×	○	○	×	▲2
		强盐渍土	×	×	×	×	×	×	×	×
		过盐渍土	×	×	×	×	×	×	×	×

续表

土类	盐类	盐渍化程度	高速公路、一级公路			二级公路			三、四级公路	
			路床	上路堤	下路堤	路床	上路堤	下路堤	路床	上路堤
粗粒土	氯盐渍土	弱盐渍土	▲¹	○	○	○	○	○	○	○
		中盐渍土	×	▲¹▲²	○	×	▲¹	○	○	○
		强盐渍土	×	×	○	×	×	▲³	×	○
		过盐渍土	×	×	×	×	×	▲³	×	▲³
	硫酸盐渍土	弱盐渍土	▲¹▲²	○	○	▲¹	○	○	○	○
		中盐渍土	×	×	○	×	×	○	▲¹	○
		强盐渍土	×	×	×	×	×	▲¹	×	▲³
		过盐渍土	×	×	×	×	×	×	×	×

注：1. 表中○表示可用，×表示不要用。
2. ▲¹ 表示除细料土质砂（砾）以外的粗粒土可用。
3. ▲² 表示地表无长期积水、地下水位在 3 m 以下的路段可用。
4. ▲³ 表示过干旱地区经认证可用。

(4)对填料的含盐量及其均匀性应加强施工控制检测，路床以下每 1 000 m³ 填料、路床部分每 500 m³ 填料应至少做一组测试，每组取 3 个土样，取土不足上列数量时亦应做一组试件。

(5)用石膏土作填料时，应先破坏其蜂窝状结构。石膏含量一般不予限制，但应控制压实度。

4. 路基压实及含水率控制

(1)为了防止盐分的转移和保证路基的稳定，盐渍土路基的压实应尽可能地提高一些，要求达到重型压实标准。

(2)路基应分层压实，每层填土厚度对黏性土不得大于 20 cm，对砂性土不得大于 30 cm。

(3)碾压时应严格控制含水率，不应大于最佳含水率1个百分点。在干旱缺水地区，对路基填土可采用加大压实功的办法进行压实，并应设法（如远运）洒水，使路基表层 20 cm 厚的土层在碾压时为最佳含水率，至少应达到最佳含水率的 60%～70%。

(4)当填土含水率过大时，施工中除按设计挖好该地区排水沟外，可在取土坑附近挖临时排水沟，以截断地表水和降低地下水位。此外，也可延长施工段落，在取土坑内分层挖土，分段填土暴晒，分段夯压。

5. 路基排水

盐渍土地区路基排水是一项关键性的工作，如排水不畅，势必会因积水而使土质发生不利的变化，造成路基病害。因此，在施工中应及时合理地布置好地表排水系统，防止路基及其附近积水。

当路基一侧或两侧有取土坑时，可利用取土坑进行横向与纵向排水。取土坑的坑底离最高地下水位不应小于 0.15 m。底部应向路堤外有 2‰～3‰ 的排水横坡和不小于 0.2% 的纵坡，在排水困难地段或取土坑有被水淹没可能时，应在路基一侧或两侧取土坑外设置高 0.4～0.5 m、顶宽 1 m 的纵向护堤。

当路基两侧无取土坑时，应设置纵向排水沟，并根据当地的地形、地势设置必要的横向排水沟，两排水沟的间距不宜大于 300～500 m，长度不超过 2 km。

当地下水位高时，除挡导表面水外，应加深两侧边沟或排水沟，以降低路基下的地下水位。

盐渍土地区的地下排水管与地面排水沟渠必须采取防渗措施。盐渍土地区一般不宜设置盲沟、渗沟排除地下水，因为盐分的沉淀易使盲沟失效，且地面排水系统不宜与地下排水系统合并设置，以免造成地下水位的升高，影响路基稳定。

6. 路基毛细水隔断层的设置

路基修筑在强盐渍化细颗粒黏土（黏性土、粉性土）地区，路基边缘至地下水位高度又不可能达到设计规定，而采用提高路堤或降低地下水位的措施又不经济或不可能时，可在路基边缘以下 0.4～0.6 m 处（或路基底部）的整个路基宽度上设置毛细隔断层。隔断层的材料可用卵石、碎石或其他粒径为 5～50 mm 的砂砾，厚度为 0.15～0.3 m，并在上、下面各铺设一层 5～10 cm 厚的粗砂或石屑作为反滤层，以防止隔断层失效。

7. 路基高度

(1) 路基边缘高出地面的最小高度。在过干旱与干旱、半干旱地区，排除地面水困难的情况下，强盐渍土与过盐渍土的路基边缘高出地面的最小高度可参考表 6-4-4。

(2) 路基边缘高出地下水位的最小高度。在干旱与半干旱地区，盐渍土路基高出地下水位的最小高度可参考表 6-4-4。

根据有关地区的经验，碱土地段路基填土高度可比非盐渍土地段适当降低；在过干地区深度饱和的地下盐水地段，路基填土高度可比低矿化度或淡水的地下水情况适当降低。

8. 路基边坡与路肩的处理

(1) 边坡坡度。盐渍土路堤的边坡值，没有水浸时，可按表 6-4-7 选用；有水浸时，可按表 6-4-8 选用。

表 6-4-7 没有水浸时的边坡值

路堤填土高度/m	边坡值
小于 1.5	1:1.5
大于 1.5	1:2.0

表 6-4-8 有水浸时的边坡值

浸水程度	填细粒土	填粗粒土	备注
短期浸水	1:2～1:1.3	1:1.75～1:1.2	当流水速度引起冲刷时，边坡应加防护
长期浸水	不可用	1:2～1:1.3	

(2) 边坡及路肩加固。对于强盐渍土，无论其路基结构如何，边坡及路肩都必须进行加固。为保证路基有效宽度，当路基容易遭受雨水冲刷、淋溶和松胀时，对强盐渍土及过盐渍土的路基宽度，应较标准路基宽度增加 0.5～1.0 m。

对硫酸盐渍土路基的边坡，根据需要与可能，宜采用卵石、砾石、黏土或盐壳平铺在路堤边坡上，用以防止边坡疏松、风蚀等破坏。对长期浸水地段，还需在高出水位以上 0.5 m 做护坡道，并予以防护。

在过盐渍土地区，对路肩的加固，可用粗粒浸水材料掺在当地土内封闭路肩表层，也可用沥青材料封闭路肩或用 15 cm 的盐壳加固。

任务五　多年冻土及季节性冻融地区路基施工

学习目标

(1) 掌握冻土的特点、分布，冻土地区路基处治常用措施的适用条件及施工工艺。

(2)能够根据公路路基施工技术规范及设计图纸等相关资料,指导冻土地区路基施工作业。

任务描述

利用冻土地区路基案例、多媒体教学资源及教师的讲解,学生能够掌握冻土地区路基处治常用措施及各措施的适用条件。针对具体的冻土地区路基实例,能够提出有效可行的处治方案,编制出相应的施工流程及指导现场施工。

学习引导

本工作任务沿以下脉络进行学习:

相关知识

一、多年冻土地区路基施工

1. 多年冻土的定义及特性

凡温度为负温或0℃并含有冰的各种土均称为冻土,如图6-5-1所示。如果土中只有负温度而不含冰时则称为寒土。冬季冻结、夏季全部融化的土层称为季节冻土,季节冻结层又称季节作用层、活动层。冬季冻结且一二年内不融化的土层称为隔年冻层。冻结状态持续两年或两年以上的温度低于0℃且含冰的土(岩)称为多年冻土。

图6-5-1 冻土

季节冻土地区的表层土夏季融化,冬季冻结,所以是季节冻土。根据其与下伏多年冻土的关系又可分为:季节冻结层——夏季融化,冬季冻结时不与多年冻土层衔接或其下为融土层;季节融化层——夏季融化,冬季冻结时与多年冻土完全衔接的土层。不衔接多年冻土属于前者;衔接多年冻土属于后者。

(1)多年冻土上限、下限及冻土厚度。在多年冻土地区，地表以下的一定深度内，每年夏季融化，冬季冻结，该层称为季节融化层。在该深度以下的土，因终年处于冻结状态，所以称为多年冻土。这一深度称为季节融化层底板或多年冻土上限。从地表到达这一深度的距离即为季节融化层厚度或多年冻土上限的埋深。

多年冻土层的底部称为多年冻土下限。下限处的地温值为 0 ℃。下限以上为多年冻土，以下为融土。上限和下限之间的距离称为多年冻土厚度。

多年冻土厚度是多年冻土的重要标志之一，它反映着冻土的发育程度。冻土层的厚度对评价建筑物地基稳定性有着重要意义，是进行各类型建筑地层基础设计不可缺少的依据。薄的多年冻土在 10 m 以下，在大兴安岭和小兴安岭，最厚的多年冻土可超过 100 m。

(2)多年冻土分类。多年冻土按含冰量分类，可分为少冰冻土、多冰冻土、富冰凉土、饱冰冻土和含土冰层五类。

(3)多年冻土上限的类别及用途。多年冻土上限有天然上限和人为上限两种。

天然状态的多年冻土上限为其天然上限。因受人类活动影响改变了地温与气温的热交换条件，破坏了天然条件下的热平衡状态，导致多年冻土上限发生变化，变化后的多年冻土上限即为其人为上限。

人为多年冻土上限决定了多年冻土融化下沉计算的下部界限，而天然上限往往是厚层地下冰的埋藏深度。在建筑物地基的融沉计算中，应包括融沉和压密下沉两部分。

2. 多年冻土地区的不良地质现象

多年冻土地区的不良地质对公路建设会产生多种病害。因此，有必要了解冻土地区不良地质现象的形成和发展，以便采取预防措施。

多年冻土地区之所以会形成不良地质现象，在于多年冻土地区不仅气候严寒，而且还有多年冻土层作为底板使地表水的下渗和多年冻土层上水的活动受到约束，这是冻土地区不良地质现象发生和存在的基本条件。

多年冻土地区的不良地质现象主要有冰丘、冰锥、地下冰和冻土沼泽等。

3. 多年冻土地区公路路基的主要病害

(1)融沉。融沉多发生在含冰量大的黏质土地段。当路基基底的多年冻土上部或路堑边坡上分布有较厚的地下冰层时，由于地下冰层埋藏较浅，在施工及使用过程中，因原来的自然环境条件发生变化，使多年冻土局部融化，上覆土层在土体自重力及外力的作用下产生沉陷，造成路基变形。融沉主要表现在路堤向阳侧路肩及边坡开裂、下滑，路堑边坡溜坍等，如图 6-5-2 所示。

融沉现象一般以较慢的速度下沉，但有时也会经过一段时间的慢速下沉后突发大量的沉陷，并使两侧部分地基土隆起。其产生的原因是路基基底由于含冰量大的黏质土融化后处于过饱和状态，几乎没有承载能力，又因路堤两侧融化深度不同，使得基底形成一个倾斜的冻结滑动面。在外荷载的作用下，过饱和的黏质土顺着冻结面挤出，路堤瞬间产生大幅度的沉陷，通常称为突陷。这样的突陷会危及行车的安全。

(2)冻胀。冻胀多发生在季节冻结深度较大的地区及多年冻土地区，多年冻土地区较严重。发生的原因是地基土及填土中的水冻结时体积膨胀所致。水分的来源是地表水或地下水对路基土的浸湿。冻胀的程度与土质及土中的含水率高低有关。

(3)冰害。冰害主要是指在路堤上方出露地表的泉水，或开挖路堑后地下水自边坡流出，在隆冬季节随流随冻，形成积冰掩埋路基或边坡挂冰、堑内积冰等冰害，如图 6-5-3 所示。

冰害在严寒的多年冻土地区尤为严重。对路基工程来说，路堑地段较路堤地段冰害要多，尤其是发生在浅层地下水发育的低填浅挖及零填挖地段的冰害，危害程度更大。

图 6-5-2　路基融沉开裂

图 6-5-3　路基冰害

4. 多年冻土地区路基施工

(1) 资料收集。多年冻土地区有关资料的收集，是路基施工前的一项关键性工作。只有对多年冻土地区气象资料、地质资料及冻土的物理力学性质资料等在施工中进行综合考虑，采用切实可行的技术措施，才能确保工程质量。

(2) 路堤。

1) 路堤最小填土高度。保护多年冻土上限不下降的最小高度 H_1：

$$H_1 = H_d - H_0 \tag{6-5-1}$$

式中　H_1——从天然地面算起的填土高度(m)，若其数值小于表 6-5-1 所列数值，则采用表中数值；

H_d——保温厚度(m)；

H_0——将上限深度换算成保温材料时的当量厚度(m)。

表 6-5-1　H_1 的厚度

路面类型地区	H_1/m	
	白色路面	黑色路面
青藏高原多年冻土地区	0.5	0.9
兴安岭多年冻土地区	1.0	1.4

防治翻浆和冻胀的最小填土高度 H_2 可根据当地已有的公路调查资料确定。

按保护多年冻土的原则施工路基时，路堤最小填土高度应同时满足 H_1 与 H_2 的要求。

当路堤高度达不到 H_1 的要求时，冻土上限可能下降，路基基底则应进行处理。

2) 饱冰冻土及含土冰层地段路堤。当全用粗颗粒土填筑路堤，其填土高度不能满足 H_1 的要求时，可在路堤下部换填一层细颗粒土，细颗粒土的厚度一般不小于 1.0 m，以便使核算的填土高度大于或等于最小填土高度 H_1。

当路堤高度小于最小填土高度 H_1 时，基底的饱冰冻土或含冰层则需进行部分或全部换填。当饱冰冻土层或含土冰层较厚，全部换填有困难且不经济时，则可作部分换填。换填后的路堤换算高度仍应满足 H_1 的要求。换填材料，应选用保温、隔水性能均较好的细颗粒土，并注意做好地表排水工程。

3)冻土沼泽地段路堤。不论基底地质条件如何,首先应根据水源特点及补给情况,在路堤一侧或两侧设置排水沟或挡水埝,将上游水源截断,必要时增设桥涵,排除地表积水。修建在塔头草泥沼地段的路堤,应自路堤坡脚 20 m 以外挖取塔头草,反铺在基底,塔头朝空隙间,并加以夯实,使其成为良好的基底隔温层。路堤填土后塔头草垫层受压下降,因此在反铺塔头草时,基底的中间部分可以适当加高 0.2 m,并且向两侧坡脚做成拱形。反铺塔头草的宽度应伸出路堤脚外 1~2 m。

当采用细颗粒土填筑路堤时,在排水困难的低洼地段或沼泽地段,应采取防止路基冻胀、翻浆的措施。一般可在路堤底部填筑毛细水隔断层,其厚度以在路堤沉落后尚高出地面以下 0.5 m 为宜。为防止隔断层受污染、阻塞面失效,其上应加铺反滤层(草皮、碎石或砂)。

(3)路堑。

1)饱冰冻土及含冰土层地段的路堑。在饱冰冻土及含冰土层地段挖方,由于土中含冰量大,季节融化后或上限下降均会使基底处于过湿软弱状态,同时出现严重沉陷。在这类地段一般多采取部分或全部换填的措施,坡面也应采取保温及其他措施。

2)富冰冻土地段的路堑。细粒土中的路堑,当融化后不致造成边坡滑坍和基底松软时,可按一般路堑考虑。但由于细粒土在季节融化层中的湿度较大,为防止基底冻胀、翻浆,基底应换填渗水性土,换土厚度一般不小于 0.5 m。

5. 多年冻土地区路基施工注意事项

(1)施工前,应该查沿线冻土分布和类型、冻土上下限、冰层上限、地面水、地下水以及有无其他如热融(湖、塘)、冰丘、冰锥等不良地质地段。

(2)施工必须严格遵循保护冻土的原则,使路基施工后仍处于热学稳定状态。路基原则上均应采取路堤形式,尤其是在冰厚发育地段,并尽可能避免零填或浅挖断面,以免造成严重热融沉陷等病害。弱融沉或不融沉的多年冻土地区,路基施工可按融化原则进行。

(3)路基排水与加固,除满足水力和土力条件外,还应考虑由于施工因素如排水系统修筑等引起的热力变化,不导致多年冻土层上限的下降。

(4)填方路基施工应符合以下要求。

1)排水。当路基位于永久冻土的富冰冻土、饱冰冻土或含土冰层地段时,必须保持路基及周围的冻土处于冻结状态。排水系统与路基坡脚应保持足够距离。高含冰量冻土集中地段,严禁坡脚滞水、路侧积水,边坡应及时铺填草皮。

在少冰与多冰冻土地段,也应避免施工时破坏土基热流平衡。排水沟与坡脚距离不应小于 2 m,沼泽湿地地段不应小于 8 m。饱冰冻土及含土冰层地段,应避免修建排水沟和截水沟,宜修建挡水埝(堰),距坡脚不应小于 6 m,若修建排水沟,则不应小于 10 m。

2)基底处理。填方基底为含冰过多的细粒土,且地下冰层不厚时,可挖除并用渗水性土回填压实,再填路基。

当基底为排水困难的低洼沼泽地段时,其底部应设置毛细水隔离层。其厚度在路堤沉落后应至少高出水面 0.5 m,并在其上铺设反滤层。泥沼地段路堤基底生长塔头草时,可利用其作隔温层。上述地段路堤应预加沉落度,并在修筑路面结构之前,路基沉降基本趋于稳定。

3)路基高度。路基高度应达到防止翻浆与不超过路基冻胀值要求的最小填土高度。按保持冻结原则施工的路段,应同时满足冻土上限不下降的要求。

4)取土。宜设置集中取土场。富冰冻土、饱冰冻土及含土冰层路段,确需就近解决部分土源时,应在路基坡脚 10 m 以外取土。斜坡地表路堤,取土坑应设在上坡一侧。取土坑深度均不得超过当地多年冻土上限以上土层厚度的 80%,坑底应有坡度,积水应有出口,以便水能及时排出;同时取土坑的外露面,宜用草皮铺填。

5)填料。填料应选用保温隔水性能均较好的细粒土。采用黏质土或透水性不良土填筑路堤时,要控制土的湿度,碾压时含水率不能超过最佳含水率的±2%。不得用冻土块或草皮层及沼泽地含草根的湿土填筑路基。通过融湖(塘)路堤,水下部分必须用渗水良好的土填筑,并应高出最高水位0.5 m。

6)压实。压实检查应采用重型击实标准。成型后路床强度应符合设计要求,用不小于20 t的压路机或等效碾压机械碾压2~3遍,无轮迹和软弹现象。

7)侧向保护。靠近基底部位有饱冰冻土层且有可能融化时,宜设保温护道和扩脚。保温材料宜就地取材。用草皮时,草根应向上一层一层叠铺,最外一层应带泥,以便拍实形成保护层。沿线两侧20 m内植被和原生地貌应严加保护。

(4)挖方路基施工应符合以下要求:

1)排水。挖方路基地下水发育地段,路基边沟均应有防渗措施。路堑坡顶避免设置截水沟或排水沟,宜修挡水埝并与坡顶距离不小于6 m,或必须修排水沟或截水沟,距挡水埝外距离不应小于4 m。

2)土质边坡加固铺砌厚度应满足保温层要求。如用草皮铺砌,应水平叠砌,错缝嵌紧,缝隙用黏土或草皮填塞严密,连成整体。草皮要及时铺填。

3)饱冰冻土、含土冰层地段路堑,为防止开挖后基底冻胀翻浆,可根据需要换填足够厚度的渗水性土。

6. 多年冻土地区路基处理方法

(1)通风管路基施工。通风管路基是高原多年冻土区修筑路基时为减少换填厚度,或为调节路基高度,或为增加路基冷储减少蓄热以保持路基稳定的内因性措施之一。我国铁路部门在1976年风火山房屋试验工程中,采用了内径为300 mm、壁厚50 mm的混凝土通风管作为复合式地基,该通风管基础房屋已正常使用27年,至今仍作为铁路冻土定位站的站房。通风管路基的主要施工要点如下。

1)通风管以下路堤填筑。通风管以下路堤填筑工艺与一般地区路基填筑施工相同,要严格按照"三阶段、四区段、八流程"工艺要求施工,合理划分路基施工的四区段,并在施工过程中进行标识。

施工中组织专业施工队伍,进行标准化作业,实现整个施工过程有序可控。通风管以下路堤填筑应填至高于通风管顶面设计高程10 cm位置。整平压实后,经平整和压实度检测合格后方可进行通风管安放工序。

2)通风管安放。

①及时进行通风管位置测量。

②采取人工配合机械开挖沟槽,沟槽的宽度和深度按通风管外径加宽、加深。沟槽自线路中心向两侧预留4‰的人字横坡。施工中利用挖掘机改装挖槽机进行施工,减少人力劳动强度。施工中采用半幅法施工,以便于施工车辆通行。

③将沟槽整理平顺,清除松土。

④在挖好的沟槽中按设计铺设中粗砂垫层。

⑤人工将通风管放入沟槽,摆放平顺,接头严密。混凝土通风管较重,可采用装载机吊装,人工配合安装。施工中注意两端通风管取齐,采用混凝土通风管时,通风管制作误差可在预制管节阔口端用插入深度调节。

⑥人工回填中粗砂,将通风管与沟槽间缝隙填塞,并用平板振动夯夯实。

(2)碎石路基施工。碎石路基是一种保护冻土的工程措施,其工作原理是:在寒冷季节,冷空气有较大的密度,在自重和风的作用下,使碎石间隙中的热空气上升,冷空气下降并进入地基；而在温暖的季节，热空气密度小，很难进入地基，类似于热开关效应。

二、季节性冻融地区路基施工

季节性冻融地区的路基在冰冻过程中，土中的水分不断地向上移动，使路基上部的水分含量大大增加。春融期间，由于土基含水量过多，强度急剧降低，再加上行车的作用，路面会发生弹簧、裂缝、鼓包、冒泥等现象，形成翻浆，如图 6-5-4 所示。其主要发生在我国北方各省及南方的季节性冰冻地区。

图 6-5-4 路基冻融翻浆破坏

翻浆的发生，不仅会破坏路面，妨碍行车，严重的还会中断交通。因此，在翻浆地区修筑公路，对水文及水文地质不良地段，要注意详细调查沿线地面水、地下水、路基土和筑路材料的情况，以便采取相应的处理措施。

1. 翻浆发生的过程及其影响因素

(1)翻浆发生的过程。

秋季，是路基水的聚积时期。由于降水或灌溉的影响，地面水下渗，地下水位升高，使路基水分增多。

冬季，气温下降，路基上层的土开始冻结，路基下部土温仍较高。水分在土体内，由温度较高处向温度低处移动，使路基上层水分增多，并冻结成冰，使路面冻裂或隆起，发生冻胀。

春季(有的地区延至夏季)，气温逐渐回升，路基上层的土首先融化，土基强度很快降低，以致失去承载能力，在行车作用下形成翻浆。

春季以后，天气渐暖，蒸发量增大，冻层化透，路基上层水分下渗，土变干，土基强度又逐渐恢复，这就是翻浆发展的全过程，如图 6-5-5 所示。

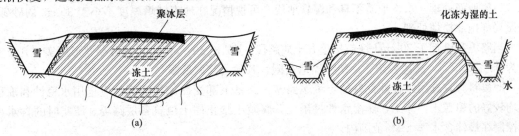

图 6-5-5 路基土的冻融过程
(a)冻结时；(b)化冻时

(2)影响翻浆的因素。影响公路翻浆的主要因素有土质、温度、水、路面与行车荷载等。其中,土质、温度、水是形成翻浆的三个自然因素,三者同时作用才能形成翻浆。

1)土质。粉性土是最容易翻浆的土,这种土的毛细水上升较高且快,在负温作用下水分聚流严重,而且土中水分增多时强度降低很快,容易丧失稳定。黏性土毛细水上升虽高,但上升速度慢。因此,只有在水源供给充足,并且在土基冻结速度缓慢的情况下,才能形成比较严重的翻浆。粉性土和黏性土含有大量腐殖质和易溶盐时,则更易形成翻浆。砂土在一般情况下都不会发生翻浆,这种土毛细水上升高度小,在冻结过程中水分聚流现象很轻,同时,这种土即使含有大量水分,也能保持一定的强度。

2)温度。一定的冻结深度和一定的冷量(冬季各月负气温的总和)是形成翻浆的重要条件。在同样的冻结深度和冷量的条件下,冬季负气温作用的特点和冻结速度的大小对形成翻浆的影响也是很大的。除此之外,春天气温的特点和化冻速度对翻浆也是有影响的。

3)水。翻浆的过程就是水在路基土中转移、变化的过程。路基附近的地表积水及浅层地下水,能提供充足的水源,是形成翻浆的重要条件。秋雨及灌溉会使路基土的含水率增加,使地下水位升高,所以也会影响翻浆的发生。

4)路面。公路翻浆是通过路面的变形破坏而表现出来,并按路面的变形破坏程度来划分等级的。因此,翻浆和路面是密切相关的。路面结构对翻浆也有一定的影响。

5)行车荷载。公路翻浆是通过行车荷载的作用,最后形成和暴露出来的。当其他条件相同时,在翻浆季节,交通量越大,车辆越重,则翻浆也会越多,越严重。

2. 翻浆防治措施

(1)防止地面水、地下水或其他水分在冻结前或冻结过程中进入路基上部。例如,在路基中设置隔离层,做好路基排水,提高路基等。

(2)在化冻时期,可以将聚冰层中的水分及时排除或暂时蓄积在渗水性好的路面结构层中,如设置排水或蓄水砂(砾)垫层等。

(3)加强路面,改善土基。如采用石灰土、煤渣石灰土结构层或路基换土老土措施。

(4)在有些情况下,用一种处理措施,往往不能收到预想效果或不够经济合理,可采用两种或两种以上综合措施。

3. 季节性冻融路基施工要点

(1)排水。在施工前应认真了解地形及水文地质情况,凡是可能危害路基强度稳定性的地面水和地下水,均应采取有效的临时性或永久性措施,使水能迅速排出路基之外。路床面应保持良好的排水状态。从路堑到路堤必须修建过渡边沟且无阻塞现象。各层填土应有路拱,表面无积水。施工后,各式沟、管、井、涵等能形成完整有效的排水系统。

(2)路堤。

1)原地面处理。水文地质不良和湿软地段,可视情况在地表铺填厚度不小于 30 cm 的砂砾,或做局部挖除换填处理。

当路堤高度低于 20 cm 时(包括挖方土质路段)应翻松 30~50 cm,并分层整形压实,其压实度为 93%~95%,高速公路、一级公路取高限,其他公路取低限。

2)填料。宜选用水稳性良好的土填筑路基。路基上部受冰冻影响部位应选用水稳性和冻稳性均较好的粗粒土。冻土、非渗水性过湿土、腐殖土禁止用于填筑各层路堤。压实时的含水率应控制在最佳含水率±2%范围内。

3)取土场。宜设置集中取土场,排水困难地段更宜集中取土。

4)碾压。各层表面碾压前应用平地机进行整平和修整路拱,切实控制松铺厚度以及填料的均匀性。压实后各层表面的平整度,用 3 m 直尺测量,其间隙高度不宜大于 20 mm;成型后,路床顶面应进行弯沉检查，或用不小于 20 t 的压路机碾压检验有无软弹现象。

5）路堤高度。应使路基全年处于干燥或中湿状态。修低路堤时，应根据具体情况采取相应技术措施。

6）为使地基预拱度和稳定性满足设计要求，施工中各类冻融翻浆防治方法可综合选用。

（3）路堑。

1）石方段超挖回填部位应选用符合要求的石渣，压实度不得低于 95%，禁止使用劣质开山料或覆盖土回填或找平。超挖部分不规则或超挖不超过 8 cm 时，可用混凝土修补找平。整平层宜采用级配碎石或水泥稳定碎石、二灰稳定碎石类等半刚性材料。

2）土质路或遇水崩解软化的风化泥质页岩等类路堑的路床压实度如不符合规定要求，则应翻松压实或根据土质情况，换填符合路床强度并满足压实度要求的足够厚度的好土，然后加强排水措施，如封闭路肩、浆砌边沟等。

3）有裂隙水、层间水、潜水层、泉眼等路段，应分别采取切断、拦截、降低等措施，如加深边沟和设置渗沟、渗管、渗井等。

任务六　其他类型的特殊路基施工

学习目标

（1）掌握滑坡、岩溶、红黏土与高液限土地段路基处治常用措施的适用条件及施工工艺。

（2）能够根据公路路基施工技术规范及设计图纸等相关资料，指导滑坡、岩溶、红黏土与高液限土地段路基施工作业。

任务描述

利用滑坡、岩溶、红黏土与高液限土地段路基案例、多媒体教学资源及教师的讲解，学生能够掌握公路滑坡、岩溶、红黏土与高液限土地段路基处治常用措施及各措施的适用条件。针对具体实例，能够提出有效可行的处治方案，编制出相应的施工流程及指导现场施工。

学习引导

本工作任务沿以下脉络进行学习：

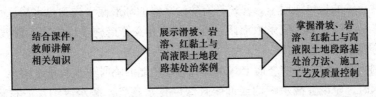

相关知识

滑坡、岩溶、红黏土与高液限土的相关知识已在《工程岩土》相关课程进行了学习，在此仅对其设计及施工要点作简要介绍。其余特殊路基类型不再分别专门介绍，相关内容可查阅相关规范、标准等资料。

一、滑坡地段路基施工

滑坡是指斜坡上的岩体或土体在自然或人为因素的影响下沿带或面滑动的地质现象。

1. 滑坡治理工程设计

滑坡地段路基设计应遵循下列原则：

(1)应查明滑坡地形地貌、地质条件、性质、成因类型、规模等，分析评价滑坡稳定状况、发展趋势和对公路工程的危害程度，采取有效措施，保证路基施工和运营安全。

(2)对规模大、性质复杂、变形缓慢的滑坡，且路线难以绕避时，可采取总体规划、分期整治的方案。

(3)滑坡防治应根据滑坡区工程地质条件、类型、规模、稳定性及对公路危害程度，以及公路的重要性和施工条件等，采取坡面及坡体排水、削坡减载、坡面锚固、坡脚反压与支挡工程的综合治理措施。

(4)高边坡、特殊岩土和存在不利结构面的边坡，应采取必要的预防措施，避免产生工程滑坡。

(5)滑坡稳定性分析应采用工程地质类比法和力学计算相结合的方法，滑坡剩余下滑力可采用传递系数法(不平衡推力法)。

2. 滑坡治理工程施工

(1)滑坡治理施工阶段应符合下列规定：

1)施工前应核查看滑坡区段的地形、地貌、地质、滑坡性质、成因类型和规模，应编制滑坡段的专项施工方案和应急预案。

2)滑坡整治措施实施前，严禁在滑坡体抗滑段减载和下滑段加载。

3)滑坡整治不宜在雨期施工。

4)施工时应进行稳定监测、地质编录并核查地质情况，如发现地质与设计不符、有滑坡迹象或其他异常情况时，应及时向相关各方反馈，以便及时处理。滑坡发生时应立即采取应急措施。

5)滑坡整治施工时应对滑坡影响区内的其他工程和设施进行保护。

6)降雨期间及雨后，应加强滑坡区段的巡查工作。

滑坡整治应采取截水、排水、减载、反压与支挡等措施进行，整治措施可单独使用，也可综合使用。滑坡整治应先施工截水、排水设施，减载、反压与支挡措施的施工顺序应结合滑坡具体情况确定(设计施工图文件中一般予以明确)。

(2)截水、排水施工应符合下列规定：

1)应在滑坡后缘的稳定地层上，修筑具有防渗功能的环形截水沟和排水沟。

2)滑坡体上的裂隙和裂缝应采取灌浆、开挖回填夯实等措施予以封闭，滑坡体的洼地及松散坡面应平整夯实。

3)滑坡范围大时，应在滑坡面上修筑具有防渗功能的临时或永久排水沟。

4)有地下水时，应设置截水渗沟或仰斜式深层排水盲管。截水渗沟反滤材料采用碎石时，碎石粒径应符合要求，含泥量应小于3%。

(3)削坡减载施工应符合下列规定：

1)应自上而下逐级开挖，严禁采用爆破法施工。

2)开挖坡面不得超挖，开挖面上有裂缝时应灌浆封闭或开挖夯填密实。

3)支挡及排水工程在边坡上分级实施时，宜开挖一级实施一级。

(4)填筑反压施工符合下列规定：
1)压措施应在滑体前缘抗滑段实施。
2)反压填料不得堵塞地下水出口，地下排水设施应在填筑反压前完成。反压填料宜予以压实。
3)应采取措施使不影响天然河沟保持排水顺畅。
(5)抗滑锚固、支挡工程施工。抗滑支挡结构包括抗滑挡土墙、抗滑桩、注浆锚杆、预应力锚索、隧道明洞等。微型桩、山体注浆等措施可治理土质中小型滑坡。其应符合下列规定：
1)抗滑锚固、支挡工程的具体施工方法在学习情境五已做详细介绍，在此不再叙述。
2)应在滑坡体处于相对稳定的状态下施工，滑坡体有滑动迹象或已经发生滑动时，应采取反压填筑等措施。
3)抗滑桩与挡土墙共同支挡时，应先施工抗滑桩；墙后有支撑渗沟及其他排水工程时应先施工。
4)抗滑桩、锚索施工应从两端向滑坡主轴方向逐步推进，抗滑桩宜采用隔桩开挖。
5)采取微型钢管桩、山体注浆等加固措施或注浆作为其他处置方案的配套措施时，应采用相应的成孔设备和注浆方式。
6)各种支挡结构的基底应置于滑动面以下，并应嵌入稳定地层。
(6)滑坡区段的路基施工应在支挡工程完成后进行，开挖工程可结合减载措施进行施工，填筑工程可结合反压措施进行施工。路基的排水及防护工程应及时施工。
(7)大型滑坡段应进行山体和边坡的稳定性监测。监测点、网的布置，监测内容及监测精度应符合现行《工程测量规范》(GB 50026—2007)的有关规定。施工完成后宜进行长期监测。

二、岩溶地区路基施工

岩溶是指可溶性岩层被水长期溶蚀而形成的各种地质现象和形态。

1. 岩溶地区路基设计

(1)岩溶地区路基设计应遵循下列原则：
1)岩溶地区路基应采用遥感、物探、钻探及其他有效方法进行综合勘察，查明岩溶地貌形态、岩溶发育发展程度、溶洞围岩性质以及地表水、地下水活动等情况，分析地面致塌因素，综合评价场地稳定性。岩溶地段路堑开挖至路床顶面后，宜进行必要的补充勘察和评价。
2)路线应绕避大型、复杂的岩溶发育地区。绕避困难时，路基工程宜选择在岩溶发育范围小、易于处理的地段通过。
3)位于岩溶地段的路基，应对路基稳定性及环境影响进行综合分析，确定岩溶对路基工程的危害程度，合理采取回填、跨越、注浆加固等处理措施。
4)岩溶水发育地段，路基修筑不应切断岩溶(地下、地表)水的径流通道，不得造成阻水、滞水或农田缺水。
5)采用注浆加固的地基，应采用物探配合钻孔取芯等综合方法进行注浆效果检测及评价。
(2)对溶洞顶板岩层未被节理裂隙切割或虽被切割但胶结良好的完整顶板，可按厚跨比法确定溶洞顶板的安全厚度。当顶板的厚度与路基跨越溶洞的长度之比大于0.8时，溶洞的顶板岩层可不做处理。
(3)溶洞距路基的安全距离应符合下列规定：
1)对位于路基两侧的溶洞，应判定其对路基的影响。对开口的溶洞，可参照自然边坡来判别其稳定性及其对路基的影响；对地下溶洞，可按坍塌时的扩散角计算确定溶洞距路基的安全距离。
2)溶洞顶板岩层上有覆盖土层时，岩土界面处用土体稳定坡率(综合内摩擦角)向上延长坍塌扩散线与地面相交，路基边坡坡脚应处于距交点不小于 5 m 以外范围。

3)路基坡脚处于溶洞坍塌扩散的影响范围之外，该溶洞可不做处理。

(4)对影响路基稳定的岩溶水应采取疏导、引排等措施，并符合下列要求：

1)对路基上方的岩溶泉和冒水洞，宜采用排水沟将水截流至路基外。

2)对路基基底的岩溶泉和冒水洞，宜设置桥涵将水排出路基。

3)堵塞溶洞岩溶水的部分出水口时，所留出水口应能满足该区域排水畅通的要求。

4)对地表水，应做好排水设施集中引排。

(5)路基位于溶蚀洼地时，应设置完善的排水系统，做好地表排水设施，将地表水引入邻近沟谷或对路基无危害的落水洞中；积水不能排除时，路基应采用渗水性良好的砂砾、碎石土等填筑，并应高出积水位 0.5 m。

(6)对路基范围的溶洞、落水洞，应根据溶洞大小、深度、充水情况、所处位置及施工条件，采取下列处理措施：

1)对有排泄要求的溶洞、落水洞，不得进行封堵处理，应采取设置钢筋混凝土盖板、桥涵等构造物跨越，保护岩溶地区地下水系。

2)对稳定路基边坡上的干溶洞，洞内宜采用干砌片石填塞。

3)对位于路基基底的裸露和埋藏较浅的溶洞，可采取回填封闭、钢筋混凝土盖板跨越、支撑加固或构造物跨越等处理措施。

4)对有充填物的溶洞，可采取注浆法、旋喷法等加固措施；当不能满足设计要求时，宜采用构造物跨越。

5)地表下土洞埋藏较浅时，可采取回填压实、冲击碾压或强夯等处理措施，并做好地表水引排封闭处理；土洞埋藏较深时，宜采取注浆、复合地基等处理措施。

2. 岩溶地区路基施工

(1)施工前应核查岩溶分布、地形、地表水、地下水活动规律，编制专项施工方案。

(2)不得堵塞与地下河连通的岩溶漏斗、冒水洞、溶洞等地下通道。对影响路基稳定的岩溶水的疏导、引排措施，应符合下列规定：

1)对路基上方的岩溶泉和冒水洞，应采用排水沟将水截流至路基外。

2)对出水点多、水流分散的岩溶水，可设置渗沟、截水墙与截水洞等截流设施。截流位置应设置得当、截排顺畅。

3)对水流集中的常流或间歇性岩溶水，可设置明沟、涵管与泄水洞等排水设施。过水断面应设置合理、引排顺畅。

4)对路基基底处的岩溶泉和冒水洞，宜设置桥涵等排水设施将水排出路基外。

5)截流和引流后需在洼地排水时应设置排水沟涵将水引至洼地的消水洞，若无明显的消水洞，则应排至洼地最低处，不得随意改变洼地的汇雨面积，若需改变洼地消水量，应专门论证。

(3)对路基基底下干溶洞的处置，应采取下列措施：

1)应铲除溶洞石牙、石笋、孤石以及其他不规则的沉积物，整平基底，采用一定级配的砂砾石、碎石、石渣、片块石(或干砌)等透水性好的材料回填。

2)应挖除石林、石牙、溶槽、溶沟间、洼地间的湿软细土，减少不均匀沉降。

3)对失去排水功能的浅层漏斗、落水洞、土洞以及规模较小且无地下溶水联系的溶沟、溶槽等干溶洞，可用片碎石、混凝土等填塞。

4)位于路基基底的裸露和埋藏浅的溶洞，可采取回填封闭、钢筋混凝土盖板跨越、支撑加固或结构物跨越等处理措施。

5)对有充填物的溶洞，可采取注浆法、旋喷法等加固措施。不能满足要求时，宜采用结构物跨越。

6)覆盖层中土洞埋藏较浅时,可采取回填夯实或强夯等处理措施;覆盖层中土洞埋藏深时,宜采取注浆、复合地基等处理措施。

(4)在溶蚀洼地填筑路基时,应采用渗水性好的砂砾、片块石、石渣、碎石土等材料填筑,并应高出积水位 0.5 m。

(5)对岩溶洼地或地下水丰富处的软土地基,软土厚度小时可采用片石、碎石或砾石等换填处理;软土厚度大时可采取旋喷桩、CFG 桩、粉喷桩等其他软基处理措施。

(6)当路基跨越具有顶板的溶洞时,应根据设计要求确定处理方案。

(7)对岩溶地段的边坡处置,应采取下列措施:

1)对土石相间的石牙、石林边坡以及开挖覆盖层与基岩交界的溶蚀破碎带形成的土夹石边坡,应清除石牙、石林间溶槽溶沟内的充填土壤及坡面上的孤石,清除至坡体自然稳定坡度;保留露出坡面的石林、石牙的自然形态。

2)对未严重风化,节理发育、破碎但稳定性好的岩溶岩石边坡,宜采取喷浆、喷射混凝土等措施。

3)对岩溶路堑开挖后有潜在滑动危险的岩质边坡,应采取支挡或锚固措施。

4)对路堑边坡上的干溶洞和洞穴,宜清除洞内沉积物,宜采用干砌或浆砌片石、钢筋混凝土板封堵。当干溶洞和洞穴影响到边坡的稳定性时,应采取浆砌片石、混凝土支柱支顶等加固措施。

5)对边坡陡、裂隙发育、易风化、剥落破碎的岩溶边坡,或规模大的土夹石岩溶边坡,应采取浆砌片石护面墙等防护措施。

6)整体稳定性好的硬质岩溶岩石边坡,宜采用光面爆破或预裂爆破方式开挖,以确保坡面平整及坡体稳定。

三、红黏土与高液限土路基施工

红黏土是指碳酸盐类岩石在温湿气候条件下经风化后形成的褐红色粉质土或黏质土。

高液限土是指液限(100 g 锥试验)大于 50% 的细粒土。

微课:红黏土与高液限土施工

1. 红黏土与高液限土路基设计

(1)红黏土与高液限土路基设计应遵循下列原则:

1)路线通过红黏土或高液限土地区,应查明红黏土或高液限土分布范围、成因类型、土体的结构层次特征、垂直分带及其湿度状态、土体中裂隙分布特征、地下水分布规律、物理力学性质及胀缩性等。

2)红黏土可根据液塑比与界限液塑比之间关系,以及复浸水特性分为两类。

3)红黏土和高液限土具有膨胀性时,应按膨胀土路基进行设计。

4)红黏土与高液限土路基设计宜避免高路堤及深路堑。如不能避免,宜与桥隧方案进行综合比选确定。

5)红黏土与高液限土路基设计应充分考虑气候环境、水对路基性能的影响,做好路基结构防排水与湿度控制措施的设计,做到连续施工、及时封闭。

(2)红黏土和高液限土一般不应直接作为路基填料,其中压缩系数大于 $0.5\ \mathrm{MPa}^{-1}$ 的红黏土不得用于填筑路堤。

(3)红黏土和高液限土作为路基填料时,应符合下列要求:

1)红黏土和高液限土的 CBR、回弹模量等应满足规范要求。

2)经物理措施处治的红黏土和高液限土可用于路床之下的路堤填料,但不得用于浸水路堤。

3)路床、低路堤填料采用红黏土和高液限土时,应掺入无机结合料进行处治。

4)确定路堤填筑的最佳含水率、最大干密度及 CBR 值时,应采用湿土法重型击实试验。CBR 试验时,应根据含水率调整其击实次数。

(4)填方路基设计应符合下列要求:

1)应根据沿线气候和水文条件、路基高度、红黏土与高液限土性质及处治措施,做好填方路基结构设计。红黏土与高液限土不宜用于陡坡路堤填筑。

2)经物理措施处治的红黏土填筑路堤高度不宜大于 10 m,其路堤底部应设置砂砾或碎石等排水隔离垫层,垫层最小厚度不宜小于 0.5 m,其顶面宜设置土工合成材料反滤层。

3)边坡高度不大于 10 m 的路堤边坡坡率宜为 1∶1.5～1∶2。当边坡高度大于 6 m 时,宜设置边坡平台,其宽度不宜小于 2 m;当边坡高度超过 10 m 时,应通过路基稳定性分析计算,并确定路堤横断面形式、边坡坡度及路基防护加固措施。

4)经无机结合料处治或用非黏土(高液限土)包边封闭的路堤边坡可按一般路基防护设计。

5)路堤填筑宜选择在旱季连续施工,不能连续施工时应在路基顶面及时做封盖处理。

(5)挖方路基设计应符合下列要求:

1)挖方路基边坡高度超过 10 m 时应进行稳定性检算,并考虑复浸水Ⅰ类红黏土的开挖面土体干缩导致裂隙发展及复浸水使土质产生变化的不利影响。边坡稳定性分析计算时,宜采用饱水剪切试验和重复慢剪试验等强度指标。

2)挖方边坡高度不宜超过 20 m。路堑边坡设计应遵循"放缓坡率、加宽平台、加固坡脚"的原则。边坡坡率及平台宽度可按表 6-6-1 确定。当边坡高度超过 6 m 时,挖方路基宜采用台阶式断面;地形允许时,宜进一步放缓边坡。

表 6-6-1 路堑边坡坡率

边坡高度/m	边坡坡率	边坡平台宽度/m
<6	1∶1.25～1∶1.5	—
6～10	1∶1.5～1∶1.75	2.0
10～20	1∶1.75～1∶2	≥2.0

3)路堑边坡应设置完善的路基地表与地下排水系统。路堑边坡坡面上宜设置支撑渗沟,路基边沟下应设置渗沟。当坡面有集中的地下水出露时,宜设置仰斜式排水孔。

4)路堑边坡坡面防护宜采用骨架植物防护,当边坡稳定性不足时应增设支挡工程。对于全封闭的圬工防护,应在墙背设置厚度为 0.15～0.30 m 的排水垫层,并应设置泄水孔,泄水孔间距宜为 2.5～3.0 m,并应设反滤层。

5)宜保留路堑坡顶之外的植被与覆盖层,并在坡顶设置拦水埝或截水沟。

6)根据红黏土或高液限土的工程性质,对挖方路段路床范围的红黏土或高液限土应进行超挖换填或掺无机结合料处治,换填材料宜选用渗水性良好的砂砾、碎石等。

7)当挖方路段路床范围有石柱、石笋时,应予以挖除;当石柱、石笋之间存在天然含水率超过其塑限 5 个百分点的过湿土时,应挖除路床范围的过湿土,换填片石、石渣等材料。

8)零填、路堑路段开挖至路床底部后,应及时进行路床的换填施工;当不能及时进行时,宜在路床底面高程以上预留 30 cm 厚的保护层。

2. 红黏土与高液限土路基施工

(1)红黏土与高液限土有膨胀性时,应按膨胀土施工要求控制。

(2)红黏土与高液限土的天然含水率普遍高,模量与强度低。为此,高速公路及一级公路的路床和上路堤、二级公路的路床、三四级公路的上路床不得采用红黏土与高液限土填筑,应采用砂石等水稳性好的粗粒料填筑,以确保路基弯沉与模量符合要求。高填方、陡坡路基不宜采用红黏土与高液限土填筑。路基浸水部分、桥涵台背、挡土墙背等部位不得采用红黏土与高液限填筑。

(3)红黏土与高液限土路基宜在旱季施工。路基填筑宜连续施工,碾压完一层经检测合格后随即进行下一层的摊铺,以防止路基表面因水分蒸发而开裂。路基填筑施工间歇期长时,可采取顶层掺配不少于30%的碎石后碾压成形等防裂措施。顶层开裂明显的路基应重新翻拌碾压。

(4)路基底部采用填石路堤基底时,应采用水稳性好的石料。填石料应从最低处开始沿路基横向水平分层填筑。

(5)红黏土与高液限土的击实、CBR试验应采用湿法试验。

(6)红黏土与高液限土路基填筑前,应先铺筑试验路段,确定相应的施工工艺与压实标准。

(7)红黏土与高液限土的天然含水率普遍高,不适宜采用大吨位压路机碾压,过大的压实功会破坏其结构性,工程上表现为"弹簧"。红黏土与高液限土的压实度主要取决于天然含水率。含水率低时,能够达到高的压实度;含水率高时,其压实度低,但此时路基土的饱和度高,透水性低,稳定性好,路基长期性能好。贵州、福建等省份根据当地的土质与工程特点编制颁布了相应的地方标准,可借鉴参考。红黏土与高液限土路堤宜采用轻型压路机碾压,压实标准应由试验路段结合工程经验确定,且满足压实度不得低于重型压实标准的90%。

(8)红黏土与高液限土失水易开裂。工程调查表明,路堤层与层之间不完全连续,表层裂缝不会贯穿下面的土层,裂缝的影响范围有限,这是分层碾压后重塑土与原状土的差异。红黏土与高液限土路堤边坡的稳定性总体好,采用常规防护方式能够满足工程要求。因此,红黏土与高液限土路堤边坡防护可采用拱形护坡等常规的防护方式。

(9)高速公路、一级公路红黏土与高液限土零填及挖方段可按下列方式换填处理:

1)宜将地表下1.5 m范围内的石柱、石笋予以清除。

2)红黏土与高液限土厚度不大于1.5 m时,应将红黏土与高液限土全部清除并换填。

3)红黏土与高液限土厚度大于1.5 m时,应将路床范围内的红黏土与高液限土挖除并换填。

4)换填材料应采用砂砾、碎石等水稳性好的材料,填料粒径应符合规范规定。

5)路堑路段开挖至底部后,应及时进行换填施工,否则宜在底面高程以上预留30 cm的土层。

(10)红黏土与高液限土路堑边坡在自然状态下极易坍塌,边坡的坍塌与坡率关系大。路堑边坡应按设计要求及时进行防护和综合排水施工。根据相关经验,工程防护与生物防护相结合时坡率宜为1∶1.25~1∶1.5,工程防护时坡率宜为1∶1~1∶1.25,采用生物防护时坡率宜为1∶1.75~1∶2。

(11)路堑边坡开挖后应及时进行防护,不得长时间暴露。坡脚应按设计要求及时施工支挡结构物。

(12)施工期间坍塌的路堑边坡宜采用清方放坡或设置挡土墙的方式进行处理。

思考与练习

一、填空题

1.滑坡防治的主要方法有_____、_____、_____和_____。

2. 滑坡稳定性分析应采用_____和_____相结合的方法。
3. 岩溶地貌主要发育在_____岩分布地区。
4. 路基通过岩溶地段时,对危及路基稳定的岩溶洞穴,宜采用_____、_____、_____等加固方法。
5. 高液限土是指液限大于_____的细粒土。
6. 红黏土填筑路堤底部应设置砂砾或碎石等排水隔离垫层,垫层最小厚度不宜小于_____。

二、单项选择题

1. 滑坡地段路基填筑,采用削坡减载方案整治滑坡时,应(　　)进行,严禁超挖、乱挖及爆破减载。
   A. 自上而下　　　B. 自下而上　　　C. 自左而右　　　D. 自右而左
2. 下列选项中,可在雨期施工的地段是(　　)。
   A. 重黏土地段　　B. 盐渍土地段　　C. 砂类土地段　　D. 膨胀土地段
3. 属于软土地基的工程特性的是(　　)。
   A. 透水性强　　　B. 天然强度低　　C. 流变性差　　　D. 压缩性低
4. 滑坡防治的工程措施主要有(　　)、力学平衡以及改变滑带土三类。
   A. 护面　　　　　B. 排水　　　　　C. 植树　　　　　D. 注浆
5. 高速公路、一级公路、二级公路等采用中等膨胀土用作路床填料时,应做掺灰改性处理。改性处理后要求胀缩总率不超过(　　)%。
   A. 0.4　　　　　B. 0.5　　　　　C. 0.6　　　　　D. 0.7
6. 膨胀土的自由膨胀率一般超过(　　)。
   A. 10%　　　　　B. 20%　　　　　C. 30%　　　　　D. 40%
7. 当挖方路基上边坡发生的滑坡不大时,为达到路基边坡稳定可进行处理,以下不能采用的方法是(　　)。
   A. 刷方(台阶)减重　B. 打桩　　　　C. 修建挡土墙　　D. 强夯
8. 湿陷性黄土一般呈黄色或黄褐色,其中粉土含量常占(　　)以上。
   A. 50%　　　　　B. 60%　　　　　C. 70%　　　　　D. 80%
9. 关于抛石挤淤施工说法中,错误的是(　　)。
   A. 该方法适用于常年积水的洼地、排水困难的地方
   B. 该方法适用于淤积处表层无硬壳、片石能沉达底部的泥沼地
   C. 抛投片石的大小由泥炭或软土的稠度确定
   D. 抛投顺序一般情况下应先从路堤两侧向中间进行
10. 为保证湿陷性黄土路基的稳定,宜采取的加固措施是(　　)。
    A. 强夯法　　　　B. 换填法　　　　C. 排水固结法　　D. 堆载预压法
11. 对于冻土路基施工,下列规定错误的是(　　)。
    A. 路基范围内的各种地下管线基础应设置于冻土层以上
    B. 填方地段路堤应预留沉降量,在修筑路面结构之前,路基沉降应基本趋于稳定
    C. 路基受冰冻影响部位,应选用水稳定性和抗冻稳定性均较好的粗粒土,碾压时的含水量偏差应控制在最佳含水量±2%范围内
    D. 冻土区土层为冻融活动层,设计无地基处理要求时,应报请设计部门进行补充设计
12. 下列关于滑坡地段路基施工的要求,说法错误的是(　　)。
    A. 滑坡地段施工前,应制定应对滑坡或边坡危害的安全预案,施工过程中应进行监测

B. 施工时应采取措施截断流向滑坡体的地表水、地下水及临时用水
C. 滑坡体未处理之前，严禁在滑坡体上增加荷载及在滑坡前缘减载
D. 滑坡整治完成后，24 h 内恢复植被

三、多项选择题

1. 对于高速公路，可称为软土的有( )。
   A. 标准贯击次数小于4，无侧限抗压强度小于 50 kPa，含水量大于50%的黏土
   B. 标准贯击次数小于4，无侧限抗压强度小于 80 kPa，含水量大于50%的黏土
   C. 标准贯击次数小于4，无侧限抗压强度小于 60 kPa，含水量大于50%的黏土
   D. 标准贯击次数小于4，含水量小于30%的砂性土
   E. 标准贯击次数小于4，含水量大于30%的砂性土

2. 膨胀土按工程性质分为( )。
   A. 超强膨胀土   B. 强膨胀土   C. 中等膨胀土   D. 微膨胀土
   E. 弱膨胀土

3. 特殊路基主要有( )。
   A. 湿黏土路基   B. 滨海地区路基   C. 水库地区路基   D. 岩溶地区路基
   E. 处在良好地质条件下的路基

4. 软土路基在较大的荷载作用下，地基易发生( )，造成路面沉陷和路基失稳。
   A. 整体剪切   B. 整体弯压   C. 局部剪切   D. 局部弯压
   E. 刺入破坏

5. 软土路基施工时，采用土工格栅的主要目的是( )。
   A. 减少开挖深度   B. 提高施工机械化程度
   C. 约束土体侧向位移   D. 提高基底防渗性

6. 在大规模的道路工程中常会遇到软土路基，对其常用的处理方法有( )等。
   A. 换填法   B. 振动压实法   C. 挤密法   D. 排水固结法
   E. 夯实法

7. 路线通过软弱土层位于地表、厚度很薄(小于3 m)且呈局部分布的软土地段，可采用的软土路基处理方法为( )。
   A. 抛石挤淤法   B. 开挖换填法   C. 爆破法   D. 袋装砂井法

8. 深厚的湿陷性黄土路基，可采用( )处理。
   A. 灰土垫层法   B. 强夯法   C. 排水固结法   D. 堆载预压
   E. 灰土挤密法

9. 下列有关特殊土路基设计与施工的说法正确的是( )。
   A. 黄土路基的设计应特别注意加强排水，可以设置防冲刷、防渗漏及综合排水设施
   B. 在膨胀土地段填筑路基时应进行大挖大填，降低膨胀土的影响
   C. 冻土地区路基应尽量采用路堤形式，尽量保护多年冻土
   D. 设置毛细水隔断层是处理盐渍土路基的重要措施

10. 季节性冻土路基常见的病害主要防治方法包括( )。
    A. 做好路基原地面处理工作
    B. 做好路基排水、提高路基，保证路基填土的高度和压实度
    C. 施工时要严格分层填筑，控制分层的厚度，并充分压实
    D. 采取综合排水措施降低路基附近的地下水位，隔断毛细水上升

11. 季节性冻土地区形成路基翻浆病害的主要原因有( )。

A. 地下水位过高及毛细水上升
B. 路基排水条件差，地表积水，路基土含水量过高
C. 路面结构层厚度达不到按允许冻胀值确定的防冻层厚度要求
D. 采用了粗粒土填筑路基

12. 下列关于膨胀土路基施工的说法，正确的是（　　）。
A. 膨胀土地区的路基施工应避开雨期作业
B. 膨胀土地区路基填筑后应间隔一段时间后做路面
C. 膨胀土地区路基填筑后应在越冬后做路面
D. 路堤、路堑边坡按设计修整后，应立即浆砌护墙护坡，防止雨水直接侵蚀
E. 中等膨胀土经改良处理后可作为路堤填料

13. 膨胀土路基主要解决的问题是减轻和消除路基胀缩性对路基的危害，可采取的措施包括（　　）。
A. 设置加筋挡土墙
B. 利用灰土桩对膨胀土路基进行加固和改良
C. 在路基裸露的边坡部位种草、植树
D. 选用不发生冻胀的路面结构层材料
E. 采用不透水的面层材料

14. 在滑坡地段挖方时，下列说法正确的是（　　）。
A. 不宜在雨期施工
B. 宜遵守先开挖后整治的施工程序
C. 严禁在滑坡体上堆载
D. 必须遵循由上至下的开挖顺序，严禁先切除坡脚

四、简答题

1. 什么是软土？
2. 怎样鉴别软土路基？
3. 软土路基可能产生什么工程问题？
4. 换填土法的适用条件与施工流程是怎样的？
5. 抛石挤淤法的适用条件与施工流程是怎样的？
6. 什么是膨胀土？
7. 膨胀土路基填筑的注意事项有哪些？
8. 膨胀土路基开挖的注意事项有哪些？
9. 膨胀土路基的碾压要求有哪些？
10. 什么是黄土？
11. 黄土具有哪些工程特性？
12. 膨胀土路基施工的注意事项有哪些？
13. 简述我国湿陷性黄土的分布区域。
14. 湿陷性黄土地基的处理措施有哪些？
15. 什么是盐渍土？如何对盐渍土进行分类？
16. 简述盐渍土在我国的分布区域。
17. 盐渍土路基主要的病害有哪些？
18. 简述盐渍土路基的施工要点。
19. 什么是冻土、季节冻土和多年冻土？

20. 多年冻土路基的主要病害有哪些？
21. 多年冻土地区路基施工的注意事项有哪些？
22. 在何种情况下路基会发生翻浆？
23. 路基翻浆的影响因素有哪些？
24. 简述季节性冻融翻浆路基的施工要点。

学习情境七 冬期、雨期路基施工

任务一 冬期路基施工

【学习目标】

(1)了解冬期施工特点及一般规定。
(2)知道冬期填筑路堤和开挖路堑的施工要点。
(3)能够在冬期组织路基施工。

【任务描述】

利用××在建公路冬期施工案例、施工图片、多媒体教学资源等,通过教师讲解,学生能够熟悉规范冬期路基施工的相关规定,并能够在现场组织路基施工。

【学习引导】

本工作任务沿以下脉络进行学习:

【相关知识】

路基工程施工应尽量避开冬季,当由于工期等要求必须安排在冬季进行施工时,应根据季节特点和施工段的地质、地形条件,制定合理的施工方案。冬期施工前应做好各项准备工作,冬期施工应加强安全管理,制定安全预案,避免事故发生。

一、冬期路基施工一般规定

在季节性冻土地区,昼夜平均温度在-3 ℃以下,且连续10 d以上,或者昼夜平均温度虽在-3 ℃以上,但冻土没有完全融化时,均应按冬期路基施工进行。

1. 可在冬期施工的路基工程

(1)泥沼地带的河湖冻结到一定深度后,如需换土可趁冻结期挖去原地面的软土、淤泥层类换成合格的其他填料。
(2)含水率高的流动土质、流沙地段的路堑可利用冻结期开挖。
(3)河滩地段可利用冬期水位低的特点开挖基坑修建防护工程,但应采取加温保温措施,注意养护,保证工程质量。

微课:冬期
路基施工

(4)岩石地段的路堑或半填半挖地段，可进行冬季开挖作业。

2. 不宜在冬期施工的路基工程

(1)高速公路、一级公路的土质路堤和地质不良地区的公路路堤。
(2)铲除原地面的草皮、挖掘填方地段的台阶。
(3)整修路基边坡。
(4)河滩低洼地带，可被水淹没的填土路堤。
(5)土质路堤路床以下1 m范围内。
(6)半填半挖地段、填挖方交界处。

3. 冬期施工路基基底处理应符合的规定

(1)冻结前应完成表层清理，挖好台阶，并应采取保温措施防止冻结。
(2)填筑前应将基底范围内的积雪和冰块清除干净。
(3)对需要换填土地段或坑洼处需补土的基底，应选用适宜的填料回填，并及时进行整平压实。
(4)基底处理后应立即采取保温措施防止冻结。

二、冬期填筑路堤施工

冬期填筑路堤施工的要点如下：
(1)路堤填料应选用未冻结的砂类土、碎石、卵石土、开挖石方的石块石渣等透水性好的材料，不得用含水率过大的黏性土。
(2)冬季填筑路堤一般采用薄层、快填、快压、连续作业的施工方法，迅速填完每一层，争取使土不冻或少冻。
(3)填筑路堤时，应按横断面全宽平填，每层的松铺厚度应按正常施工减少20%~30%，且松铺厚度不得超过300 mm。当天填土应当天完成碾压。
(4)中途停止填筑时，应整平填层和边坡并进行覆盖防冻，恢复施工时应将表层冰雪清除，并补充压实。
(5)当填筑高程距路床底面1 m时，碾压密实后应停止填筑，在顶面覆盖防冻保温层，待冬期过后整理复压，再分层填至设计高程。
(6)冬期施工取土坑应远离填方坡脚。如条件限制需在路堤附近取土，则取土坑内侧到填方坡脚的距离不得小于正常施工护坡道的1.5倍。
(7)冬期过后必须对填方路堤进行补充压实，压实度应达到相关规范规定中对土质路基压实度的要求。

三、冬期挖方路堑施工

1. 冬期开挖路堑表层冻土的方法

(1)爆破冻土法。当冰冻深度在1 m以上时可用爆破冻土法炸开冻土层。炮眼深度取冻土深度的0.7~0.9倍，炮眼间距取冰冻深度的1~1.3倍并按梅花形交替布置。
(2)机械破冻法。1 m以下的冻土层可选用专用破冻机械(如冻土犁、冻土锯和冻土铲等)予以破碎清除。
(3)人工破冻法。当冰冻层较薄、破冻面积不大时，可用日光暴晒法、火烧法、热水开冻法、水针开冻法、蒸汽放热解冻法和电热法等胀开或融化冰冻层，并辅以人工撬挖。

2. 冬期开挖路堑(图7-1-1)的要点

(1)挖方边坡不应一次挖到设计线，应预留30 cm厚的覆盖层，待到正常施工季节后再修整

图 7-1-1　冬期开挖路堑

到设计坡面。

(2)当路基挖至路床顶面以上 1 m，完成临时排水沟后，应停止开挖，待冬期过后再施工。

(3)当冻土层被开挖见到未冻土后，应连续作业，分层开挖，若中间停顿时间较长，则应在表面覆盖保温，避免重复被冻。

(4)每日开工时先挖向阳处，气温回升后再挖背阴处，如开挖时遇到地下水源，应及时挖沟排水。

(5)河滩地段冬季水位低，可开挖基坑修建防护工程，但应采取措施保证工程质量。

(6)在冻融来临前，应及时对全线边沟、排水沟进行清理和疏通。

(7)开挖路堑的弃土要远离路堑边坡的坡顶进行堆放。弃土堆的高度一般不应大于 3 m，弃土堆坡脚到路堑边坡顶的距离一般不得小于 3 m，深路堑或松软地带应保持 5 m 以上的距离。弃土堆应摊开整平，严禁把弃土堆于路堑边坡的坡顶上。

任务二　雨期路基施工

学习目标

(1)了解雨期施工特点及一般规定。

(2)熟知雨期填筑路堤和开挖路堑的施工要点。

(3)能够在雨期组织路基施工。

任务描述

利用××在建公路雨期施工案例、施工图片、多媒体教学资源等，通过教师讲解，要求学生熟悉规范中雨期路基施工的相关规定，能够在现场组织路基施工。

学习引导

本工作任务沿以下脉络进行学习：

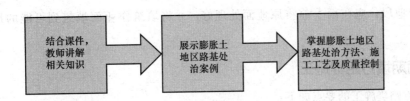

相关知识

路基工程施工应尽量避开雨期，当由于工期等要求必须安排在雨期进行施工时，应根据季节特点和施工段的地质、地形条件，制定合理的施工方案。对雨期施工的路段，要进行详细的现场调查研究，编制实施性施工组织设计，重点解决防排水问题。

一、雨期路基施工一般规定

1. 雨期施工（图 7-2-1）地段的选择

（1）路基的施工地段一般应选择丘陵和山岭地区的砂类土、碎砾石和岩石地段及路堑的弃方地段。

（2）重黏土、膨胀土及盐渍土地段不宜在雨期施工；平原地区排水困难，不宜安排雨期施工。

微课：冬期路基施工

图 7-2-1 雨期施工

2. 雨期路基的排水要点

（1）应综合规划，合理设置现场防、排水系统，采取有效措施及时引排地面水。

（2）路堤填筑的每一层表面应设 2‰～4‰ 的排水横坡。

（3）采取在已填路堤路肩处应设置纵向临时拦水土埂、每隔一定距离设出水口和排水槽等措施，引排雨水至排水系统。

（4）雨期路堑施工宜分层开挖，每挖一层均应设置纵横排水坡，使水排放畅通。

3. 雨期路基基底的处理

（1）在雨期前应将基底处理好，将孔洞、坑洼处填平夯实，整平基底，并设纵横排水坡。

(2)低洼地段,应在雨季前将原地面处理好,并将填筑作业面填筑到可能的最高积水位 0.5 m 以上。

二、雨期填方路堤施工

雨期填方路堤施工的要点如下:

(1)填料应选用透水性好的碎石土、卵石土、砂砾、石方碎渣和砂类土等。利用挖方土作填料,当含水率符合要求时,应随挖随填,及时压实。含水率过大难以晾晒的土,不得用作雨期施工填料。

(2)每一填筑层表面应做成 2%～4% 双向路拱横坡以利于排水,低洼地段或高出设计洪水位 0.5 m 以下部位应选用透水性好、饱水强度高的填料分层填筑,并及时施作护坡、坡脚等防护工程。

(3)雨期路堤施工地段除施工车辆外,应严格控制其他车辆在施工场地通行。

(4)雨期填筑路堤需借土时,取土坑的设置应满足路基稳定的要求。取土坑距离填方坡脚不宜小于 3 m。在平原区路基纵向取土时,取土坑的深度一般不宜大于 1 m。

(5)路堤应分层填筑,当天填筑的土层应当天完成压实。

(6)在填筑路堤前,应在填方坡脚以外挖掘排水沟,保持场地不积水,若原地面松软,则应采取换填措施。

三、雨期挖方路堑施工

雨期挖方路堑施工要点如下:

(1)土质路堑开挖前,在路堑边坡坡顶 2 m 以外开挖截水沟并接通出水口。

(2)开挖土质路堑宜分层开挖,每挖一层均应设置排水纵横坡。

(3)挖方边坡不宜一次挖到设计坡面,应沿坡面预留 30 cm 厚,待雨期过后整修到设计坡面。已挖作填的挖方应随挖、随运、随填。

(4)土的强度低于规定值时应按设计要求进行处理。

(5)雨期开挖土质路堑,当挖至路床顶面以上 300～500 mm 时应停止开挖,并在两侧挖好临时排水沟,待雨期过后再施工。

(6)开挖岩石路堑,炮眼宜水平设置。边坡应按设计坡度自上而下层层刷坡,坡度应符合设计要求。

思考与练习

一、单项选择题

1. 雨期开挖路堑宜分层开挖,每挖一层均应设直排水纵横坡。挖方边坡不宜一次挖到设计高程,应沿坡面留(   )厚,待雨过期后再整修到设计坡度。
   A. 20 cm   B. 25 cm   C. 30 cm   D. 40 cm

2. 雨期填筑路堤时,路堤应分层填筑,每一层的表面应(   )。
   A. 做成 2%～4% 的横坡   B. 做成至少 1% 的横坡
   C. 做成 2%～4% 的纵坡   D. 做成至少 1% 的纵坡

3. 下列路段中,不宜在雨期进行路基施工的是(   )。
   A. 碎砾石路段   B. 路堑弃方路段   C. 膨胀土路段   D. 丘陵区砂类土路段

二、多项选择题

1. 雨期路基施工地段一般应选择(　　)。
    A. 平原区的重黏土地段
    B. 丘陵和山岭地区的砂类土、碎砾石地段
    C. 岩石地段
    D. 路堑的弃方地段
2. 冬期开挖路堑表层冻土的方法有(　　)。
    A. 爆破冻土法　　　B. 机械破冻法　　　C. 人工破冻法　　　D. 沉管法

三、简答题

1. 冬期填方路堤和开挖路堑施工的注意事项各有哪些?
2. 雨期填方路堤和开挖路堑施工的注意事项各有哪些?

学习情境八　路基施工安全与环境保护

任务一　　路基施工安全

【学习目标】

(1)掌握路基土方施工的安全要点。
(2)熟知路基石方施工的安全要点。
(3)路基施工中能够严格执行安全操作规范。

【任务描述】

利用××在建公路施工案例、图片、多媒体资源等，通过教师讲解，学生能够在路基施工中提高安全素质，严格执行安全操作规程。

【学习引导】

本工作任务沿以下脉络进行学习：

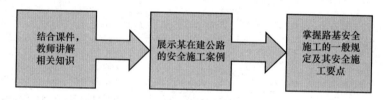

【相关知识】

路基施工远离城镇，露天作业和高处作业、交叉作业多，受气候、地形、地物、水文地质等自然因素影响极大，环境复杂、条件恶劣，安全隐患多，易产生坍塌、中毒、高处坠落、物体打击、机械伤害、爆炸、触电等施工安全事故和交通事故。

路基施工中必须严格贯彻执行"安全第一，预防为主"的方针，路基施工前应对施工人员进行安全教育工作，明确安全施工要点，确保安全施工。在路基土石方施工过程中如何预防路基施工安全隐患，是路基施工必须关注的问题。

一、路基施工安全的一般规定

安全施工是指为了使施工过程在符合安全要求的物质条件和工作秩序下进行，防止发生人身伤亡和财产损失等事故，消除或控制危险、有害因素，保障人身安全与健康，保障设备和设施免受损坏，保障环境免遭破坏。路基施工安全的一般规定如下：

(1)施工单位应建立健全安全生产管理体系，设置安全管理机构，配备专职安全管理人员，制定安全生产规章制度，落实安全生产责任制。对施工安全作业进行全过程、全方位的管理与控制。

(2)从业人员应熟悉有关安全生产法律法规和技术规范,经培训合格后方可上岗,从业人员必须遵守本工种的各项安全技术操作规程,在施工作业区域内应正确使用安全防护用品和用具。特种作业应经过专业培训,并取得相应资格后持证上岗。

(3)在路基施工之前,应根据工程特点和施工环境进行危险源辨识。对重大危险源,应编制应急预案,按规定组织培训和演练;对高边坡等高风险工程,应按要求进行施工安全风险评估,编制风险评估报告,并进行现场监控。

(4)路基施工前,应掌握施工影响范围内的既有道路、结构物、设施、地下和空中的各种管线情况,制定安全保障措施,保证既有结构物和设施的安全。施工期间,应对影响范围内的既有结构物或设备进行监测,发现异常应及时采取措施。

(5)路基施工前,应逐级进行安全技术交底。交底内容应包括安全技术要求、风险状况和应急处置措施等。

(6)施工单位在工程开工前,应进行现场调查,根据施工地段的地形、地质、水文、气象以及环境条件等制定相应的安全保障措施。施工中应及时掌握气温、雨雪、风暴、汛情和地质灾害等相关信息,并根据周围环境条件的变化,做好防范和应急工作。

(7)同一工点有多个单位同时施工或不同专业交叉作业时,应共同拟定现场安全技术措施,签订安全生产管理协议。

(8)爆破作业、边坡防护作业、挡土墙施工、锚杆和锚索预应力张拉、人工挖孔作业以及拆除作业等危险场所,应按规定设置警戒区,并采取必要的安全防护措施。

(9)施工单位在现场应设置坚固的安全防护设施、醒目的安全警示标志(图 8-1-1),必要时,宜设置夜用警示灯或反光标识。

图 8-1-1 安全警示标志

(10)施工临时用房、临时设施、生产区、办公区的防火间距应符合现行规范的相关要求。施工现场和生活区域应按国家有关规定配置消防设施和器材,设置消防安全标志。施工现场应设有保证施工安全要求的照明设施,临时用电应符合相关规定。

二、路基土方安全施工要点

(1)当人工挖掘土方时,作业人员之间必须保持足够的安全距离,横向间距应不小于 2 m,纵向间距应不小于 3 m,土方开挖必须自上而下按顺序放坡进行,严禁挖空底脚。

(2)挖土应从上而下逐层挖掘,上方开挖应遵循"开槽支撑、先撑后挖、分层挖掘、严禁掏(超)挖"的原则,在靠近建筑物、设备基础、电线杆及各种脚手架附近挖土时,必须采取安全防护措施。

(3)当开挖深度超过 2 m，特别是在街道、居民区、行车道附近开挖土方时，不论深度大小都应视为高处作业，并设置警告标志和高度不低于 1.2 m 的双道防护栏，夜间必须设红色警示灯。

(4)在高边坡开挖土方时，作业人员要佩戴安全帽，并安排专职人员对上边坡进行监视，防止物体坠落和塌方。在边坡开挖中若遇地下水涌出，则应先排水、后开挖。开挖工作应与装运作业面相互错开，严禁上、下双重作业；弃土下方和有滚石危及的区域，应设警告标志；下方有道路时，严禁车辆通行。

(5)在开挖坑(沟、槽)时，应根据土质情况进行放坡或支撑防护。当挖掘深度超过 1.5 m 且不加支撑时，应按规定确定放坡坡度或加设可靠支撑，土方坡度为 1∶1、石方坡度为 1∶0.5。当施工区域狭窄不能放坡时，应采取固壁措施，且固壁支撑的材料不能有朽、槽、断裂的现象。

(6)在开挖的坑(沟、槽)边沿 1 m 以内不许堆土或堆放物料；距坑(沟、槽)边沿 1～3 m 处的堆土高度不得超过 1.5 m；距坑(沟、槽)边沿 3～5 m 处的堆土高度不得超过 2.5 m；在坑(沟、槽)边沿停放车辆、起重机械及振动机械时距离应不小于 4 m。

(7)当机械配合挖土、清底、平地修坡等辅助作业时应与机械作业交替进行。机上、机下人员必须密切配合、协同作业。当必须在机械作业范围内同时进行辅助作业时，应在停止机械运转后辅助人员方可进入。

(8)机械车辆在危险地段作业时，必须设置明显的安全警告标志，并设专人指挥；多台机械同时作业时，机械之间应保持安全距离。运输土方的车辆在会车时，应轻车让重车，重车先行，前后两车的间距必须大于 5 m；下坡时，两车的间距不得小于 10 m。

(9)对进场机械要提供临时机棚或停机场地。机械在停机棚内起动时，必须保持通风。棚内严禁烟火，机械操作人员必须掌握所备灭火器材的使用方法。

(10)施工中如遇土质不稳、山体滑动、坍塌(图 8-1-2)危险时，应暂停施工，撤出人员和机具；当工作面出现陷穴或不足以保证人员安全时，应立即停工，确保人员安全。

图 8-1-2　路基坍塌

三、路基石方安全施工要点

路基石方施工除了必须满足前面提到的安全要求外，还应注意以下安全施工要点：

(1)应根据岩石的类别、风化程度及开挖的深度确定石方开挖方法，并做好安全技术交底，确保安全环保和文明施工。

(2)石方一般采用爆破开挖，坡顶的排水天沟应与石方开挖同步进行，并做好对横坡和纵坡的控制。

(3)爆破工程施工必须严格按照《爆破安全规程》(GB 6722—2014)的要求进行，所有从事爆破工作的爆破员、安全员、保管员必须经过爆破专业培训并取得相关从业资格。爆破前安全教育如图 8-1-3 所示。

(4)人工打眼时，使锤人应站在掌钎人的侧面，禁止对面使锤；选择炮位时，炮眼口应避开正对的电线、路口和构造物；凿打炮眼时，应清除掉坡面上的浮岩危石。严禁在残眼上打孔。

(5)爆破器材库的选址及搭建应请当地公安部门进行指导和监督,运输爆破器材要使用专用运输工具,中途不得停留,并应避开人员密集的地方。

(6)爆破器材应严格管理,并执行领用和退库制度,各种手续要有严格的记录,并由专人领取,禁止由一人同时搬运炸药和雷管。

(7)爆破作业应由专人指挥,经确定的危险边界应有明显的标志,警戒区四周必须派出警戒人员,警戒区内的人员、牲畜必须撤离。对预告、起爆、解除警戒等信号应有明确的规定。

图 8-1-3　爆破前安全教育

(8)装药时严格遵守爆破作业的安全操作规程和安全操作细则,轻拿轻放,不可有任何的碰撞。禁止使用铁类金属进行安装,以防止突发爆破事件。

(9)爆破时,应清点爆破数,确保其与装炮数量相符,确认炮响完成并过 5 min 后,方准爆破人员进入作业区。

(10)电力起爆时,在同一爆破网路上必须使用同厂、同型号的电雷管;爆破网路的主线应绝缘良好,并设中间开关,与其他电源线路应分开敷设;爆破网路的连接必须在全部炮孔装填完毕、无关人员全部撤至安全地点后进行。

(11)导火索起爆应采用一次点火法点火,其长度应保证点完导火索后人员撤至安全地点,但不得短于 1.2 m,不许在同次爆破中使用不同燃速的导火索。

(12)在雷雨季节、潮湿场地等情况下,应采用非电起爆法;深度不超过 10 m 的爆破采用火花爆破,深度超过 10 m 的爆破不得采用火花爆破,必须采用电力爆破。

(13)大型爆破必须按照审批的爆破设计书,并征得当地县(市)以上公安部门同意后,由专门成立的现场指挥机构组织人员实施。大型爆破的安全距离由计算确定。

(14)石方地段爆破后,确认已经解除警戒、作业面上的悬岩危石已经处理后,清理石方人员方准进入现场;人工撬动岩石必须由上而下逐层撬(打)落,严禁人员上下双重作业,更不准将下面撬空后使上部自然坍落。

(15)岩石边坡坡率为 1∶0.1~1∶0.75 的路堑必须采取光面爆破。城市、风景名胜区及重要工程设施附近的路堑爆破应采用控制爆破技术。

任务二　路基施工环境保护

学习目标

(1)了解路基施工过程中对环境造成的主要污染源。
(2)熟悉路基施工环境保护的各项防护措施。
(3)能够弘扬生态文明施工的理念。

任务描述

利用××在建公路的施工案例、图片、多媒体资源等，通过教师讲解，学生能够在路基施工中增强环境保护意识，严格执行环境保护操作规程。

学习引导

本工作任务沿以下脉络进行学习：

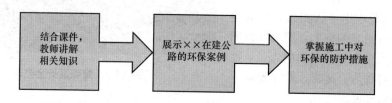

相关知识

公路工程建设项目主要防治的环境污染包括四个方面：公路沿线设施内的生活污水、施工废水和工程废渣等对水环境的污染；公路交通噪声、施工作业噪声对声环境的污染；公路搅拌站(场)的烟尘和施工扬尘、沿线设施内锅炉排污对空气环境的污染；施工中的废弃物对景观环境的污染。

坚持"以防为主、防治结合、综合治理、化害为利"的原则，防止污染和破坏自然环境。路基施工现场扬尘、噪声、污水、废弃物排放应符合环保部门的控制标准，施工现场自然环境保护应满足国家和地方环保部门的法律、法规。

一、路基施工环境保护的一般规定

（1）路基施工应遵守国家土地管理、水土保持、环境保护、生态保护、资源利用、能源利用、循环经济的有关法律法规，合理利用资源和能源，控制污染，保护环境。

（2）工程开工前应对施工现场的地形、地质、水文、气象、生态环境条件以及既有结构物状况进行调查，根据国家有关建设项目环境保护管理的规定以及节约资源、节约能源、减少排放等相关法规和技术标准，结合工程特点、设计要求和施工环境，编制并实施工程施工环境保护措施与节能减排技术方案。

（3）编制公路路基施工组织设计应结合工程实际按环境保护设计的各项要求，针对施工中可能造成的环境破坏和不利影响制定具体防止措施和方案，并实施。

（4）路基施工中应重视对农田水利和环境的保护，节约土地，少占耕地，临时占用土地应及时做好复垦工作。施工便道、施工场地等临时工程的规划应尽量利用既有道路、荒地等，减少对环境的影响。

（5）自然保护区、森林、草原、湿地及风景名胜区的路基施工方案应有利于生态保护和生态恢复。

（6）施工机械设备选型应符合环保规定，首选低噪声、低振动、低排放的节能环保型机械设备。在使用中应定期保养、维护，减少油料跑、冒、滴、漏对环境的影响。

二、土地资源利用与水土保持措施

路基施工前,应制定相应的土地资源利用与水土保持措施,考虑土地资源的合理利用,缩短临时占地时间。路基施工应严格控制临时占地的数量,各种临时设施应尽可能设置在公路用地范围内或利用荒坡、废弃地。

(1)路基施工应控制和减少对原地貌、地表植被、水系的扰动和损毁,保护原地表植被、表土及结皮层。施工过程必须有临时防护措施。施工场地应及时进行土地整治,采取水土保持措施,恢复其使用功能。

(2)路基土石方调配宜移挖作填,充分利用挖方材料,节约土地。不能利用的弃方应集中堆放和处理。

(3)施工便道应控制在规定范围内,减小施工扰动范围。主体工程动工前应剥离熟土层并集中堆放,施工结束后宜作为复耕地、林草地的覆土。

(4)减少地表裸露的时间,遇暴雨或大风天气应加强临时防护。雨期填筑土方时应随挖、随运、随填、随压,避免产生水土流失。

(5)开挖、填筑、排弃的场地应采取拦挡、护坡、截(排)水等防治措施。开挖土石和取料场地应先设置截排水、沉沙、拦挡等措施后再开挖,不得在指定取土场以外的地方乱挖。

(6)土、砂、石、渣料在运输过程中应采取保护措施,防止沿途散溢,造成水土流失。

(7)取、弃土场选址应不占或少占林地、耕地或园地;应远离江河、湖泊和水库生态管理范围,远离野生动物迁移通道;取、弃土场选址应符合城镇、景区等规划要求,并与周边景观相互协调。

(8)严禁在崩塌和滑坡危险区及泥石流易发区内设置取土场。取土场在山区、丘陵区选址,应分析诱发崩塌、滑坡和泥石流的可能性。

(9)弃土场涉及河道的,应符合治导规划及防洪行洪的规定,不得在河道、湖泊管理范围内设置弃土场。弃土场不宜布设在流量大的沟道,否则应进行防洪论证。严禁在对重要基础设施、人民群众生命财产安全及行洪安全有重大影响的区域布设弃土场。

(10)陡坡路堤和深路堑地段的弃土,应填于山坡下侧,并间断堆填,以保证弃土内地面水可顺利排出。

三、生态保护与生态恢复措施

路基施工前,应对沿线生态环境进行调查,评价施工对生态环境可能造成的影响;应根据环境保护标准的相关规定采取相应措施对位于路基范围内的珍稀植物和野生动物进行保护。

(1)路堤填筑、路堑开挖及取弃土,均应根据路基施工进度有计划地进行表土剥离,并进行保存。表土最小剥离厚度应根据国家现行环境保护标准相关规定确定。表土堆存高度应不超过2 m,必要时应采取设置排水沟等相应保护措施,防止水土流失。

(2)公路通过林地时,应注意保护用地范围以内的林木,并严格控制林木的砍伐数量,严禁砍伐道路用地范围之外不影响行车安全的林木。

(3)公路经过草原和草甸时,应注意保护腐殖土和地表植被,限制路侧取土。取土场和弃土场宜选择在植被生长差的地方,集中设置。

(4)公路经过湿地时,施工废料暂时放置地应设在湿地之外,施工结束后应及时处理。

(5)在草、木密集的地区施工时,应遵守护林防火规定。

(6)在国家或地方重点保护野生动物出没路段(图 8-2-1)进行路基施工时,应设置预告、禁止鸣笛等标志,并应根据野生动物的种类、习性及迁徙季节、路线和活动规律,合理安排施工计划，为动物横向过路设置必要的通道。

（7）取、弃土工程结束后，取、弃土场应及时进行必要的回填、整平、压实，地面坡度一般应小于5°，并利用储存的表土进行复垦。施工结束后应对开挖面恢复植被。

（8）公路施工结束后，应对施工临时占地、施工营地、临时道路、设备及材料堆放场地等进行有计划的复垦。复垦后，应尽量保持原有地貌和景观。原属性为农田的应复耕。

图 8-2-1　野生保护动物出没路段

（9）项目区的裸露地，适应种植林草的应恢复植被。

四、水资源保护与废弃物污染控制措施

在公路施工之前就要制定有关水资源保护与废弃物污染的控制措施。

（1）在施工及生活区域应设置相应的场地堆放生产及生活废弃物，并定期处理。污水处理产生的污泥应运至指定堆放场地。

（2）生产污水和生活污水不得随意排放（图 8-2-2）。施工过程中，各种排水沟渠的水流不得直接排放到饮用水源、农田、鱼塘中。

图 8-2-2　随意排放污水

（3）岩溶水发育地段，路基修筑不应切断岩溶（地下和地表）水的径流通道，不得造成阻水、滞水或农田缺水。

（4）严禁采用有害物质超标的工业废渣作为路基填料。

五、空气污染控制措施

（1）路基施工中应采取措施控制废气排放和扬尘，并应符合国家环境空气质量标准的相关规定。

（2）机械设备及运输车辆的废气排放应符合国家和地方政府的相关规定。

（3）路基施工堆料场，拌合站、材料加工厂等宜设于主要风向下风处的空旷地区，远离居民区和学校。当无法满足上述要求时，应采取必要的环保措施。

（4）施工便道应采取洒水降尘措施。在便道与既有道路交道口处应设专人负责清扫和管理。

（5）粉状材料运输应采取防止材料散落或扬尘污染措施。干粉状材料宜采用袋装或罐装方式运输，如图 8-2-3 所示。

图 8-2-3　运料车扬尘

粉煤灰、石灰等材料不应露天堆放。采用粉状材料作为路基填料或对路基填料进行现场改良施工，应避免在大风天作业，并应采取有效措施防止粉尘污染。

(6)不得焚烧生活和生产垃圾。在场地清理时，不得焚烧杂草和树木。

六、噪声和振动控制措施

噪声的来源有运输、开挖、燃油机械等，路基工程施工应合理布局施工场地、优化作业方案，尽量减少对周围居民生活的影响。

(1)路基施工机动车辆和机械设备，应加强维修和保养，保持技术性能稳定，防止环境噪声污染。

(2)公路施工组织设计应对环境敏感点附近路段施工期间产生强噪声辐射的施工机械作业时间、施工方式等做出规定。施工场界声级应符合现行《建筑施工场界环境噪声排放标准限》(GB 12523—2011)的规定。

(3)在居民聚集区或噪声敏感区，因特殊需要必须连续作业且在施工过程中场界环境噪声有可能超出排放标准的，应制定环境噪声污染防治措施。

(4)强振机械设备宜采取消声、隔声、安装减振衬垫等减振降噪技术措施。

(5)在居民聚居区或其他振动敏感建筑物附近进行强夯、冲击压实施工作业时，应对可能造成危害的建筑物进行监控，并采取振动隔离措施。

(6)爆破作业点距敏感建筑物近时，应采取控制爆破炸药用量和控制开挖进尺数量来减轻振动。

七、文物保护措施

在文物保护区周围进行路基施工时，应制定相应的保护措施，严禁损毁文物古迹。施工过程中应注意对文物进行保护，并做到以下几点：

(1)在文物保护区周围进行施工时，对施工过程中影响到的文物应采取保护措施。对需要保护的文物，应在文物单位的指导下提出监测保护方案，通报文物保护单位，并进行监测保护。

(2)在施工过程中发现文物时，应暂停施工，保护好现场，并立即报告当地文物管理部门研究处理，不得隐瞒不报或私自处置。根据《中华人民共和国文物保护法》(以下简称《文物保护法》)的规定，建设工程中发现的文物属于国家所有，任何单位或者个人不得哄抢、私分、藏匿。

(3)组织施工人员学习《文物保护法》，便于施工人员认识到文物属国家所有，增强文物保护意识，从自身做起并加强监督，确保祖国文化遗产不受侵害。

(4)配合文物管理部门做好必要的其他保护工作，并将文物遗迹的各类现场保护情况及时书面报告给建设单位。

思考与练习

一、单项选择题

1.当开挖深度超过(　　)，特别是在街道、居民区、行车道附近开挖土方时，不论深度大小，都视为高处作业。

A.2 m　　　　　　B.3 m　　　　　　C.4 m　　　　　　D.5 m

2.下列说法错误的是(　　)。

A.在开挖的坑(沟、槽)边沿1 m以内不许堆土或堆放物料

B. 距坑(沟、槽)边沿1~3 m处的堆土高度不得超过1 m

C. 距坑(沟、槽)边沿3~5 m处的堆土高度不得超过2.5 m

D. 在距坑(沟、槽)边沿停放车辆、起重机械及振动机械时距离应不小于4 m

3. 下列关于路基石方施工安全要点的叙述错误的是（　　）。

A. 爆破器材库的选址应请当地公安部门进行指导和监督

B. 导火索起爆应采用一次点火法点火

C. 可在同一次爆破中使用不同燃速的导火索

D. 进行露天爆破作业时，严禁使用明火点燃

4. 在雷雨季节、潮湿场地等情况下，应采用（　　）。

A. 电力起爆　　B. 非电力起爆　　C. 火花起爆　　D. 明火起爆

5. 根据公路工程路基土石方作业安全技术要求，对机械车辆在危险地段作业时的要求错误的是（　　）。

A. 必须设置明显的安全警告标志

B. 重车让轻车

C. 重车先行，下坡时两车的间距不小于10 m

D. 重车先行，前后两车的间距必须大于5 m

6. 下列关于路基土方施工安全要点说法错误的是（　　）。

A. 开挖深度超过2 m时，不论深度大小，都应视为高处作业

B. 在开挖的坑(沟、槽)边沿1 m以内不得堆土或堆放物料

C. 在距坑(沟、槽)边沿停放车辆、起重机械及振动机械时距离应不小于4 m

D. 滑坡地段的开挖，应从滑坡体中部向两侧自上而下进行

7. 下列关于路基工程石方施工安全要点说法错误的是（　　）。

A. 爆破后，确认已经解除警戒、悬岩危石处理后，清理石方人员方准进入现场

B. 人工撬动岩石必须由下而上逐层撬(打)落

C. 严禁人员上下双重作业

D. 撬棍的高度不得超过人的肩膀，不得将棍端紧抵腹部，也不得把撬棍放在肩上施力

8. 下列关于路基土方施工安全要点说法错误的是（　　）。

A. 开挖工作面应与装运作业面相互错开，严禁上、下双重作业

B. 弃土下方和有滚石危及的区域应设警告标志

C. 边坡上方有人作业时，下方严禁站人

D. 清理路基边坡上的突石和整修边坡时，应从下而上进行

二、多项选择题

1. 路基工程土方施工安全要点包括（　　）。

A. 在建筑物、电线杆、脚手架附近挖土时，必须采取安全防护措施

B. 在人工挖掘土方时，作业人员之间必须保持足够的安全距离，横向间距应不小于3 m，纵向间距应不小于2 m

C. 施工中如遇土质不稳、山体有滑动、发生坍塌危险，应暂停施工

D. 开挖工作应与装运作业面相互错开，可以上、下双重作业

2. 开挖坑(沟、槽)时，应根据土质情况进行（　　）。

A. 固壁措施　　B. 坡面防护　　C. 边坡支挡　　D. 支撑防护

3. 公路工程土方开挖应遵循的原则有（　　）。

A. 开槽支撑　　B. 自上而下　　C. 先撑后挖　　D. 严禁掏(超)挖

4. 噪声、空气污染的防治要点正确的是( )。
   A. 路基施工堆料场、搅拌站、材料加工厂等宜设于主要风向的上风处的空旷地区
   B. 石灰、粉煤灰等路用粉状材料宜采用袋装、灌装方式运输
   C. 采用粉状材料作为路基填料时，应避免在大风天作业
   D. 在噪声较大的现场作业时，施工作业人员应采取有效的防护措施

三、简答题
1. 土方工程施工的安全要点有哪些？
2. 土地资源利用与水土保持的防治要点有哪些？
3. 噪声和振动如何防治？
4. 路基施工中怎样减少空气污染？
5. 施工中发现文物怎么处理？

学习情境九　路基整修与交工验收

路基工程完成后，应按有关规定进行中间交接检查验收。路基工程完工交接验收前，应对外观质量进行整修，对局部缺陷进行处理。路基整修包括自检后的整修和交接验收后的整修。整修的目的是使路基工程达到设计文件与规范规定的技术标准和质量标准。路基交接验收前应恢复施工段内的导线点、水准点，以及验收中要求和可能需要的其他标志桩。路基交接验收前应按相关规范的要求进行自检。自检合格后，编制符合要求的交接资料，申请进行交接验收。

任务一　路基整修

学习目标

(1) 叙述路基整修的目的。
(2) 知道路基整修的内容与整修方法。
(3) 分析路基整修的重点与适用的修整方法。
(4) 根据公路路基施工技术规范，完成路基整修施工技术作业。
(5) 正确完成给定的具体路基工程的整修施工，达到验收标准。

微课：路基整修

任务描述

通过完成本任务，要明确路基整修的施工方法与注意事项，针对具体的路基整修实例，应能指出整修的重点，提出切实可行的整修方案，编制出相应的施工作业指导书。

学习引导

本工作任务沿以下脉络进行学习：

观看路基整修前后的对比图片，激起学生的学习兴趣 → 教师详细讲解路基整修的目的与注意事项 → 给出工程实例，请学生提出并编制整修施工方案

相关知识

路基工程基本完成后，在交工验收前，应对外观质量和局部缺陷进行整修或处理。路基整修由施工单位会同监理单位按设计文件和施工规范要求，检查路线中线、高程、宽度、边坡、防护与支挡、排水系统和临时工程等，根据检查结果制订整修计划并进行整修。整修工作应在检查结果及整修计划经监理工程师核查与批准后方能动工。

一、路基顶面表层整修

一般情况下，由于路面与路基施工的不连续性，路基顶面表层在多种因素下会产生不同类型的局部质量缺陷。为保证路床与路面的整体性，防止出现"夹层"，故应有针对性的处理措施。表层的整修，应根据质量缺陷的具体情况，采用合理的方案、工艺进行。

(1)土质路基表面应用人工或机械刮土或补土的方法整修，并配合压路机械碾压，补填的土层压实厚度应不小于100 mm，压实后表面应平整，不得有松散、起皮现象。石质路基表面应用石屑嵌缝紧密、平整，不得有坑槽和松石。

(2)土质路基表面达到设计高程后，应采用平地机或推土机刮平，铲下的土不足以填补凹陷时，应采用与路基表面相同的土填平夯实。

(3)修整的路基表层厚150 mm以内，松散的或半埋的尺寸大于100 mm的石块，应从路基表面移走，并按规定填平压实。

二、路基边坡整修

(1)深路堑土质边坡整修应按设计要求坡度，自上而下进行边坡整修，不得在边坡上以土填补。

(2)边坡需要加固地段应预留加固位置和厚度，使完工后的坡面与设计边坡一致。当填土不足或路堑边坡受雨水冲刷形成小冲沟时，应将原边坡挖成台阶，分层填补，仔细夯实。如填补的厚度很小(10～20 cm)，而又非边坡加固地段时，可用种草整修的方法，以种植土来填补，但应顺适、美观、牢靠。石质路基边坡，应达到设计要求的边坡比，坡面的松石、危石应及时清除。

(3)填方路基边坡受雨水冲刷形成冲沟或坍塌缺口时，应自下而上，分层挖台阶加宽填补夯实，再按设计坡面削坡；弯道内侧路肩边缘，应修建路肩拦水带。

(4)填土路基两侧超填的宽度应予切除，如遇边坡缺土时，必须挖成台阶，分层填补夯实。

(5)整修后的坡面应顺适、美观、牢固，坡度符合设计要求。

三、排水系统及其他整修

(1)边沟的整修应挂线进行。对各种水沟的纵坡(包括取土坑纵坡)应用仪器检测，修整到符合图纸及规范要求。各种水沟的纵坡，应按图纸及规范要求办理，不得随意用土填补。

(2)截水沟、排水沟及边沟的断面、边坡坡度，应按设计要求办理。沟的表面应整齐、光滑，沟底应平整。填补的凹坑应拍捶密实。

(3)在路面铺筑完成后或铺筑时，应立即填筑土路肩，同时按设计要求进行加固。

(4)路基整修完毕后，堆于路基范围内的废弃土料应予清除。

(5)修整过的路基，应继续维修养护，直到缺陷责任期满为止。

任务二　交工验收

> **学习目标**
>
> (1)叙述交工验收的作用与目的。
> (2)知道交工验收的内容与验收程序。
> (3)分析交工验收可能出现的问题并提前加以补正。

(4)根据公路路基施工技术规范，按时完成交工验收准备工作。

(5)正确完成给定的具体路基工程，组织验收准备工作，并编制交工验收申请书。

任务描述

通过完成本任务，要明确交工验收的作用与程序，针对具体的路基交工验收，应能组织验收准备工作，编制交工验收申请书并按程序上报。

学习引导

本工作任务沿以下脉络进行学习：

相关知识

一、交工验收的作用与各单位职责

交工验收是检查施工合同的执行情况，评价工程质量是否符合技术标准及设计要求，是否可以移交下一阶段施工或是否满足通车要求，对各参建单位工作进行初步评价。

交工验收由项目法人负责。项目法人负责组织公路工程各合同段的设计、监理、施工等单位参加交工验收。拟交付使用的工程，应邀请运营、养护管理单位参加。参加验收单位的主要职责如下：

微课：交工验收

项目法人负责组织各合同段参建单位完成交工验收工作的各项内容，总结合同执行过程中的经验，对工程质量是否合格作出结论。

设计单位负责检查已完成的工程是否与设计相符、是否满足设计要求。

监理单位负责完成监理资料的汇总、整理，协助项目法人检查施工单位的合同执行情况，核对工程数量，科学公正地对工程质量进行评定。

施工单位负责提交竣工资料，完成交工验收准备工作。

项目法人组织监理单位按《公路工程质量检验评定标准 第一册 土建工程》(JTG F80/1—2017)的要求对各合同段的工程质量进行评定。

监理单位根据独立抽检资料对工程质量进行评定，当监理按规定完成的独立抽检资料不能满足评定要求时，可以采用经监理确认的施工自检资料。

项目法人根据对工程质量的检查及平时掌握的情况，对监理单位所做的工程质量评定进行审定。

各合同段工程质量评分采用所含各单位工程质量评分的加权平均值，即：工程各合同段交工验收结束后，由项目法人对整个工程项目进行工程质量评定。

工程质量评分采用各合同段工程质量评分的加权平均值，即：工程质量等级评定分为合格和不合格，工程质量评分值大于等于75分的为合格，小于75分的为不合格。

二、交工验收的条件

公路工程交工验收工作一般按合同段进行，并应具备以下条件：

(1)合同约定的各项内容已全部完成，各方就合同变更的内容书面达成一致意见。

(2)施工单位按《公路工程质量检验评定标准 第一册 土建工程》(JTG F80/1—2017)及相关规定对工程质量自检合格。

(3)监理单位对工程质量评定合格。

(4)质量监督机构按"公路工程质量鉴定办法"对工程质量进行检测，并出具检测意见。检测意见中需整改的问题已经处理完毕。

(5)竣工文件按公路工程档案管理的有关要求，完成"公路工程项目文件归档范围"(不含缺陷责任期资料)内容的收集、整理及归档工作。

(6)施工单位、监理单位完成本合同段的工作总结报告。

三、交工验收的基本程序

公路工程交工验收工作应当做到公正、真实和科学。验收要严格按照规定的程序进行。

(1)施工单位完成合同约定的全部工程内容，且经施工自检和监理检验评定均合格后，提出合同段交工验收申请报监理单位审查。交工验收申请应附自检评定资料和施工总结报告。

(2)监理单位根据工程实际情况、抽检资料以及对合同段工程质量评定结果，对施工单位交工验收申请及其所附资料进行审查并签署意见。监理单位审查同意后，应同时向项目法人提交独立抽检资料、质量评定资料和监理工作报告。

(3)项目法人对施工单位的交工验收申请、监理单位的质量评定资料进行核查，必要时可委托有相应资质的检测机构进行重点抽查检测，认为合同段满足交工验收条件时，应及时组织交工验收。

(4)对若干合同段完工时间相近的，项目法人可合并组织交工验收。对分段通车的项目，项目法人可按合同约定，分段组织交工验收。

(5)通过交工验收的合同段，项目法人应及时颁发"公路工程交工验收证书"(见表9-2-1)。

四、工程质量的政府监督

1. 政府监督的含义

政府监督是指政府交通主管部门和其所属的质量监督机构依法对工程建设和工程建设从业单位人员进行监督管理的活动。政府监督是公路工程质量保证体系中极其重要的质量监督环节之一，是政府职能部门强化对工程质量管理的具体体现。

2. 政府监督的性质

(1)强制性。政府的管理行业象征着国家机构的运转，而国家机构的管理职能是通过国家法律获得的。因此，政府机构实施的监督管理行为，对于被监督者来说只能是强制性的、必须接受的。

(2)执法性。政府监督主要依据国家法律、法规、方针、政策和国家及交通部颁布的技术规范、标准进行监督，并严格遵照法定的监督、检查、许可、纠正、强制执行等权力。监督人员每一个具体的监督行为都有充分的法律依据，带有明显的执法性。

(3)全面性。政府监督是针对整个工程建设活动的，而不是对某一个工程项目，就管理空间来说，覆盖了全社会；就一个工程项目的建设过程来说，则贯穿于工程建设的全过程。

(4)宏观性。政府监督侧重于宏观的社会效益，其着眼点主要是保证工程建设行为的规范性，维护国家与社会公众的利益和工程建设各参与者的合法权益。对一项具体的工程建设来说，政府监督不同于监理工程师的直接、连续、不间断的监理。

表 9-2-1 公路工程交工验收证书

交工验收时间：				合同段 交工验收证书第 号	
工程名称：			合同段名称及编号：		
项目法人：			设计单位：		
施工单位：			监理单位：		
本合同段主要工程量：					
本合同段价款	原合同		实际		
本合同段工期	原合同		实际		
对工程质量、合同执行情况的评价，遗留问题、缺陷的处理意见及有关决定(内容较多时，可用附件)					
(施工单位的意见) 施工单位法人代表或授权人(签字)单位盖章 年 月 日					
(合同段监理单位对有关问题的意见) 合同段监理单位法人代表或授权人(签字)单位盖章 年 月 日					
(设计单位的意见) 设计单位法人代表或授权人(签字)单位盖章 年 月 日					
(项目法人的意见) 项目法人代表或授权人(签字)单位盖章 年 月 日					
注：表中内容较多时，可用附件。					

(6)各合同段全部验收合格后，项目法人应及时完成"公路工程交工验收报告"(见表 9-2-2)。

表 9-2-2 公路工程交工验收报告

一	工程名称	
二	工程地点及主要控制点	
三	建设依据	
四	技术标准与主要指标	
五	建设规模及性质	
六	开工日期	年 月 日
	完工日期	年 月 日
七	批准概算	
八	工程建设主要内容	
九	实际征用土地数/m²	
十	建设项目工程质量交工验收结论	
十一	存在问题处理措施	
十二	附件	1. 公路工程交工验收合同段工程质量评分一览表(表 9-2-3) 2. 公路工程交工验收证书(表 9-2-1)

表 9-2-3　公路工程交工验收合同段工程质量评分一览表

项目名称：

施工合同段号	实得分	监理合同段号	设计合同段号	备　注
	工程项目质量评分			

计算：　　　　　　　　　　　　　　复核：　　　　　　　　　　　　　年　月　日

《公路水运工程质量监督管理规定》(中华人民共和国交通运输部令 2017 年第 28 号)第三章第二十条指出：交通运输主管部门及其委托的建设工程质量监督机构应当依据法律、法规和强制性标准等，科学、规范、公正地开展公路水运工程质量监督管理工作，任何单位和个人不得非法干预或者阻挠质量监督管理工作。

交通运输主管部门或者其委托的建设工程质量监督机构依法要求建设单位按规定办理质量监督手续。建设单位应当按照国家规定向交通运输主管部门或者其委托的建设工程质量监督机构提交以下材料，办理工程质量监督手续：

(1)公路水运工程质量监督管理登记表；
(2)交通运输主管部门批复的施工图设计文件；
(3)施工、监理合同及招投标文件；
(4)建设单位现场管理机构、人员、质量保证体系等文件；
(5)本单位以及勘察、设计、施工、监理、试验检测等单位对其项目负责人、质量负责人的书面授权委托书、质量保证体系等文件；
(6)依法要求提供的其他相关材料。

建设单位提交的材料符合规定的，交通运输主管部门或者其委托的建设工程质量监督机构应当在 15 个工作日内为其办理工程质量监督手续，出具公路水运工程质量监督管理受理通知书。公路水运工程质量监督管理受理通知书中应当明确监督人员、内容和方式等。

五、路基的检查与验收

(1)当每一分项工程、分部工程、单位工程完成时,应按批准的设计图纸、设计文件、技术规范的要求,对施工质量进行中间检查。中间检查验收是保证工程质量的重要环节。出现的质量事故、质量问题要按规定程序进行处理,发现的质量缺陷应根据规范要求或设计要求进行返工或者处理。

(2)路基施工过程中以有下列情况,应进行中间检查:
1)地基准备工作完成后,即在斜坡上完成台阶后(清除地面杂草、淤泥等)。
2)边坡加固前,应对其加固方法、形式、填挖方边坡加固的适用性,以及边坡坡度是否适当进行检查。
3)发现已完工的土方工程及竣工后的路基被地面水浸淹损坏时。
4)取土坑及弃土堆超过原设计的数量时。
5)遇意外的填土下陷及填挖方的边坡坍塌需增加土方及边坡加固工程数量时。
6)在进行计划以外的附加土方工程(排水沟、截水沟、疏导工程等)时。
7)遇下列隐蔽工程时,必须按照设计要求和规范的有关规定进行中间检查验收,凡不符合有关规定的项目,不得进行下一工序。
①路基渗沟回填土以前;
②填方或挖方地段,按设计规定所做的换土工作完成后;
③对需采取特殊措施才能保证填方稳定的路基,在地基处理后(如泉水、溶洞、地下水处理后);
④路基隔离层上填土以前。

(3)各类防护加固工程基础开挖后,应检查基底地质、高程和地下水情况。

(4)交工验收前,应恢复施工段内的导线点、水准点,以及验收中要求和可能需要的其他标志桩。

(5)交工验收前,应按路基施工技术规范和《公路工程质量检验评定标准 第一册 土建工程》(JTG F 80/1—2017)的要求进行自检,自检合格后编制符合要求的交工资料,申请进行交工验收。

(6)交工竣工验收时,应对下列项目进行检查、验收:
1)路基的平面位置。
2)路基宽度、高程、横坡和平整度。
3)边坡坡度及边坡加固。
4)边沟和其他排水设施的尺寸及底面纵坡。

六、土方路基施工质量验收标准

1. 基本要求

在路基用地和取土坑范围内,应清除地表植被、杂物、积水、淤泥和表土,处理坑塘,并按规范和设计要求对基底进行压实。表土应充分利用。

填方路基须分层填筑压实,每层表面平整、路拱合适、排水良好,不得有明显碾压轮迹,不得亏坡。

应设置施工临时排水系统,避免冲刷边坡,路床顶面不得积水。

在设定取土区内合理取土,不得滥开滥挖。完工后应按要求对取土坑和弃土场进行修整。

2. 实测项目

土方路基实测项目见表 9-2-4。

表 9-2-4　土方路基实测项目

项次	检查项目			规定值或允许偏差			检查方法和频率
				高速公路 一级公路	其他公路		
					二级公路	三、四级公路	
1	压实度/%	上路床	0～0.3 m	≥96	≥95	≥94	按规定方法检查；密度法：每200 m每压实层测2处
		下路床 轻、中及重交通荷载等级	0.3～0.8 m	≥96	≥95	≥94	
		下路床 特重、极重交通荷载等级	0.3～1.2 m	≥96	≥95	—	
		上路堤 轻、中及重交通荷载等级	0.8～1.5 m	≥94	≥94	≥93	
		上路堤 特重、极重交通荷载等级	1.2～1.9 m	≥94	≥94	—	
		下路堤 轻、中及重交通荷载等级	>1.5 m	≥93	≥92	≥90	
		下路堤 特重、极重交通荷载等级	>1.9 m				
2	弯沉/0.01 mm			不大于设计要求值			按规定方法检查
3	纵断面高程/mm			+10，-15	+10，-20		水准仪：中线位置每200 m测2点
4	中线偏位/mm			50	100		全站仪尺量每200 m测2点，弯道加HY、YH两点
5	宽度/mm			符合设计要求			米尺：每200 m测4处
6	平整度/mm			≤15	≤20		3米直尺：每200 m测2处×5尺
7	横坡/%			±0.3	±0.5		水准仪：每200 m测2个断面
8	边坡			符合设计要求			尺量：每200 m测4处

注：1. 表列压实度以重型击实试验法为准，评定路段内的压实度平均值下置信界限不得小于规定标准，单个测定值不得小于极值（表列规定值减5个百分点的测点）。按测定值不小于表列规定值减2个百分点的测点占总检查点数的百分率计算合格率。
2. 采用核子仪检验压实度时应进行标定试验，确认其可靠性。
3. 特殊干旱、特殊潮湿地区或过湿土路基，可按路基设计、施工规范所规定的压实度标准进行评定。
4. 三、四级公路修筑沥青混凝土或水泥混凝土路面时，其路基压实度应采用二级公路标准。

七、填石路基施工质量验收标准

1. 基本要求

(1)填石路基应分层填筑压实，每层表面平整、路拱合适、排水良好，上路床不得有碾压轮迹，不得亏坡。

(2)修筑填石路基时应进行地表清理,填筑层厚度应符合规范规定并满足设计要求,填石空隙用石渣、石屑嵌压稳定。

2. 实测项目

石方路基实测项目见表 9-2-5。

表 9-2-5　石方路基实测项目

项次	检查项目		规定值或允许偏差		检查方法和频率
			高速公路、一级公路	其他公路	
1	压实		孔隙率满足设计要求		密度法:每 200 m 每压实层测 1 处
			沉降差满≤试验路段确定的沉降差		精密水准仪:每 50 m 测 1 个断面,每个断面测 5 点
2	弯沉/0.01 mm		不大于设计要求值		按规定方法检查
3	纵断高程/mm		+10,−20	+10,−30	水准仪:每 200 m 测 2 点
4	中线偏位/mm		≤50	≤100	全站仪:每 200 m 测 2 点,弯道加 HY、YH 两点
5	宽度/mm		符合设计要求		尺量:每 200 m 测 4 处
6	平整度/mm		≤20	≤30	3 m 直尺:每 200 m 测 2 处×5 尺
7	横坡/%		±0.3	±0.5	水准仪:每 200 m 测 2 个断面
8	边坡	坡度	符合设计要求		每 200 m 测 4 处
		平顺度	符合设计要求		
注:上下路床填土时压实度检验标准同土方路基。					

3. 外观鉴定

(1)路基边线与边坡不应出现单向累计长度超过 50 m 的弯折。
(2)上边坡不得有危石。

八、浆砌水沟验收标准

1. 基本要求

(1)浆砌片(块)、混凝土预制块的质量和规格,应符合国家和行业强制性标准以及合同约定的其他标准的规定,并满足设计要求。
(2)砌体砂浆配合比准确,砌缝内砂浆均匀饱满,勾缝密实。
(3)基础中缩缝应与墙身缩缝对齐。

2. 实测项目

浆砌排水沟实测项目见表 9-2-6。

表 9-2-6　浆砌排水沟实测项目

项次	检查项目	规定值或允许偏差	检查方法和频率
1	砂浆强度/MPa	在合格标准内	按规定检查
2	轴线偏位/mm	50	全站仪或尺量:每 200 m 测 5 处
3	沟底高程/mm	±15	水准仪:每 200 m 测 5 点
4	墙面直顺度/mm	30	20 m 拉线:每 200 m 测 2 处

续表

项次	检查项目	规定值或允许偏差	检查方法和频率
5	坡度	满足设计要求	坡度尺：每 200 m 测 2 点
6	断面尺寸/mm	±30	尺量：每 200 m 测 2 处，且不少于 5 个断面
7	铺砌厚度/mm	不小于设计值	尺量：每 200 m 测 2 点
8	基础垫层宽度、厚度/mm	不小于设计值	尺量：每 200 m 测 2 点

3. 外观鉴定

(1)砌体抹面不得有空鼓。
(2)沟内不应有杂物，无排水不畅。

九、砌体、片石混凝土挡土墙质量验收标准

砌体、片石混凝土挡土墙，当平均墙高小于 6 m 或墙身面积小于 1 200 m² 时，每处可作为分项工程进行评定；当平均墙高达到或超过 6 m 且墙身面积不小于 1 200 m² 时，为大型挡土墙，每处应作为分部工程进行评定。

1. 基本要求

(1)勾缝砂浆强度不得小于砌筑砂浆强度。
(2)地基承载力、基础埋置深度应满足设计要求。
(3)砌筑应分层错缝。浆砌时应坐浆挤紧，嵌填饱满密实，不得出现空洞；干砌时不得出现松动、叠砌和浮塞。
(4)混凝土应分层浇筑，施工缝及片石埋放应符合施工技术规范的规定。
(5)沉降缝、伸缩缝、泄水孔的位置、尺寸和数量应满足设计要求；沉降缝及伸缩缝应竖直、贯通，采用弹性材料填充密实，填充深度应满足设计要求。

2. 实测项目

砌体、片石混凝土挡土墙实测项目见表 9-2-7～表 9-2-9。

表 9-2-7 浆砌土挡土墙实测项目

项次	检查项目		规定值或允许偏差	检查方法和频率
1	砂浆强度/MPa		在合格标准内	按规定方法检查
2	平面位置/mm		≤50	全站仪：测墙顶外边线，长度不大于 30 m 时测 5 点，每增加 10 m 增加 1 点
3	墙面坡度/%		≤0.5	铅锤法：长度不大于 30 m 时测 5 处，每增加 10 m 增加 1 处
4	断面尺寸/mm		不小于设计	尺量：长度不大于 50 m 时测 10 个断面，每增加 10 m 增加 1 个断面
5	顶面高程/mm		±20	水准仪：长度不大于 30 m 时测 5 点，每增加 10 m 增加 1 点
6	表面平整度/mm	块石	≤20	2 m 直尺：每 20 m 检查 3 处，每处检查竖直和墙长两个方向
		片石	≤30	
		混凝土块、料石	≤10	

表 9-2-8　干砌挡土墙实测项目

项次	检查项目	规定值或允许偏差	检查方法和频率
1	平面位置/mm	≤50	全站仪：测墙顶外边线，长度不大于 30 m 时测 5 点，每增加 10 m 增加 1 点
2	墙面坡度/%	≤0.5	铅锤法：长度不大于 30 m 时测 5 处，每增加 10 m 增加 1 处
3	断面尺寸/mm	不小于设计	尺量：长度不大于 50 m 时测 10 个断面，每增加 10 m 增加 1 个断面
4	顶面高程/mm	±20	水准仪：长度不大于 30 m 时测 5 点，每增加 10 m 增加 1 点
5	表面平整度/mm	≤50	2 m 直尺：每 20 m 检查 3 处，每处检查竖直和墙长两个方向

表 9-2-9　片石混凝土挡土墙实测项目

项次	检查项目	规定值或允许偏差	检查方法和频率
1	混凝土强度/MPa	在合格标准内	按规定方法检查
2	平面位置/mm	≤50	全站仪：测墙顶外边线，长度不大于 30 m 时测 5 点，每增加 10 m 增加 1 点
3	墙面坡度/%	≤0.3	铅锤法：长度不大于 30 m 时测 5 处，每增加 10 m 增加 1 处
4	断面尺寸/mm	不小于设计值	尺量：长度不大于 50 m 时测 10 个断面，每增加 10 m 增加 1 个断面
5	顶面高程/mm	±50	水准仪：长度不大于 30 m 时测 5 点，每增加 10 m 增加 1 点
6	表面平整度/mm	≤8	2 m 直尺：每 20 m 检查 3 处，每处检查竖直和墙长两个方向

3. 外观鉴定

(1) 浆砌缝开裂、勾缝不密实和脱落的累计换算面积不得超过该面面积的 1.5%，且单个最大换算面积不应大于 0.08 m²。换算面积应按缺陷缝长度乘以 0.1 m 计算。

(2) 混凝土表面不应存在相关标准所列限制缺陷。

(3) 墙体不得出现外鼓变形。

(4) 泄水孔应无反坡、堵塞。

十、悬臂式和扶壁式挡土墙质量验收标准

1. 基本要求

(1) 地基承载力应满足设计要求。

(2) 沉降缝、伸缩缝、泄水孔的位置、尺寸和数量应满足设计要求；沉降缝及伸缩缝应竖直、贯通，采用弹性材料填充密实，填充深度满足设计要求。

2. 实测项目

悬臂式和扶壁式挡土墙实测项目见表 9-2-10。

表 9-2-10　悬臂式和扶壁式挡土墙实测项目

项次	检查项目	规定值或允许偏差	检查方法和频率
1	混凝土强度/MPa	在合格标准内	按规定方法检查
2	平面位置/mm	≤30	全站仪：长度不大于 30 m 时测 5 点，每增加 10 m 增加 1 点
3	墙面坡度/%	≤0.3	铅锤法：长度不大于 30 m 时测 5 处，每增加 10 m 增加 1 处
4	断面尺寸/mm	不小于设计	尺量：长度不大于 50 m 时测 10 个断面及 10 个扶壁，每增加 10 m 增加 1 个断面及 1 个扶壁
5	顶面高程/mm	±20	水准仪：长度不大于 30 m 时测 5 点，每增加 10 m 增加 1 点
6	表面平整度/mm	≤8	2 m 直尺：每 20 m 检查 3 处，每处检查竖直和墙长两个方向

3. 外观鉴定

(1)混凝土表面不应存在规范所列限制缺陷。
(2)墙体不得出现外鼓变形。
(3)泄水孔应无反坡、堵塞。

十一、墙背填土质量验收标准

1. 基本要求

(1)墙背填土应采用设计要求的填料，不应含有机物、冰块、草皮、树根等杂物或生活垃圾，其化学及电化学性能应符合锚杆、拉杆、筋带的防腐和耐久性要求，严禁采用膨胀土、高液限黏土、腐殖土、盐渍土、淤泥和冻土块等不良填料。
(2)墙背填土应和挖方路基、填方路基搭接，并应满足设计要求。
(3)应分层填筑压实，每层表面平整，顶层路拱合适。
(4)反滤层的材料、铺设范围应满足设计要求。
(5)墙身强度达到设计强度的 75% 以上时方可开始填土。

2. 实测项目

墙背填土的实测项目见表 9-2-11。

表 9-2-11　墙背填土实测项目

项次	检查项目	规定值或允许偏差	检查方法和频率
1	距面板 1 m 范围内的压实度/%	≥90	按规定方法检查，每 50 m 每压实层测 1 处，且不得少于 1 处
2	反滤层厚度/mm	≥设计厚度	尺量：长度不大于 50 m 时测 5 处，每增加 10 m 增加 1 处

3. 外观鉴定

(1)填土表面不平整的累计长度不得超过总长度的 10%。
(2)不得出现亏坡。

十二、边坡锚固防护验收标准

1. 基本要求

(1)边坡坡度、坡面应满足设计要求,坡面应无风化、无浮石,喷射前应用水冲洗干净。

(2)锚杆、锚索的数量不得少于设计数量。

(3)框格梁钢筋、钢筋网与锚杆或其他锚固装置连接牢固,喷射混凝土时钢筋不得晃动。

(4)注浆性能应符合相关施工技术规范规定,锚孔内注浆应密实,注浆压力满足设计要求。

(5)坡面混凝土喷射前应对坡面的渗漏水、流水等进行处理。

(6)预应力锚杆、锚索的基本要求应符合规范的规定,并按设计要求的工艺进行张拉。

(7)锚杆、锚索的长度应大于或等于设计长度,插入锚孔内的长度预应力锚杆、锚索不得小于设计长度的97%,其他不得小于98%。非锚固段套管安装位置应满足设计要求。

(8)预应力锚杆、锚索应采用机械切割,锁定力应满足设计要求。

(9)沉降缝、伸缩缝的位置、缝宽应满足设计要求,采用弹性材料填充密实,填充深度应满足设计要求。

(10)锚杆、锚索的防护应满足设计要求。

2. 实测项目

边坡锚固防护实测项目见表 9-2-12 和表 9-2-13。

表 9-2-12 锚杆、锚索实测项目

项次	检查项目		规定值或允许偏差	检查方法和频率
1	注浆强度/MPa		在合格标准内	按规定方法检查
2	锚孔深度/mm		不小于设计值	尺量:抽查20%
3	锚孔孔径/mm		满足设计要求	尺量:抽查20%
4	锚孔轴线倾斜/%		2	倾角仪:抽查20%
5	锚孔位置/mm	设置框格梁	±50	尺量:抽查20%
		其他	±100	
6	锚杆、锚索抗拔力/kN		满足设计要求。设计未要求时,抗拔力平均值≥设计值;80%锚杆的抗拔力≥设计值;最小抗拔力≥0.9设计值	抗拔力试验:检查数量按设计要求,设计未要求时按锚杆数5%且不少于3根检查
7	张拉力/KN		符合设计要求	查油压表:逐根(束)检查
8	张拉伸长率/%		满足设计规定;设计未规定时采用±6	尺量:逐根(束)检查
9	断丝、滑丝数		每束1根,且每断面不超过钢丝总数的1%	目测:逐根(束)检查

注:实际工程中未涉及的项目不检查。

表 9-2-13 坡面结构实测项目

项次	检查项目	规定值或允许偏差	检查方法和频率
1	混凝土强度/MPa	在合格标准内	喷射混凝土按《公路工程质量检验评定标准 第一册 土建工程》(JTG F80/1—2017)附录 E 检查,其他按《公路工程质量检验评定标准 第一册 土建工程》(JTG F80/1—2017)附录 D 检查

续表

项次	检查项目	规定值或允许偏差	检查方法和频率
2	喷层厚度/mm	平均厚度≥设计厚度；80%测点的厚度≥设计厚度；最小厚度≥0.6且大于或等于设计规定最小值	凿孔法或工程雷达法：每50 m² 测1处，总数不少于5处
3	锚墩尺寸/mm	+10，-5	尺量：抽查20%，每件测顶底面边长及高度
4	框格梁、地梁、边梁断面尺寸/mm	≥设计值	尺量：抽查20%，每梁测2个断面
5	框格梁、地梁、边梁平面位置/mm	±150	尺量：抽查10%

注：实际工程中未涉及的项目不检查。

3. 外观鉴定

(1) 喷射混凝土应无突变、漏喷、脱落、空鼓、开裂的累计面积不得超过喷射面积的1.5%，且单个缺陷最大面积不大于0.02 m²，开裂按裂缝长度乘以0.1 m计算面积。

(2) 锚索墩、框格梁、地梁、边梁、封锚等，混凝土构件表面不应存在规范要求所列限制缺陷。

(3) 钢筋网、土工格栅及锚杆、锚索不得外露。

(4) 框格梁不得与坡面脱空。

十三、导流工程验收标准

1. 基本要求

(1) 导流堤、坝的基础埋置深度及地基承载力应满足设计要求。
(2) 填筑材料应分层压实。
(3) 导流堤、坝的接缝应按设计要求施工，与边坡、岸坡的结合处理应稳定、牢靠。

2. 实测项目

导流工程的实测项目见表9-2-14。

表9-2-14 导流工程实测项目

项次	检查项目	规定值或允许偏差	检查方法和频率
1	砂浆强度/MPa	在合格标准内	按规定方法检查
2	堤(坝)体压实度/%	满足设计要求	密度法：每压实层测3处
3	平面位置偏位/mm	30	全站仪：按设计图控制坐标检查
4	长度/mm	不小于设计长度-100	尺量：每个检查
5	断面尺寸/mm	不小于设计值	尺量：测5个断面
6	坡度	不大于设计值	坡度尺：测5处
7	顶面高程/mm	±30	水准仪：测5点

3. 外观鉴定

(1)导流堤、坝体不得出现亏坡。

(2)表面不规整、边线不顺畅的累计长度不得超过总长度的10%。

十四、石笼防护验收标准

1. 基本要求

(1)石笼、绑扎线及填充料的种类、规格和质量应满足设计要求。

(2)地基处理及承载力应满足设计要求。

(3)石笼应充填饱满,填充料密实。

(4)石笼的坐码或平铺应错缝,绑扎应牢固,不得出现松脱、遗漏。

2. 实测项目

石笼防护实测项目见表9-2-15。

表9-2-15 石笼防护实测项目

项次	检查项目	规定值或允许偏差	检查方法和频率
1	平面位置偏位/mm	≤300	全站仪:按设计控制坐标测
2	长度/mm	≥设计长度-300	尺量:每段检查
3	宽度/mm	≥设计长度-200	尺量:每段量5处
4	高度/mm	≥设计值	水准仪或尺量:每段检查5处

3. 外观鉴定

(1)坐码石笼不得出现通缝。

(2)不得出现外鼓变形。

思考与练习

一、填空题

1. 路基整修是对_____和_____进行整修或者处理,_____是路基工程顺利通过的重要保证。

2. 交工验收是由_____组织_____、_____、_____等单位需参加验收。

3. 路基工程质量评定的参考规范主要是_____。

4. 交工验收是指检查_____的执行情况,评价工程质量是否符合_____及_____。

二、单项选择题

1. 路基整修经过( )批准后方可施工。

 A. 项目经理 B. 项目总工程师 C. 业主 D. 监理工程师

2. 交工验收由( )组织。

 A. 项目法人 B. 施工单位 C. 建设单位 D. 政府相关部门

3. 以下( )不是必须参加交工验收的单位。

 A. 施工单位 B. 项目法人 C. 当地政府 D. 设计单位

三、简答题

1. 为什么要进行路基整修?
2. 交工验收的作用和目的是什么?
3. 简述公路工程交工验收的基本程序。
4. 交工验收应该具备的条件一般有哪些?
5. 政府监督的作用是什么?
6. 什么时间对路基进行中间检查?
7. 路基施工质量验收内容可分为几类?
8. 请查找资料了解交工验收与竣工验收的区别。

参 考 文 献

[1] 中华人民共和国行业推荐性标准. JTG/T 3610—2019 公路路基施工技术规范[S]. 北京：人民交通出版社，2019.
[2] 中华人民共和国行业推荐性标准. JTG/T F50—2011 公路桥涵施工技术规范[S]. 北京：人民交通出版社，2011.
[3] 中华人民共和国行业标准. JTG F80/1—2017 公路工程质量检验评定标准 第一册 土建工程[S]. 北京：人民交通出版社，2017.
[4] 中华人民共和国行业标准. JTG 3430—2020 公路土工试验规程[S]. 北京：人民交通出版社，2020.
[5] 中华人民共和国行业标准. JTG D30—2015 公路路基设计规范[S]. 北京：人民交通出版社，2015.
[6] 刘志. 路基施工技术[M]. 北京：人民交通出版社，2011.
[7] 王书斌，杜群乐. 公路路基施工要点与质量控制[M]. 北京：人民交通出版社，2005.
[8] 金仲秋. 公路工程[M]. 3 版. 北京：人民交通出版社，2015.
[9] 殷青英. 路基施工技术[M]. 北京：人民交通出版社，2019.
[10] 《高速公路丛书》编写委员会. 高速公路路基设计与施工[M]. 北京：人民交通出版社，1998.
[11] 张林洪，吴华金. 公路排水设施施工手册[M]. 北京：人民交通出版社，2005.
[12] 中华人民共和国行业标准. JTG B01—2014 公路工程技术标准[S]. 北京：人民交通出版社，2014.
[13] 沈东璐，王迎春. 路基施工技术[M]. 北京：人民交通出版社，2015.
[14] 冯春. 公路工程路基施工[M]. 北京：人民交通出版社，2012.
[15] 全国一级建造师执行资格考试用书编写委员会. 公路工程管理与实务[M]. 北京：中国建筑工业出版社，2015.